Nicole Funck
Michael Narten
Roland Hanewald

Amrum

am2019_097mna

„Am blassen Meeresstrande
Saß ich gedankenbekümmert und einsam.
Die Sonne neigte sich tiefer, und warf
Glührote Streifen auf das Wasser,
Und die weißen, weiten Wellen,
Von der Flut gedrängt,
Schäumten und rauschten näher und näher.“

Heinrich Heine
Die Nordsee, Erster Zyklus

Impressum

Nicole Funck, Michael Narten, Roland Hanewald
Reise Know-How Amrum

erschienen im
Reise Know-How Verlag Peter Rump GmbH
Osnabrücker Str. 79, 33649 Bielefeld

9. neu bearbeitete und aktualisierte Auflage 2019

ISBN 978-3-8317-3253-1

Gestaltung und Bearbeitung
Umschlag: G. Pawlak, P. Rump (Layout),
A. Pentzien (Realisierung)
Inhalt: G. Pawlak (Layout), A. Pentzien (Realisierung)
Fotonachweis: siehe S. 221
Karten: der Verlag
Lektorat: André Pentzien

Druck und Bindung
Himmer GmbH, Augsburg

Printed in Germany

Anzeigenvertrieb
KV Kommunalverlag GmbH & Co. KG,
Alte Landstraße 23, 85521 Ottobrunn,
Tel. 089-928096-0, info@kommunal-verlag.de

Reise Know-How-Bücher finden Sie in allen gut sortierten Buchhandlungen. Falls nicht, kann Ihre Buchhandlung unsere Bücher hier bestellen:
D: Prolit, prolit.de und alle Barsortimente
CH: AVA Verlagsauslieferung AG, ava.ch
B, LUX, NL: Willems Adventurem willemsadventure.nl
oder direkt über den Verlag: **www.reise-know-how.de**

Bildlegende Umschlag und Vorspann
Titelfoto: Leuchtturm Amrum hinter grasbewachsenen Dünen (mna)
Vordere Umschlagklappe: Bohlenweg im verwunschenen Bruchwald (mna)
S. 1: Untergehende Sonne über der Nordsee (mna)
S. 2/3: Bohlenweg bei Norddorf im Abendlicht (mna)
Umschlag hinten: Dünenlandschaft mit Nordsee (mna)
Hintere Umschlagklappe: Pferd auf grünem Weideland (mna)

am2019_007 mna

Nicole Funck
Michael Narten
Roland Hanewald
AMRUM

Vorwort

Auf Amrum steht die Natur unangefochten im Mittelpunkt aller Attraktionen. Wer vielfältige Landschaftsformen auf begrenztem Raum zu schätzen weiß, für den ist die Insel genau der richtige Ort. Amrum hat einen der größten Sandstrände Europas mit einem Sand, fast so fein wie Vogelsand. Das liegt vor allem am Kniepsand. Diese Sandbank lag früher einmal vor der Insel, ist aber im Lauf der Jahre bis ganz an die Insel herangewandert. Der rund 15 Kilometer lange Sandstrand Amrums misst an der breitesten Stelle knapp 1,5 Kilometer. Allein der Kniepsand hat eine Größe von etwa 10 Quadratkilometern und ist damit halb so groß, wie die Insel selbst mit gut 20 Quadratkilometern. Der Kniepsand befindet sich ständig in Bewegung und wandert seit dem 19. Jahrhundert immer weiter um die Insel herum, nach Norden und nach Süden.

Die hinter dem Strand liegende Dünenlandschaft schützt die zum Meer gelegene Inselseite bei Sturmfluten. Sie nimmt fast die Hälfte der gesamten Inselfläche ein und besteht nahezu vollständig aus Weißdünen. Auf keiner Nordseeinsel gibt es zudem so große Bäume wie im Amrumer Wald.

Amrum ist nicht nur ein Paradies für Urlauber, sondern auch für Vögel. Vor allem während der Zeit der Vogelzüge ist die Insel mit ihren vielen Schutzzonen ein begehrter Rastplatz. Es gibt mit dem Naturschutzgebiet „Amrumer Odde" und dem Naturschutzgebiet „Amrumer Dünen" weite Bereiche, die gar nicht oder nur auf ausgewiesenen Wegen betreten werden dürfen. Über allem aber thront der Leuchtturm. Wer sich an den anstrengenden Aufstieg macht, wird nach knapp 300 Stufen mit einem fantastischen Blick von oben belohnt. Gut zu sehen sind die fünf Inseldörfer und der weite, unendlich erscheinende Kniepsand. Am Horizont liegen die Inseln Föhr, Sylt, die Halligen und einige vorgelagerte Sandbänke.

Für Kinder ist Amrums Kniepsand eine einzige große Sandkiste. Und für schlechtes Wetter gibt es das Schwimmbad, das Naturzentrum und das Abenteuerland Amrum.

Amrum ist groß genug, um auch bei einem längeren Aufenthalt jeden Tag etwas Neues unternehmen und entdecken zu können. Die im Sommer lebhaft pulsierenden Orte Wittdün, Nebel und

> Letzte Dünen auf Amrum mit Föhr am Horizont

Norddorf haben einiges zu bieten. Im Winter kehrt mehr Ruhe ein, auf der Insel ist es beschaulicher, und die Insulaner haben wieder mehr Zeit für ihr Privatleben. Zwar haben weniger Restaurants und Geschäfte geöffnet, aber der Winter ist eine durchaus reizvolle Jahreszeit für einen Inselbesuch.

Das Wattenmeer der Nordseeküste ist eine einzigartige Landschaft, nicht umsonst zählt sie zum UNESCO-Weltnaturerbe, der Nationalpark Schleswig-Holsteinisches Wattenmeer ist Teil davon. Die Insel Amrum selbst zählt zwar nicht zum Nationalpark, aber auf der Insel gelten ebenfalls strenge Regeln zum Schutz der Natur. Eine Besonderheit der Inseln im nordfriesischen Wattenmeer ist ihre stete Veränderung. Wer mehrfach auf Amrum war, wird das beobachten können. Hier entsteht ein neuer Dünengürtel, dort hat es durch Sturmfluten Dünenabbrüche gegeben oder der Kniephaken in Wittdün ist noch deutlicher in Richtung Föhr „abgebogen".

Amrum ist ohne Zweifel ein hervorragender Platz für Erholung, Entspannung und vielfältige Entdeckungen. Mit der richtigen Kleidung macht sogar ein Strandspaziergang im Sturm richtig gute Laune.

Wir wünschen unseren Leserinnen und Lesern eine schöne Zeit auf der Nordseeinsel Amrum.

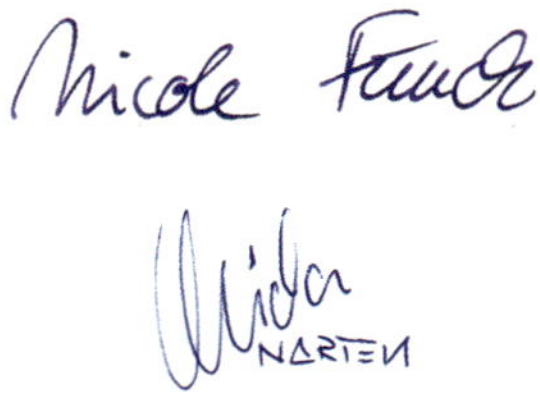

am2019_008 mna

Inhalt

Exkurse

Karten

Das Leit- und Quermarkenfeuer Norddorf dient den Schiffen vor Amrum als Navigationshilfe, um den Hörnumer Hafen auf Sylt anzusteuern

am2019_132 mna

Willkommen auf Amrum – hartelk welkimen üb Öömrang

Abfahrt

Das Auto ist problemlos auf dem Parkplatz geparkt, der Bus-Shuttle ist kurz vor Abfahrt der Fähre am Hafen. Die Fähre kommt pünktlich, Reisende steigen ein, und wir dürfen endlich mit unserem Gepäck an Bord gehen. Der Schiffsmotor tuckert leise – es geht endlich los. Leicht wellige See. Gischt liegt in der Luft. Der Alltag bleibt am Festland zurück.

Zwei Stunden später

Amrum kommt in Sicht! Der weit entfernte Leuchtturm ist als erstes zu sehen. Wir nähern uns der Insel von Osten und steuern den Hafen im Süden an. Die Häuserzeilen von Wittdün kommen in Sicht. Rechterhand etwas entfernt liegt der Sportboothafen. Das Schiff wird festgemacht. Wir schnappen unsere Koffer und reihen uns im dichten Gedränge vor dem Ausgang ein. Endlich sind wir da!

Ankunft auf der Insel

Wir betreten „unsere" Insel, der Bus steht zum Glück bereit. Es wird eng. Viele werden von Hoteliers oder kleinen Hotel-Shuttles abgeholt. Urlaubserwartung liegt in der Luft. Der Bus schaukelt gemütlich die Verbindungsstraße zwischen Wittdün und Norddorf entlang, wir erhaschen erste Blicke auf die schönen Friesenhäuser in Nebel.

Zuhause auf Zeit

In Norddorf angekommen, stellen wir nur die Koffer in die Ecke unserer Ferienwohnung und sausen in den nahegelegenen Laden, um das Nötigste für das Frühstück am nächsten Morgen einzukaufen. Wir wollen danach sofort ans Meer.

Alles ganz nah

Durch die Fußgängerzone laufen wir nach Norden, vorbei an Geschäften, Cafés und Restaurants. Doch diese Verlockungen sind heute keine, wir riechen das Meer und wollen es ganz schnell wiedersehen. Am Ende der Straße kommen wir zwischen den Häusern der Kurkliniken hindurch, dahinter folgt ein ganz kleiner Bruchwald.

Blick von der Strandbrücke

Auf der linken Seite liegt das Naturzentrum Amrum, dann kommen Restaurationsbetriebe – und das Ziel ist erreicht: Die Strandbrücke von Norddorf. Von der Aussichtsplattform aus sehen wir in einiger Entfernung den Spülsaum der Nordsee. Badegäste lassen am Hundestrand ihren Vierbeinern freien Lauf, Sonnenhungrige haben genug und kehren in ihre Unterkunft zurück. Wir lassen uns in die Lounge-Möbel des nahe gelegenen Restaurants sinken und genießen einen Sundowner mit Strandblick. Der Inselurlaub hat begonnen.

Steckbrief Amrum

- **Name:** Amrum
- **Landkreis:** Nordfriesland
- **Bundesland:** Schleswig-Holstein
- **KFZ-Kennzeichen:** NF
- **Lage:** Deutsche Bucht
- **Koordinaten:** 54° 39′ 6″ N, 8° 20′ 11″ O
- **Entfernung bis zum deutschen Festland:** 22 km
- **Fläche:** 20,46 km²
- **Fläche der vorgelagerten Sandbank Kniepsand:** 10 km²
- **Länge der Insel:** 10 km
- **Breite der Insel:** 2,5 km
- **Höchster Punkt:** Aussichtsdüne A Siatler mit 32 m
- **Einwohner:** 2324 (Stand: 31.12.2017)
- **Bevölkerungsdichte:** 110 Einwohner pro km²
- **Sprache:** Öömrang (Amrumer Inselfriesisch)
- **Postleitzahl:** 25946
- **Vorwahl:** +49 (0)4862
- **Internet:** www.amrum.de

am2019_009 mna

Der Amrumer Leuchtturm steht auf der Großen Düne

Unser Tipp: ...

... steht für spezielle Empfehlungen der Autoren.

Der Schmetterling steht für Initiativen von Regierungen, Organisationen oder Privatpersonen, die dem Erhalt der Natur und ihrer Ressourcen dienen.

Verweise auf die Stadtpläne

1 Die **farbigen Nummern** in den „Praktischen Tipps" der Ortsbeschreibungen verweisen auf den jeweiligen Karteneintrag.

Kinder-Tipps

Das Symbol kennzeichnet Sehenswürdigkeiten, Unterkünfte und Aktivitäten, an denen auch kleine Amrum-Urlauber ihre Freude haben.

Updates nach Redaktionsschluss

Auf der Produktseite dieses Reiseführers in unserem Internetshop finden Sie zusätzliche Informationen und wichtige Änderungen.

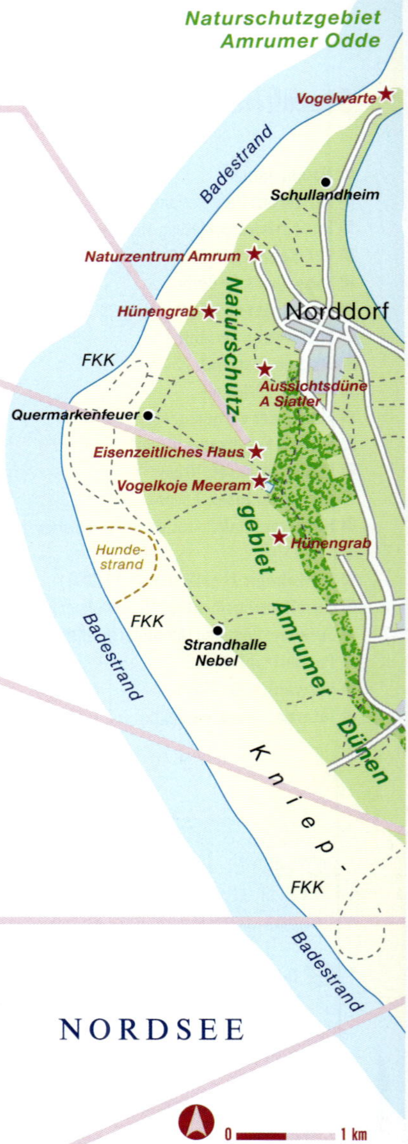

Eisenzeitliches Haus | 36

Auf Amrum gibt es in den Dünen zwischen Nebel und Norddorf ein archäologisches Ausgrabungsgelände, auf dem Siedlungsspuren aus der Eisenzeit und jungsteinzeitliche Großsteingräber gefunden wurden. Auf einem Bohlenweg markieren Jahreszahlen den Weg dorthin und machen eine Zeitreise in die Vergangenheit möglich. Ein Nachbau des historischen Wohnstallhauses kann besucht werden.

Vogelkoje Meeram | 54

Vogelkojen dienten dem Fang von Wildenten mit Hilfe von abgerichteten Lockenten in einer eigens dafür eingerichteten Fanganlage. Sie dienten in erster Linie der Selbstversorgung auf der Insel, denn das Nahrungsangebot war knapp. Die Fanganlage zwischen Norddorf und Nebel wurde von 1866 bis 1936 genutzt, eine zweite gab es in der Nähe von Süddorf. Die Anlage ist heute Teil des „Naturerlebnisraums Vogelkoje Meeram".

Amrumer Leuchtturm | 39

Schon 1875 wurde das immer noch in Betrieb befindliche Seezeichen gebaut. Seitdem weist es ohne Unterlass der Schifffahrt den Weg durch die gefährlichen Fahrwasser um Amrum. Seine Feuerhöhe liegt auf 63,4 Metern. In den Sommermonaten ist der Turm geöffnet und kann besichtigt werden. Dafür muss man rund 300 Treppenstufen erklimmen.

Wriakhörnsee | 60

Der Süßwassersee befindet sich in Wittdün versteckt mitten in den Dünen. Er ist ein Vogelparadies, ein Bohlenweg führt daran entlang. Man kann dort Eiderenten, Brandgänse, Graugänse und weitere Vögel beobachten. Zu- und Abfluss des Gewässers werden zwischenzeitlich von einer Pumpe geregelt, da der Süßwassersee immer wieder zu viel Wasser führte, was die Bohlenwege unpassierbar machte.

Wandelbahn Wittdün | 29

Ende des 19. Jahrhunderts erst entstand der Inselort Wittdün mit einem neuen Hafen für den Passagierverkehr. Anfangs war die Uferpromenade noch aus Holz, wurde aber 1914 durch eine gemauerte Variante ersetzt, weil Sturmfluten sie schwer be-

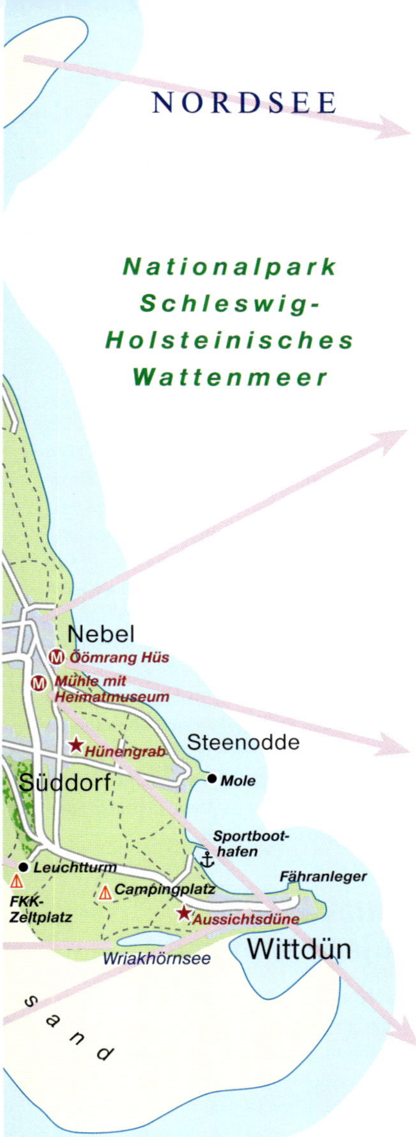

schädigt hatten. Die Strandpromenade wird Wandelbahn genannt und liegt zum größten Teil an der nach Westen liegenden Seite zum Kniepsand.

Amrumer Odde | 34

Der auf Amrum am weitesten von allen Häusern entfernte Punkt dürfte wohl die Odde sein. Sie ist ein Naturschutzgebiet der Zone 1 und darf nicht betreten werden. Der Wanderweg von Norddorf aus führt größtenteils an der Wasserkante entlang. Vögel finden hier einen wichtigen Rückzugsort, manchmal liegen sogar Robben am Strand. Ein hölzerner, leicht erhöhter Aussichtspunkt an der Spitze der Odde erleichtert die Naturbeobachtung.

St.-Clemens-Kirche mit Erzählenden Grabsteinen | 37, 51

Das evangelisch-lutherische Gotteshaus hat eine lange Geschichte. Es stammt aus dem 13. Jahrhundert und war ursprünglich eine Zweigstelle der auf Föhr befindlichen St.-Johannis-Kirche in Nieblum. Sehenswert ist auch der Friedhof mit den „Erzählenden Grabsteinen" aus der Walfangzeit, auf denen das Leben vieler Menschen in Stein gemeißelt ist und ihre Geschichte erzählt.

Öömrang Hüs | 41

Vermutlich aus dem Jahr 1751 stammt das im Inselort Nebel gelegene Gebäude des von Ehrenamtlichen geführten Museums. Es gehört zum Typ „Uthländisches Friesenhaus", Mensch und Tier lebten hier früher unter einem Dach. Der Wohnteil ist weitgehend erhalten geblieben, sodass man hier ein gutes Bild über das frühere Inselleben bekommt, ergänzt durch wechselnde Sonderausstellungen.

Amrumer Windmühle | 55

Auf der höchsten Erhebung in Nebel wurde von 1770 bis 1771 die Amrumer Windmühle, die bis 1964 in Betrieb war, aufgestellt. Dann gab der damalige Müller aus Altersgründen sein Geschäft auf. Der „Erdholländer" ist die älteste Mühle Schleswig-Holsteins und stammt ursprünglich aus Holland. Dort wurde das Bauwerk abgebaut und trat auf Amrum sein „zweites Leben" an. Heute ist es Museum und Kunstgalerie.

Amrum auf einen Blick

Warum Urlaub auf Amrum?

Wesentliche Gründe für eine Reise nach Amrum sind die **gesunde Nordseeluft** und die **großartige Inselnatur.** Die salzhaltige Meeresluft ist pollenarm und nicht nur für Allergiker und Menschen mit Erkrankungen der Atemwege ideal. Die Insel lässt sich am besten **zu Fuß** erkunden, sinnvoller ist es, das Auto gleich auf dem Festland stehen zu lassen oder mit der Bahn anzureisen. Der große Kniepsand, die Bohlenwege durch die Dünen, die Wälder und die Wege an der Wattenmeerseite laden zu ausgiebigen **Spaziergängen** ein, die schöne Landschaft lockt auf die kilometerlangen Bohlenwege und die vielen Aussichtsdünen. Oben belohnt der weite Blick auf die abwechslungsreiche Landschaft. Die Bewegung an der frischen Luft inmitten der Natur tut Körper und Seele gut, der Besucher kann im wahrsten Sinne des Wortes erholsam durchatmen. Es gibt auf Amrum zwei **Naturschutzgebiete** (NSG). Das NSG **„Amrumer Dünen"** umfasst fast alle Dünengebiete. Diese dürfen nur auf den gekennzeichneten Wegen, Bohlenwegen und Strandübergängen betreten werden. An der Amrumer Nordspitze liegt das NSG **„Amrumer Odde".**

Die Inseldörfer

Die **fünf Inselorte** Wittdün, Nebel und Norddorf verteilen sich auf drei Gemeinden, wobei Süddorf und Steenodde zur Gemeinde Nebel gehören. Es gibt durchaus Unterschiede zu sehen, dafür sorgen allein schon ihre Lage, also die Entfernung zur Wattenseite und zum Strand, sowie ihre Entstehungsgeschichte. Jedes Dorf hat seinen ganz eigenen Charakter. Es hängt von den persönlichen Interessensschwerpunkten ab, welcher Ort den eigenen Bedürfnissen am besten entspricht. **Strandliebhaber** haben in Nebel den weitesten Weg vor sich, während er in Norddorf und Wittdün besser zu erreichen ist. **Ruhesuchende** sind in Süddorf und Steenodde am besten aufgehoben. Wittdün ist von allen Dörfern schon allein wegen des Hafens der lebendigste Ort. Das Dorf mit den meisten reetgedeckten Friesenhäusern ist **Nebel.** In Norddorf liegt alles relativ nah, man ist schnell an Watt und Marsch, schnell im Wald und schnell in den Dünen und am Strand. Mehr Details zu den Inseldörfern sind im Kapitel „Sehenswertes" zu finden.

Die Einheimischen wachsen meist **zweisprachig** auf mit dem Inselfriesisch **Öömrang** als Muttersprache und Hochdeutsch und sie unterhalten sich untereinander auch auf Öömrang. Die Ortsbezeichnungen stehen in beiden Sprachen auf den Ortsschildern.

Attraktionen zu jeder Jahreszeit

Das **Frühjahr** wird durch das **Biaken** am 21. Februar eingeläutet. Das traditionelle Fest der Nordfriesischen Inseln gehört zu den Frühlingsfeuern und wird in jedem Inseldorf gefeiert. Die eigentliche Saison beginnt zu Ostern, dann haben auch die meisten Restaurants und Geschäfte nach der Winterpause wieder geöffnet. Das Frühjahr ist eine schöne Jahreszeit. Die Pflanzen erwachen zu neuem Leben, aber alles passiert ein paar Wochen später als auf dem Festland. Im Frühjahr ist es zum Baden meist zu kalt und das

Wetter kann sehr wechselhaft sein, häufig auch mit großen Temperatursprüngen.

Der **Sommerurlauber** schätzt quirliges Strandleben und das Baden im Meer. Dann sind auch die meisten sportlichen Aktivitäten unter freiem Himmel möglich und es finden zahlreiche Veranstaltungen statt. Während der Sommerferien in Schleswig-Holstein und Niedersachsen ist die Insel recht voll, mit allen Vor- und Nachteilen, die das mit sich bringt. Alle Restaurants und Geschäfte haben dann lange geöffnet, viele auch sonntags. Allerdings sind in dieser Zeit vor allem auch die Preise für die Unterkünfte am höchsten.

Im **Herbst** wird es wieder ruhiger, die Natur rückt dann stärker in den Mittelpunkt. Es ist die Zeit der **Vogelzüge,** und die Salzwiesen verändern ihre Farben. Die Saison dauert etwa bis Mitte Oktober. Im späten Herbst ab November ist vieles geschlossen, dann erholen sich die Einheimischen von der anstrengenden Saison und fahren häufig selbst in den Urlaub.

Im **Winter** liegt die Insel im Winterschlaf, der nur zwischen Weihnachten und dem Heiligen Dreikönigstag für zwei Wochen unterbrochen wird. Dann ist auf Amrum wieder Hochsaison und die Insel gut besucht. Während dieser Zeit freuen sich vor allem die Cafébetreiber, wenn sich die Gäste nach einem Spaziergang in der Kälte wieder aufwärmen. Falls es einen **Eiswinter** gibt, hat die Insel einen ganz besonderen Charakter: Schneebedeckte Dünen, von Raureif bedeckte Bohlenwege und gefrierendes Meerwasser am Strand haben ihren ganz besonderen Reiz.

Tagesaktuelle Informationen über Veranstaltungstipps und das Wetter lassen sich direkt aufs Handy laden. Die AmrumTouristik hat nützliche QR-Codes. Wer möchte, kann für die Dauer seines Urlaubs täglich fünf Tagestipps per Mail abonnieren.

Tagestipps

Amrum News

Amrum Homepage

Amrum Newsletter

Welche Reisedauer ist ideal?

Wie lange ein Aufenthalt auf Amrum dauern sollte, hängt natürlich von der jeweiligen Interessenslage ab. Entscheidend dabei ist die **Zeit für die Anreise** bis zur Insel. Für Menschen, die nicht in Norddeutschland wohnen, wird sich ein Wochenendtrip aufgrund der langen Anreise kaum lohnen. Wer nur eine kurze Anfahrt bis Dagebüll hat, kann auch für ein Wochenende eine gute Zeit auf Amrum erleben. Da es auf Amrum **keinen Flughafen** gibt, führt der Weg auf die Insel ausschließlich über das Wasser. Allein die **Fährüberfahrt** dauert **zwei bis zweieinhalb Stunden** – einfache Fahrt wohlgemerkt.

Im Sommer gibt es viele **Tagesausflügler.** Die meisten kommen mit der Fähre von Föhr, viele haben Fahrräder dabei oder leihen sich welche aus. Abends geht es wieder zurück. Für die meisten Gäste ist aber ein **Aufenthalt von mehreren Tagen oder länger** sinnvoll.

In einer Woche lässt sich die Insel ganz gut erkunden, wenn man sich auf die wesentlichen Orte beschränkt. Für einen **Jahresurlaub** auf Amrum sind vor allem die Sommermonate empfehlenswert. In den Ferien gibt es viele Veranstaltungen, besonders auch für Kinder aller Altersklassen. Die Insel hat genug zu bieten, sodass auch bei einem mehrwöchigen Urlaub keine Langeweile aufkommen wird.

Farbenspiel auf dem Kniepsand vor Wittdün

am2019_010 mna

Touren auf Amrum

Zu Fuß

Durch seine abwechslungsreichen Landschaftsformen ist Amrum prädestiniert für **ausgiebige Spaziergänge** am Strand, auf den Bohlenwegen durch die Dünen, im Wald oder entlang der Wattenseite. Wer will, kann die Insel sogar zu Fuß **umrunden,** braucht dafür aber einen ganzen Tag. Wegen des langen Weges im Kniepsand ist das besonders für Ungeübte ziemlich anstrengend. Selbst der Weg zwischen Wittdün und Norddorf am Strand entlang ist schon eine echte Herausforderung, der Rückweg lässt sich mit dem Bus bewältigen.

Amrum selbst gehört zwar nicht zum Gebiet des Nationalparks Schleswig-Holsteinisches Wattenmeer, liegt aber mittendrin, und auch auf der Insel gelten **strenge Bestimmungen zum Schutz der Natur.** So müssen beispielsweise Hunde das ganze Jahr über angeleint sein, auch am Hundestrand. Auf Amrum gibt es ausgewiesene **Schutzzonen,** alle mit Schutzzone 1 (Ruhezone) bezeichneten Gebiete dürfen nicht betreten werden – mit Ausnahme der ausgewiesenen Zugänge zum Wattenmeer unter Begleitung eines Wattführers. Die Gebiete der Schutzzone 2 (Zwischenzone) können nur auf gekennzeichneten Wegen durchwandert werden.

Naturerlebnisse der besonderen Art versprechen die vielen **Wanderwege** auf der Insel. Sie führen am Wattenmeer entlang, durch die Heide- und Waldlandschaft, durch die Dünen oder am Strand entlang. Die Länge der Wanderungen lässt sich so nach Lust und Laune variieren.

Tour 1 (6 km): Rund um Wittdün

Wer als **Tagesgast** von Amrum einen ersten Eindruck bekommen möchte, kann mit dieser kleinen Wandertour nichts falsch machen. Die Route beginnt am Fährhafen, führt links auf die Strandpromenade und folgt dem Weg am Wattenmeer entlang mit Blick auf Föhr. An der Südspitze geht es weiter am Meer und dem **Kniepsand** entlang. Nach etwa zwei Kilometern folgt man der Beschilderung bis zum **Wriakhörnsee,** an dessen Ufer ein Bohlenweg entlangführt. Danach folgt der Weg der Beschilderung zum AmrumBadeland. Dort ist zunächst die Inselstraße zu überqueren, bevor es auf der andere Seite zum **Seezeichenhafen** mit seinen Kuttern und Yachten

am2019_011 mna

Strandspaziergang an der Wasserkante

geht. Von dort führt der Weg am Watt entlang wieder in Richtung Wittdün bis zum Fähranleger.

Tour 2 (5 km): Von Norddorf zur Vogelkoje und wieder zurück

Der Weg führt vom **Langzeitparkplatz in Norddorf** aus Richtung Süden, abseits der Straße durch den Wald. Es gibt dort viele Wege, am einfachsten ist es, sich am Waldrand entlang oder auf dem Hauptweg zu bewegen. Unterwegs bietet sich kurz nach Norddorf ein kleiner Abstecher zu einer **Aussichtsdüne** an. Der Weg führt weiter bis zu einem Kinderspielplatz. Von dort führt ein Bohlenweg an der Vogelkoje vorbei durch einen wunderschönen **Bruchwald** bis zum Kinderspielplatz und von dort wieder zurück bis nach Norddorf.

Tour 3 (8,5–9 km): Norddorf – Quermarkenfeuer – Eisenzeitliches Haus und wieder zurück

In Norddorf zeigen Schilder den Weg zum Quermarkenfeuer an. Zunächst führen Bohlenwege westlich bis zum Strand und dann in einem Bogen an den Randdünen entlang bis zum Aufstieg zum Quermarkenfeuer. Wer bis zum Spülsaum gehen will, braucht etwa eine halbe Stunde mehr. Das **Quermarkenfeuer** ist von 1905 und Amrums nördlichstes Leuchtfeuer, seine Feuerhöhe liegt 22 Meter über dem mittleren Tidenhochwasser. Es dient der Orientierung im Fahrwasser „Vortrapptief“. Von dort aus folgt man dem Bohlenweg durch die weite Dünenlandschaft in Richtung Osten bis zum **„Eisenzeitlichen Haus“** und zur **Vogelkoje.** Von dort aus geht es auf einem der vielen Wege durch den Wald wieder zurück nach Norddorf.

Tour 4 (11 km): Rund um die Nordspitze

Das NSG **„Amrumer Odde“** ganz im Norden der Insel ist ein wichtiger Rückzugsort für Vögel, Kegelrobben und Seehunde. **Die Wanderung beginnt in Norddorf** und führt zunächst durch die Salzwiesen bis fast ans Schullandheim „Ban Horn“ und von dort zu einer kleinen Hütte, in der sich öffentliche Toiletten befinden. Ein Bohlenweg führt weiter in Richtung Vogelwärterhaus. Einmal täglich im Sommerhalbjahr lässt sich das Vogelwärterhäuschen im Rahmen einer Führung besuchen. Die Dünenlandschaft ist ein echtes **Vogelparadies,** viele Seevögel brüten und überwintern hier, suchen am Strand und im Watt nach Futter. Das Naturschutzgebiet darf ausschließlich auf dem **markierten Pfad** entlang der Wasserkante betreten werden, der lange Weg wird belohnt mit schönen Blicken auf **Föhr** und **Sylt.** Der nördlichste Zipfel der Odde ist zum Schutz der Natur für Besucher gesperrt. Kurz davor gibt es eine kleine **Aussichtsplattform,** von der sich am besten per Fernglas beobachten lässt, welche Tiere sich dort gerade aufhalten. Der Weg führt um die Nordspitze herum und am Strand wieder zurück bis zur Strandbrücke Norddorf und folgt dann dem Strunwai bis in den Ortskern.

☒ Radfahrer betreten die Fähre Norderaue

Mit dem Fahrrad

Im Prinzip gibt es **nur zwei Radtouren** auf Amrum, die sich für eine lange Tour auch zusammenfügen lassen. Das Radfahren ist weder auf der Strandpromenade noch auf den Bohlenwegen erlaubt. Vom Fahren auf der Hauptverkehrsstraße der Insel wird außerhalb der Ortschaften abgeraten, und ehrlich gesagt, macht das wegen des Verkehrs auch keinen Spaß. Fahrradwege gibt es entlang der Westseite bis nach Norddorf und auf der Ostseite wieder zurück oder umgekehrt.

Radtour 1 (11,5 km): Von Wittdün nach Nebel und zurück

In Wittdün orientiert man sich in Richtung **Leuchtturm.** Dort lässt sich je nach Wind entscheiden, ob der Weg rechts entlang über Süddorf (etwas kürzer) bis nach Nebel führt oder durch den geschützten Wald. In Nebel geht es dann an der Wattenseite wieder zurück nach Steenodde und von dort aus am Sportboothafen vorbei zurück nach Wittdün.

Radtour 2 (21–25 km): Von Wittdün über Nebel nach Norddorf und zurück

Für die zweite Route mit 21 Kilometern Länge ist Basis die **Radtour 1.** Ab Nebel geht es weiter durch den Wald und über den „alten Wirtschaftsweg“ an der Vogelkoje vorbei bis nach Norddorf. Wer die Norddorfer Marsch umradeln und am Deich entlang wieder zurückkommen möchte, verlängert die Tour um weitere vier Kilometer. Der Rückweg folgt der Straße am Watt entlang bis nach Nebel. Weiter nach Wittdün führt der Weg wie bei der ersten Route.

am2019_012 mna

21. Februar: Biakefest
Frühlingsfeuer in allen Inselorten. Biaken ist seit 2014 auch immaterielles UNESCO-Weltkulturerbe.

Neujahr
Posaunenchor statt Böller – Silvesterfeuerwerk ist auf Amrum verboten.

Osterfeuer am Nebeler Strand
Jedes Jahr findet am Ostersamstag am Nebeler Strand ein großes Osterfeuer statt.

Vogelzüge
Besonders während des Vogelzugs ist Amrum als Rastplatz für die Vögel von großer Bedeutung. Die Zugrouten sind abhängig von der Vogelart – die meisten Zugvögel folgen einer von Nordost nach Südwest ausgerichteten Achse.

Amrumer Muko-Lauf
Am Pfingstsamstag findet eine Laufveranstaltung für die Bekämpfung der Mukoviszidose und für die eigene Gesundheit statt.

Deutscher Mühlentag
Das Fest an der Amrumer Mühle findet am Pfingstmontag statt.

JAN | FEB | MÄR | APR | MAI | JUN

Winter – die ruhige Jahreszeit
Im Winter geht auf Amrum alles noch ein wenig gemächlicher zu als ohnehin schon. Einige Restaurants und Unterkünfte sind geschlossen, weil die Betreiber selbst im Urlaub sind. Nur zwischen Weihnachten und dem Heiligen Dreikönigstag wird die Ruhe für zwei Wochen unterbrochen. Dann ist auf Amrum erneut Hochsaison und die Insel wieder gut besucht.

Wandern im Frühling
Wandern ist auf Amrum zwar zu fast jeder Jahreszeit ideal, im Frühling aber erwachen mit den ersten warmen Sonnenstrahlen die Pflanzen zu neuem Leben, und die Insel präsentiert ihre üppige Vegetation.

Amrumer Lammtage
Anfang Juni gibt es in vielen Restaurants spezielle Lammgerichte.

Sonnwendfeier
Am Nebeler Strand gibt es am 21. Juni einen Auftritt der Trachtengruppe mit Musik, im Anschluss wird ein großes Feuer entfacht.

Weinfest in Wittdün
Alle zwei Jahre Ende August – auf der Wandelbahn gibt es vieles rund um den leckeren Rebensaft zu probieren. Nächster Termin: 2020

Amrumer Muscheltage
Anfang September steht kulinarisch alles im Zeichen von Miesmuscheln und Austern.

Kunst im Kurpark
Jährlich am letzten Donnerstag im Juli findet ein Kunsthandwerkermarkt in Nebel mit vielen Ständen statt.
– 25.7.2019
– 30.7.2020

Amrumer Insellauf
Im September über zwei Distanzen.

Amrum im Winter
Auch die kalte Jahreszeit hat auf Amrum ihren Reiz. Tagsüber in warmer Kleidung einen ausgedehnten Dünenspaziergang unternehmen und danach im Café bei einem heißen Tee mit Rum den Tag ausklingen lassen. Gibt es einen Eiswinter, sieht man verschneite Dünen, von Rauhreif bedeckte Bohlenwege und gefrierendes Meerwasser am Strand. Darüber hinaus gibt es zahlreiche Indoor-Aktivitäten.

JUL | AUG | SEP | OKT | NOV | DEZ

Hochsaison
Während der Sommerferien gibt es viel Unterhaltung an den Stränden.

Molenfest
Juni/Juli in Steenodde

Zugvögel
Im Oktober zu beobachten.

Weihnachten
Weihnachtsgottesdienste in der St.-Clemens-Kirche in Nebel und der Norddorfer St.-Elisabeth-Kirche.

Weitere Feste
– Anfang Juli: „Amrumer Leuchtturmtage" – Spiel und Spaß rund um den Amrumer Leuchtturm
– Juli: Dorffest in Wittdün
– Juli: Dorffest in Norddorf
– Juli/August: Großes DLRG-Strandfest

Reisezeit
September und Oktober sind u.a. ideale Reisemonate für alle, die nicht auf Schul- oder Semesterferien angewiesen sind.

Zehn Empfehlungen …

am2019_013 mna

Likedeeler | 79

Abseits des Trubels, in Steenodde, liegt dieses Restaurant, das sich auf Regionales wie Schafskäse, Salzwiesenlamm und Fischgerichte spezialisiert hat. Sehr lecker sind die **Spaghetti Hubsand** mit Meeresfrüchten, Krabben und Fischwürfeln.

am2019_014 mna

Burger Pier | 80

Das Burger Pier ist im Hotel Anka in Norddorf. Hier gibt es abends köstliche Burger mit selbstgebackenen Brötchen. Die Patties gibt es aus Fleisch, Fisch oder vegetarisch in vielen Variationen mit leckeren Saucen.

am2019_015 mna

Restaurant im Hotel Seeblick | 81

In der Norddorfer Hauptflaniermeile gelegen, lockt zunächst der schöne Außenbereich die Gäste an. Aber man kann hier auch sehr gepflegt speisen. Im Sommer gibt es spezielle Barbecue-Abende, dann wird draußen gegrillt.

am2019_016 mna

Hafen 31 | 75

Dieses Wittdüner Lokal ist Schnellimbiss und Fischrestaurant zugleich mit einem kleinen Sortiment an Frischfisch. Die Speisen werden frisch zubereitet und sind angenehm überraschend: Die Qualität stimmt.

am2019_017 mna

Seefohrerhus | 78

Bunt kommt das Äußere des Seefohrerhus am Sportboothafen in Wittdün daher. Hinter der Holzfassade werden vorwiegend Fischgerichte frisch zubereitet, beispielsweise die „Friesenpaella“, eine Erfindung des Küchenchefs.

... für Geniesser

am2019_018 mna

Heidekate | 78
Sie liegt unübersehbar an der Inselstraße etwa auf der Höhe der Zufahrt zum Leuchtturm. Im schönen Reetdachhaus mit Außenterrasse herrscht gepflegtes Ambiente; es gibt ausgewählte Speisen in sehr guter Qualität.

am2019_019 mna

Seekiste | 80
Die urige Nebeler Seekiste liegt in einer kleinen Seitenstraße. Ihr Ruf ist legendär, wer dort essen will, muss frühzeitig einen Tisch reservieren. Probiert werden sollten der Matjes und die Amrumer Spezialität *Ööksenssees,* ein Käse.

am2019_020 mna

Oomes Hüs | 80
Das von einem zauberhaften Garten umgebene alte Friesenhaus in Norddorf ist modern und gemütlich eingerichtet. Das Motto „Leewer duad üs saloodfreeder" (Lieber tot als Salatfresser) wird glücklicherweise nicht konsequent verfolgt.

am2019_021 mna

Hüttmanns Restaurant | 80
Gaumenfreuden vom Feinsten verspricht der Besuch des Restaurants im Norddorfer Hotel Hüttmann. Neben Fisch, Fleisch und vegetarischen Speisen stehen Wildspezialitäten aus eigener Jagd und saisonale Gerichte auf der Speisekarte.

am2019_022 mna

Blaue Maus | 78
Seit 1950 ist die am Schwimmbad in Wittdün gelegene „Blaue Maus" eine Institution. Die stimmungsvolle Musikkneipe wird mit viel Herz geführt. Es gibt regelmäßig Live-Konzerte und mehr als 400 Whiskys – nur eine Auswahl steht an der Bar.

Fünf Cafés für Leckermäuler

am2019_023 mna

Café Schult | 80

Seit 1880 wird in Norddorf Backtradition gelebt. Morgens gibt es frische Brötchen und Kuchen, nachmittags öffnet das Kaffee. Egal was – es schmeckt alles superlecker. Empfehlenswert sind die Friesentorte und der Sanddorntee mit Ingwer.

am2019_024 mna

Friesen-Café | 80

Gemütliches Ambiente in Nebel: Die untere Etage im kleinen Reetdachhaus ist seit fast 70 Jahren Café, im Sommer sitzt man gemütlich zwischen Blumen und Hecken und genießt „kreative Versuchungen", im Winter gibts Eiergrog dazu.

am2019_025 rf

Café Pustekuchen | 78

„The nordisch way of coffee" in Wittdün? Das sind Kaffee von einer kleinen Familienrösterei aus Flensburg, Föhrer Eier aus dem Hühnermobil, nachhaltig gefangener Fisch, geliefert von der Fischbuttze gegenüber, und das beste Eis der Insel.

am2019_026 mna

Kaffeeflut | 78

In Wittdün direkt an der Inselstraße gelegen, laden die Strandkörbe im Sommer zum leckeren Schlemmerfrühstück ein. Es gibt Kaffeespezialitäten, Kuchen und kleine Gerichte – hier findet jeder etwas nach seinem Geschmack.

am2019_027 mna

Dörnsk an Köögem | 80

Eine Mischung aus Stöbergeschäft und Café in Nebel – das Geschäft befindet sich im Zentrum am Uasterstigh, und es gibt jede Menge zu entdecken. Schöne Postkarten, Marmeladen und Kuchen, Kaffee- und Teespezialitäten.

Fünf besondere Fotopunkte

am2019_028 mna

Leuchtturm | 39

Amrum aus der Vogelperspektive bietet der Leuchtturm. Hat man erst einmal den Aufstieg über insgesamt knapp 300 Stufen geschafft, belohnt die tolle Aussicht über die Insel und das Meer. Aber Achtung: Der Wind weht hier oft sehr heftig!

am2019_029 mna

Odde | 13, 18

Es braucht seine Zeit, bis die Odde erreicht ist, aber der Weg lohnt sich. Eine kleine Aussichtsplattform bietet Naturfotografen mit Teleobjektiv die Möglichkeit, Vögel und manchmal auch Robben zu fotografieren, nach Osten gilt „Betreten verboten!".

am2019_030 mna

Aussichtsplattform Nebel | 31

Auf der Wattenseite befindet sich die Aussichtsplattform in Nebel. Frühaufsteher können den Sonnenaufgang und die salzige Meeresluft genießen. Wer die Augen schließt, hört die Austernfischer, Gänse, Enten und Alpenstrandläufer oder Knutts.

am2019_031 mna

Bohlenweg im Bruchwald | 32, 55

Bei Norddorf liegt der verwunschene Bruchwald neben dem Naturerlebnisraum „Vogelkoje Meeram". Im Sommer sind die Bäume grün, im Winter liegt Frost auf dem über das Wasser führenden Bohlenweg. Es ist ein zauberhafter Ort.

am2019_032 mna

Strandbrücke Norddorf | 33

Die Südspitze von Sylt mit dem Leuchturm? Kite-Surfer in Aktion? Riesige Sandburgen und Badespaß? All das lässt sich von dort aus perfekt beobachten. Die erhöhte Lage bietet eine perfekte Position für Urlaubsfotos vom Feinsten.

1 Sehenswertes

Auf Amrum ist vieles sehenswert, vor allem aber die grandiose Natur. Dennoch gibt es einige Orte, die einen Besuch besonders lohnen. Die nachfolgenden Empfehlungen sind so ausgewählt, dass sich für jeden ein passendes Ziel finden lässt.

[<] Reetgedeckte Amrumer Windmühle

Die Inseldörfer

Wittdün (Witjdün)

Wittdün ist der jüngste Ort auf Amrum und heute für jeden Besucher der erste Anlaufpunkt. Schon zu Beginn des Badebetriebs legten die Dampfer an einer hölzernen Seebrücke an, sie wurde in den 1890er-Jahren gebaut. Inzwischen ist das längst Vergangenheit, am Fähranleger herrscht reger Betrieb, denn in Wittdün kommen alle Passagierschiffe an. Seit 1972 können hier auch **Autofähren** anlegen. Im Jahr 2011 wurde ein **barrierefreier Seiteneinstieg** eingerichtet, seitdem erfolgt die Entladung von Personen und Fahrzeugen getrennt voneinander. Die Abfertigung ist dadurch deutlich schneller möglich geworden, rund eine Viertel Million Menschen pro Jahr nutzen den Wittdüner Hafen. Die modernen **Doppelendfähren** müssen nun auch nicht mehr aufwendig drehen wie früher. Vom Fähranleger aus pendelt der **Bus** nach Fahrplan zwischen Wittdün, Süddorf, Nebel und Norddorf hin und her. Vom Hafen aus legen auch **Ausflugsschiffe** und das **Wassertaxi „Liinsand"** ab. Wittdün liegt auf einer Halbinsel, sodass es nie mehr als ein paar Schritte bis zum Wasser sind. See- und Wattenseite sind von überall aus schnell erreicht.

Der belebte Ort hat alles, was es für einen schönen Urlaub braucht: Schwimm-

am2019_034 mna

bad, Restaurants, Cafés, Bekleidungs-, Souvenir- und Fischgeschäfte, Bäckereien und zwei Supermärkte. In der Strandbar Seehund kann man seinen Kaffee mit einem schönen Blick auf Strand und Kniephaken genießen. In der ruhigen **Wittdüner Bucht** lässt sich im Sommer Stand-up-Paddling ausprobieren. In der Ferne sieht man die Masten der Boote im **Amrumer Yachtclub** am Seezeichenhafen und an der Steenodder Mole. Das ganze Jahr über lädt die **Wandelbahn** zum Bummel um die Südspitze ein. Die **Sandbank Kniepsand** schiebt sich fast bis an den Hafen, sie bewegt sich bogenförmig immer weiter in Richtung Südspitze. Dieser sogenannte „Kniephaken" gehört zur **Schutzzone 1.** Er darf wegen der sich dort aufhaltenden Seehunde und Vögel nicht von Menschen betreten werden. Dort lauern aber auch noch andere Gefahren: Es gibt **gefährliche Treibsandstellen.** Für Vögel und Inselgäste gleichermaßen ist der **Wriakhörnsee,** ein kleines Süßwasser-Biotop inmitten der Dünen, ein echtes Paradies. Der **Campingplatz** und der **FKK-Zeltplatz** sind etwa 20 Minuten zu Fuß vom Ortskern entfernt. Der **Leuchtturm** befindet sich zwischen Wittdün und Süddorf.

Süddorf (Sössaarep)

Das beschauliche Süddorf ist der nächste Ort auf dem Weg in den Norden der Insel. Süddorf und Norddorf sind die beiden **ältesten Dörfer Amrums.** Hier ist das bäuerliche Inselleben charakteristisch, es geht eher ruhig zu. Von der Bushaltestelle aus ist die Wattenseite etwas näher gelegen als die Seeseite, in den Wald gelangt man sofort. Es gibt einen kleinen **Hofladen,** in dem Fleisch aus der eigenen Rinderzucht verkauft wird. Die kleine Mühle im Ort ist in Privatbesitz und kann nicht besichtigt werden. Der **Süddorfer Badestrand** gilt unter Kennern als Geheimtipp. Am Strandübergang können Gäste in einem kleinen Speiselokal einkehren. Am Ortsrand befindet sich die **Öömrang Skuul,** also die Amrumer Schule. In der Nähe liegen mehrere **Grabhügel** aus der Bronze- und Eisenzeit.

Steenodde (Stianood)

Abseits der Hauptstraße an Amrums Wattenseite liegt das kleine Dorf Steenodde, ein typisches Friesendörfchen in ruhiger Lage, in dem es ebenfalls ländlich und beschaulich zugeht. Steenodde ist ein **guter Ausgangspunkt für Wanderungen** an der Wattenseite, nach Wittdün sind es knapp 1,5 Kilometer, nach Nebel etwa doppelt so weit. Auf dem Steenodder Deich weiden Schafe, zwei kleine Sandbuchten laden zum Buddeln und Kitesurfen ein. Kulinarisches wird in **zwei Restaurants** angeboten. Es gibt einen kleinen Schiffsanleger mit einer Mole für Frachtschiffe, Yachten und Sportboote. Der **Hafen** in Steenodde ist der älteste auf Amrum, die feste Mole wurde aber erst 1895 gebaut. Davor konnten hier die Schiffe nur bei Ebbe be- und entladen werden, denn dann lagen sie auf dem Trockenen. Mit

☒ Fähre Norderaue bei der Ankunft in Wittdün

Beginn der Besiedelung der Südspitze von Amrum Ende des 19. Jahrhunderts wurde der Passagierverkehr zunehmend nach Wittdün verlegt. Das **„Steenodder Kliff“** ist die einzige höhere Abbruchkante der Insel-Geest. Im Frühling und Herbst ist hier der Rastplatz für viele Knutts, die während des Vogelzugs pausieren. Rund um Steenodde befinden sich mehrere **historische Grabhügel.** Der größte ist der „Esenhugh“, ein Grab aus der Bronzezeit (3000–1200 v. Chr.). Das älteste noch erhaltene Amrumer Haus steht ebenfalls in Steenodde, es ist die frühere Gastwirtschaft **Lustiger Seehund** aus dem Jahr 1721.

Nebel (Neebel)

Im 13. Jahrhundert wurde die **St.-Clemens-Kirche** zwischen Norddorf und Süddorf „auf der grünen Wiese“ gebaut. Erst zögerlich siedelten sich um die Kirche herum Menschen an, nach und nach entstand der Ort Nebel. Der markante weiße Kirchturm kam erst 1908 dazu. Auf dem um die Kirche herum gelegenen **Friedhof** befinden sich die „Erzählenden Grabsteine“. Sie berichten mit ihren Inschriften vom harten Leben der Kapitäne während der Walfangzeit. Zum besseren Verständnis ist eine Führung durch die Kirche und den Friedhof empfehlenswert. Viele alte Friesenhäuser mit prächtig verzierten Türen sind in Nebel noch zu finden. Auch viele neue Häuser folgen dem traditionellen Baustil, sodass ein harmonisches Bild zwischen Alt und Jung entsteht. Durch die vielen reetgedeckten Häuser hat Nebel einen ganz besonderen Charme. Das Friesendorf hat sich dem Tourismus erst spät geöffnet. Es gibt kleine Geschäfte, Bäckereien und einen Supermarkt. Im Sommer geht es auf den belebten Straßen im Ortskern manchmal eng zu.

> Reetgedecktes Friesenhaus in Nebel – die linke Dachseite wurde gerade frisch gedeckt

In Nebel ist das Wattenmeer ganz nah, von einer kleinen **Aussichtsplattform** lässt sich das Leben in der Salzwiese und im Watt gut beobachten. Vom Ortskern Nebel aus bis zum Strand ist der Weg weiter, es sind knapp 1,5 Kilometer bis dorthin, die durch einen wenig belebten zweiten Ortsteil führen, der hauptsächlich Wohngebiet ist. Hier am Waldrand befindet sich auch die **Kurklinik Satteldüne.** Dort werden chronisch erkrankte Kinder und Jugendliche behandelt. Am Ende des Strunwais, der Straße zum Strand, gibt es ein **Veranstaltungszentrum** und ein **Restaurant** am Dünenübergang. Auf der Höhe von Nebel ist der Kniepsand sehr breit, sodass man nochmals über einen Kilometer durch den Sand laufen muss, um den Spülsaum der Nordsee zu erreichen.

In Nebel befinden sich die **meisten kulturellen Höhepunkte** der Insel, sie liegen dicht beieinander. Im Ortskern zeigt das alte Kapitänshaus **„Öömrang**

am2019_035 mna

Hüs“, wie die Menschen hier früher lebten. Über die Inselgeschichte kann man sich aber auch in der nahe gelegenen **Amrumer Mühle** informieren. In ihr ist ein **Heimatmuseum** mit anderen Schwerpunkten untergebracht. Direkt gegenüber der Mühle liegt der **„Friedhof der Namenlosen“**, die letzte Ruhestätte unbekannter Toter, die die See an Amrums Strände gespült hat.

Zwischen Nebel und Norddorf befindet sich zwischen Dünen und Wald der **„Naturerlebnisraum Vogelkoje Meeram“**. Zum Areal gehören auch ein kleines **Wildgehege** und die historische **Vogelkoje,** die an einem Bruchwald liegt, ein Bohlenweg führt um sie herum. Am Spielplatz davor wartet in den Sommermonaten ein **Servicepavillon** mit selbstgebackenem Kuchen und Getränken auf hungrige Besucher. Hier decken sich die Eltern mit Kaffee ein und können dabei ihren spielenden Kindern zusehen. Zur Freude aller laufen im Frühjahr **Wildgänse mit ihren Küken** herum. Ein paar Minuten entfernt befinden sich eine **Grabstelle aus der Eisenzeit** und das **„Eisenzeitliche Haus“**, der Nachbau eines damals üblichen Gebäudes, sie gehören ebenfalls zum Naturerlebnisraum Vogelkoje Meeram. Auf dem dorthin führenden Bohlenweg ist in räumlichen Abständen mit kleinen Plaketten mit Jahreszahlen der Weg aus der Gegenwart zurück in die Eisenzeit dargestellt, der Besucher macht also eine kleine Zeitreise. Informationstafeln im gesamten Naturerlebnisraum bringen das Gesehene näher.

am2019_036 mna

am2019_037 mna

Norddorf (Noorsaarep)

Für Menschen, die mit dem Bus auf Amrum unterwegs sind, ist an der **„Hüttmannwiese“** in Norddorf die Fahrt zu Ende. Obwohl Norddorf zu den ältesten Orten der Insel zählt, gibt es nur wenig alte Gebäude. 1925 wütete ein fürchterlicher **Brand,** das Feuer zerstörte viele Friesenhäuser. Um mehr über die Norddorfer Geschichte zu erfahren, ist eine **historische Ortsführung** sehr zu empfehlen. Heute ist Norddorf ein lebendiger Ort mit vielen Geschäften, die ein buntes Spektrum an Waren anbieten.

⌃ Den Schaufelverleih nicht nur am Sandstrand von Norddorf schätzen vor allem Kinder

‹ Amrums Busverkehr bei Nebel fährt ganzjährig nach regelmäßigem Fahrplan

Die meisten **Einkaufsmöglichkeiten** befinden sich an der Lunstruat und am Strunwai. Besonders Letzterer lädt in den Bereichen, in denen er zur Fußgängerzone wird, zum gemütlichen Bummeln ein. Hier befinden sich auch zahlreiche **Restaurants und Cafés.** Im Ortskern liegt das Seeheim mit dem **Inselkino Lichtblick.** Für Spaziergänger ist der Strand von fast überall aus gut zu erreichen, es dauert etwa eine Viertelstunde zu Fuß. In Norddorf befindet sich das große Areal der **AOK-Nordseeklinik** für Eltern und Kind. Die Klinik ist ein Hinweis auf Norddorfs Geschichte, der Bädertourismus im ausgehenden 19. Jahrhundert begann hier mit einem Seehospiz.

Kurz vor der Norddorfer Strandbrücke, einer hölzernen Aussichtsplattform, informiert das **Naturzentrum** über die Flora und Fauna Amrums. Es ist zwar klein, aber es hat einige Aquarien und

Exponate, die viel zum Verständnis über Wattenmeer rund um Amrum beitragen. Besonders schön für Kinder ist die öffentliche **Fischfütterung.**

Im Westen von Norddorf beginnt die **Dünenlandschaft,** davor ist die offene Nordsee. Im Osten liegen Felder und Wiesen, zwischen dem Deich und dem Wattenmeer die Salzwiesen. Im Süden dominieren Heide und Wald die Landschaft. Ganz im Norden befindet sich das Naturschutzgebiet **„Amrumer Odde"**, ein Vogelparadies mitten in den Dünen. Es darf nicht betreten werden.

Norddorf ist der **Ausgangspunkt** für viele **naturkundliche Exkursionen.** Es gibt vogelkundliche Führungen, hier starten auch die **Wattwanderungen nach Föhr.** Die Wassersportler haben gute Bedingungen: Die Brandung ist hier am stärksten, auch die Segel- und Surfschule ist in den Sommermonaten am Norddorfer Strand zu finden.

Aussichtsdünen und Bohlenwege

Das Amrumer Naturschutzgebiet mit den großen Dünenlandschaften wird auf der Insel seit den 1970er-Jahren mittels kilometerlanger **Bohlenwege** zugänglich gemacht. Ohne sie dürfte man weite Teile des Dünengebietes gar nicht betreten. Die Anlage dieser Bohlenwege ist durchaus als Amrumer Spezialität zu verstehen: Auf keiner anderen deutschen Nordseeinsel wird so konsequent auf das Baumaterial Holz zurückgegriffen, wenn es um Fußwege geht. Hinzu kommen noch einige **Aussichtsplattformen**, die sich oft auf höheren Dünen befinden. Dabei geht es unzählige Treppenstufen hoch und runter – das Gelände ist fast überall von unterschiedlicher Höhe. Der Außendienst der AmrumTouristik ist für die Unterhaltung der Bohlenwege zuständig. Rund elf Kilometer müssen gepflegt werden. Die Gemeinden neh-

[>] Aussichtsdüne bei Norddorf

men permanent Reparaturen vor, denn das Holz nimmt im rauhen Klima der Nordsee schnell Schaden. Etwa alle 20 bis 30 Jahre werden komplette Teile der Wege und Plattformen durch neue ersetzt. Offiziell gibt es vier Aussichtsdünen auf Amrum, alle sind in das hölzerne Wegenetz eingebunden. Jedes Dorf hat eine eigene: Wittdün, Süddorf, Nebel und Norddorf. Zusätzlich gibt es einige weitere Plattformen, die einen spektakulären Blick bieten: hoch auf den Randdünen, am Waldesrand oder am Wasser des Wriakhörnsees, einem Süßwassersee im Wittdüner Dünengebiet. Von der hölzernen Plattform am Wattenmeer in Nebel kann man den Sonnenaufgang über dem Wattenmeer genießen – wenn man im Urlaub früh genug aus dem Bett kommt.

am2019_038 mna

Eisenzeitliches Haus

Inmitten der Amrumer Dünen nördlich der Vogelkoje Meeram befinden sich die Reste einer Siedlung aus der Eisenzeit. Diese waren jahrzehntelang von Wanderdünen bedeckt, wurden irgendwann aber freigeweht und dann kartografiert.

Auf diesem archäologischen Ausgrabungsgebiet steht seit 2014 der Nachbau eines Eisenzeitlichen Hauses. Wie die Spuren der anderen auf dem Areal entdeckten Gebäude war es in Ost-West-Richtung ausgerichtet. Das Gerüst des Hauses, in dem sich Wohnbereich und Stall unter einem Dach befinden, wurde aus Eichenholzstämmen errichtet, die Dachhölzer bestehen aus Lärchenholz. Das Gebäude ist fünfeinhalb Meter Meter breit und 15 Meter lang, das reetgedeckte Firstdach misst über fünf Meter Höhe. Zwischen beiden Eingängen quer zur Längsrichtung ist der Boden des Gebäudes gepflastert, das Pflaster trennt Wohn- und Stallbereich. Die Feuerstelle befindet sich in der Mitte des Wohnbereichs. Das Holzflechtwerk der Hauswände wurde mit Soden abgedeckt und mit Lehm verschmiert. Weil das rekonstruierte historische Haus mitten im Naturschutzgebiet Amrumer Dünen steht, musste das Umweltministerium Schleswig-Holsteins für dessen Bau eine Ausnahmegenehmigung erteilen.

Um das Ausgrabungsgelände und das Eisenzeitliche Haus herum befindet sich ein **„Weg in die Vergangenheit“**, viele Informationstafeln veranschaulichen den Verlauf der Geschichte von einem Großsteingrab der Jungsteinzeit bis in die Gegenwart. Eine Zeitskala im Bohlenweg veranschaulicht durch räumliche

am2019_039 mna

am2019_040 mna

Entfernung die zeitlichen Dimensionen verschiedener historischer Ereignisse. Wer das Eisenzeitliche Haus besichtigen will, beschreitet die Zeitachse von der Jetztzeit bis in die Eisenzeit und wieder zurück in die Gegenwart. Das rekonstruierte Gebäude ist Teil des **Naturerlebnisraums Vogelkoje Meeram.**

Das Eisenzeitliche Haus ist eine originalgetreue Rekonstruktion – Mensch und Tier lebten damals unter einem Dach

Eisenzeitliches Haus im Dünental

Friedhof der Namenlosen

In früheren Jahrhunderten wurden unbekannte an den Strand geschwemmte Leichen zumeist ohne jegliches Gedenkzeichen in den Dünen verscharrt. Aber wegen des sich langsam entwickelnden Seebädertourismus wollten die Insulaner nicht als unzivilisiert gelten. An die Insel gespülte Tote wollte man fortan schlicht, aber würdig bestatteten. Laut Kirchenchronik legte der Strandvogt Kapitän *Carl Jessen* die Ruhestätte 1905 in Nebel an. Er stiftete auch das kleine Grundstück gegenüber der Amrumer Mühle in Nebel. Zwischen 1906 und 1969 fanden 32 Menschen ihre letzte Ruhe auf dem „Friedhof der Heimatlosen“, wie der stille Ort auch genannt wird. Die Gräber sind mit schlichten Holzkreuzen

markiert, auf denen das **Funddatum** steht. Bei einer Umgestaltung des Friedhofs in den Jahren 2011 bis 2012 wurde der Eingang mit seinem hölzernen Torbogen an die Seite verlegt, darüber hinaus stellte man drei Skulpturen in Schiffsform auf. Auf einer steinernen Stele stehen die Worte aus dem Lukas-Evangelium (10, 20) „Freut euch, dass eure Namen im Himmel geschrieben sind!". Die St.-Clemens-Kirchengemeinde hat diesen Ort der Ruhe, Stille und Einkehr erhalten und kümmert sich um dessen Pflege.

Der Friedhof der Namenlosen wird ehrenamtlich gepflegt und ist ein Ort der Stille

am2019_041 mna

Leuchtturm

Etwa zwei Kilometer westlich von Wittdün steht auf der Großdüne der Leuchtturm Amrum, er ist eines der Wahrzeichen der Insel. Der Turm ist zu besichtigen, **197 Stufen** muss man innen erklimmen, um die Aussichtsplattform zu erreichen. Vom Fuß der 25 Meter hohen Großdüne aus gemessen sind es sogar insgesamt 297 Stufen. Oben wird man mit einem weiten Blick und fast immer mit einer ordentlichen Prise Wind belohnt. Auch können sich verliebte Paare auf dem Turm **standesamtlich trauen** lassen. Dennoch ist der Leuchtturm Amrum in erster Linie ein **Seezeichen** in voller Funktion. Er gehört zum Dienstbereich des Wasserstraßen- und Schifffahrtsamts (WSA) in Tönning. Die gefährlichen Gewässer westlich der Insel Amrum werden heute von ihm gesichert. Früher forderten die sich ständig verändernden Fahrwasser und Sandbänke immer wieder ihren Tribut, unzählige Schiffe strandeten in diesem Bereich der Küste.

In klassischer Bauweise wurde der Turm 1873 und 1874 aus **Ziegelsteinen** gemauert, zur gleichen Zeit entstand das Wärterhaus. Im Sockelbereich hat der Turmschaft eine Wandstärke von 1,72 Meter, diese verjüngt sich nach oben auf einen Meter. Kurz vor Sonnenuntergang am 1. Januar 1875 wurde der Leuchtturm in Betrieb genommen, das Leuchtfeuer war bei klarem Blick damals etwa 20 Seemeilen weit zu sehen. Heute befindet es sich mit 63,4 Metern Höhe über dem mittleren Hochwasser und wird mit einer modernen 250 Watt starken **Gasentladungslampe** erzeugt. Der Amrumer Leuchtturm ist mit **41,8 Metern** einer der höchsten an der deutschen Nordseeküste. **23,3 Seemeilen** weit ist sein Leuchtfeuer zu sehen, das entspricht einer Entfernung von rund 43 Kilometern. Bei klarer Sicht kann man von der Aussichtsplattform aus sogar das Leuchtfeuer Helgoland orten. Bei leichter Bewölkung sieht man vom Strand aus manchmal die Reflexion des Helgolän-

am2019_042 mna

der Lichts, denn die Erdkrümmung verhindert von unten die direkte Sicht.

Leit- und Quermarkenfeuer Norddorf

Ergänzend zum Leuchtturm wurde 1905 südwestlich von Norddorf das nördlichste Leuchtfeuer auf Amrum gebaut. Mit dem Bau wurde die Berliner Firma *Julius Pintsch* beauftragt. Stilistisch entspricht das Leuchtfeuer dem Jugendstil. Es steht auf einer Sanddüne im Naturschutzgebiet „Amrumer Dünen" am Rande des Kniepsands. Es dient den Schiffen im Fahrwasser „Vortrapptief" vor Amrum als **Navigationshilfe,** um den Hörnumer Hafen auf Sylt anzusteuern. Verantwortlich für seinen Betrieb ist das Wasser- und Schifffahrtsamt Tönning, Außenbezirk Amrum.

Das Leuchtfeuer steht auf einem knapp ein Meter hohen Backsteinsockel. Die Außenwände des zweistöckigen Gebäudes bestehen aus verschraubten gusseisernen Mantelplatten, das Laternenhaus besteht aus einer Stahlkonstruktion mit Kupferdach. Das Leit- und Quermarkenfeuer mit einem Dauerlicht in drei Farbsektoren hat eine Tragweite von 16,1 Seemeilen (weiß), 12,9 Seemeilen (rot) und 11,8 Seemeilen (grün). Die Bauwerkshöhe liegt 8,4 Meter über Gelände, die Feuerhöhe 22 Meter über dem mittleren Tidehochwasser. Anfangs wurde das kleine Leuchtfeuer noch mit einem Blaulicht-Glühlicht betrieben, aber 1936 zusammen mit dem Leuchtturm elektrifiziert. Die Erzeugung der Kennung findet durch elektrische Lampentaktung statt, bei der 1,5 Sekunden dunkel und 4,5 Sekunden hell sind. Heute wird das Leuchtfeuer wie alle anderen auch **ferngesteuert.**

☒ Der Eingang zum Leuchtturm –
ein Drittel des Aufstiegs hat man hier schon hinter sich, aber es folgen noch 197 weitere Stufen

Öömrang Hüs

Das Haus, in dem heute das **Amrumer Heimatmuseum** untergebracht ist, stammt vermutlich aus dem Jahr 1751. Seit 1974 gehört es dem **Heimat- und Kulturverein Öömrang Ferian.** Es wurde vom Wohnhaus zu einem kleinen Museum mit angegliedertem Archiv umgebaut. Das Haus gehört zum Gebäudetyp „uthlandfriesisches Haus", der typisch für die Nordfriesischen Inseln, die Halligen und Geestgebiete auf dem Festland war. Das Haus auf Amrum basierte ursprünglich auf einem **selbsttragenden Holzständerwerk.** Da aber jede Bewohnergeneration das Bauwerk ihren Bedürfnissen anpasste, gibt es heute tragende Wände statt tragender Balken. Das kann man in der „Dörnsk", der guten Stube, auch sehen, denn direkt unter einem angeblich „tragenden" Balken befindet sich – statisch unmöglich – ein Fenster. Die Fenster lassen sich nach außen öffnen. Der Grund dafür ist einfach: wehte der Wind, drückte er ein offenes Fenster zu statt auf, so konnte das Haus nicht auskühlen. Unter dem Dach des Hauses waren immer Menschen und

am2019_043 mna

Vieh vereint. Meist nach demselben Prinzip: Vom mittig gelegenen Eingang aus ging es durch die große „Masaalem“ (Vordiele) geradeaus in die „Köögem“ (Küche) mit der „Eldaag“, einer offenen Feuerstelle. Links lagen die gute Stube, der Schlaf- und der Vorratsbereich mit der „Koomer“ (Kammer), dem „Käälerrüm“ (Keller) und dem „Üb Stianem“ (Vorratsraum), rechterhand befanden sich die Wirtschaftsräume und Ställe.

Das reetgedeckte Öömrang Hüs

Heute ist in der ehemaligen Tenne und späteren „Looden“ (Tante-Emma-Laden) ein „Mustergästezimmer“ aus den 1930er-Jahren untergebracht. In den früheren Stallungen befinden sich Ausstellungsräume.

Während vielerorts die alten Friesenhäuser modernisiert wurden, was meist bedeutete, dass innen alles Alte herausgerissen und nur die Außenhaut weitgehend erhalten blieb, war dies beim Öömrang Hüs glücklicherweise nicht der Fall. So ist die Dörnsk mit den Alkoven zum Schlafen weitgehend erhalten geblieben, die Küche ebenso. Die letzten Bewohner hatten zum Glück den früheren Stallbereich zum Wohnbereich umgestaltet und lebten dort. Heute ist der ursprüngliche Wohnteil wieder etwa so wie im 18. Jahrhundert hergerichtet. Die **Dörnsk** war der Repräsentationsraum, Wohnstube und Schlafstatt zugleich. Die beiden Alkovenbetten sind hinter Schranktüren verborgen, die tagsüber geschlossen waren. Man konnte sie von beiden Seiten besteigen, also aus der Dörnsk und der Kaamer. Sie erscheinen gemessen in den Verhältnissen der heutigen Körpergrößen sehr kurz zu sein. Der Grund dafür ist, dass die Menschen **im Sitzen schliefen,** weil sie Angst hatten, sich ganz hinzulegen und „zur Strecke bringen" zu lassen – nur Tote lagen lang ausgestreckt da. Unter der Decke der guten Stube befindet sich ein **Regalbord,** auf das die Leute früher Dinge legten, die wertvoll waren und für schlechte Zeiten aufbewahrt wurden, man legte sie „auf die hohe Kante".

Die Dörnsk wurde durch einen sogenannten **Bilegerofen** beheizt, der von hinten durch die Küche befeuert wurde. Dadurch kam kein Schmutz in die Dörnsk, der blieb in der Küche, wo es durch das offene Feuer des Herdes ohnehin nicht klinisch rein war. Beim heute im Öömrang Hüs ausgestellten Ofen handelt es sich aber nicht um den Originalofen. Dieser wurde in Zeiten des Geldmangels von der damaligen Besitzerin ins Nachbarhaus verkauft. Das besondere an den Bilegeröfen sind die aufgesteckten **Messingkugeln.** Sie waren abnehmbar und man konnte sich zum Beispiel zum Kirchgang in die Tasche stecken, denn der Ofen heizte sie ordentlich auf. So ließen sich in der ungeheizten Kirche die Hände gut warmhalten. Es wird auch erzählt, dass manche Seeleute zur Erinnerung an ihre Familie eine Messingkugel auf die Walfangfahrt mitnahmen. Wenn die Walfänger verunglückten und starben, kamen die Kugeln natürlich nicht mehr zurück und waren verloren. Selten sind die Kugeln der Bileger-Öfen von heute noch vollständig vorhanden, sie waren schließlich in ständigem Gebrauch. Der Bileger im Öömrang Hüs ist älter als das Gebäude, auf einer Eisenplatte steht das Jahr 1681.

Hinter dem Ofen befindet sich eine geflieste Wand mit **Ornamentfliesen,** auf denen die Kompassrose („Rosenstern") abgebildet ist. Vier Fliesen ergeben einen Rapport. Sie dienten als Rahmen für ein Fliesen-Tableau mit einer *Schmack,* das in der Mitte auf den Fliesen zu sehen ist. Es handelt sich um das Schiff, das Kapitän *Urban Wögens,* der frühere Besitzer des Öömrang Hüs, nach seiner Frau „Frouw Poppe" benannt hatte und es auf diese Weise der Nachwelt zeigen wollte. **Schmackschiffe** brachten Waren zum Weitertransport in die Ausgangshäfen wie Hamburg und Amsterdam.

Fliesen in holländischer Manier sind typisch für die alten Kapitänshäuser. Wer es sich leisten konnte, brachte sie von seinen Fahrten mit und verzierte damit die Wände. Im Öömrang Hüs hängen nur acht der besonders wertvollen **Bibelfliesen,** sie wurden bewusst auf Augenhöhe angebracht. Gefertigt im niederländischen Harlingen, dienten sie dazu, sich an die Bibelverse zu erinnern und diese mündlich weiterzuerzählen. Die Vorlagen für die Motive finden sich im Buch Mose sowie in den Evangelien Lukas, Matthäus, Johannes und Markus. Die anderen Motive zeigen Landschaften, Handwerker, Tiere (Niederländisch „Springertjes") und Dinge aus dem Alltag. Auf einer ist sogar zu sehen, wie jemand auf einem **Nachttopf** sein Geschäft verrichtet. Die Fliesen im „Piisel"

(Pesel) oder **Kellerraum** wurden erst spät entdeckt, weil sie viele Jahre hinter einer Verkleidung verborgen waren. Die meisten zeigen die typisch niederländische „Landschap op Land", also Landschaftsmotive. Diese Fliesen stammen aus dem Jahr 1800 und wurden in Amsterdam hergestellt.

In keinem Friesenhaus fehlten **Truhen,** denn dort wurde alles aufbewahrt, was man nicht am Leibe trug und das sich heute in Kleiderschränken befindet: Tischwäsche, Bettwäsche, Leinenvorräte – nur in der Dörnsk hatten Truhen nichts verloren. Sie gehörten in die **Kammer.** Auf dem Grund der Truhen war stets das **Bildnis eines Hundes** zu sehen. War die Truhe leer und der Besitzer arm, war er „auf den Hund gekommen".

Im früheren Vorratsbereich befinden sich neben einer Truhe heute Exponate zum Walfang, zur Seefahrt, zur Wollver-

arbeitung und zur Amrumer Tracht. Eine Schaufensterpuppe trägt die Sonntagstracht, in einem Eckschrank befindet sich der auch heute noch gebräuchliche Silberschmuck einer Amrumer Tracht. Ein Spinnrad und verschiedene Gerätschaften zur Verarbeitung von Schafwolle hängen daneben. Mit dem **Walkbrett** beispielsweise, das wie ein hölzernes Waschbrett aussieht, wurden Socken aus handgesponnener Wolle feucht durchgewalkt. So wurden sie winddicht und waren gleichzeitig länger haltbar. Ein Gemälde zeigt anschaulich, wie gefährlich der **Walfang** war.

Amrumer Geschichte erzählt ebenfalls das Schiffsmodell der Viermastbark „Kurt". Das Schiff wurde 1904 in Glasgow gebaut, 27 Jahre lang war der Amrumer *Wilhelm Tönissen* ihr Kapitän. Das Schiffsmodell steht auf einer Seekiste, die ihm gehörte. Fast wäre das Modell bei einem Brand zerstört worden, und wie durch ein Wunder wurde auch sein Original fast zur gleichen Zeit vor der Verschrottung bewahrt. Heute liegt die „Kurt" als Restaurantschiff „Moshulu" in Philadelphia.

Die *Köögem,* also die **Küche,** liegt zentral, hier kreuzen sich alle Wege. Raumbestimmendes Element ist der **offene Herd,** unter dem sich ein Backofen befindet, der auch zum Trocknen von Brennholz genutzt wurde. Ein etwa 50 Zentimeter tiefes quadratisches Loch im Boden erleichterte die Bedienung. Man nahm einfach die hölzerne Abdeckplatte ab, setzte sich auf den Boden wie auf einen Stuhl – die Füße konnten in einer kleinen Grube vor dem Ofen abgestellt werden, schon war das Feuer zum Anheizen bequem auf Augenhöhe, man musste sich nicht mehr bücken. Im Ofen ist über dem offenen Feuer eine gezahnte Eisenstange zu sehen, hier wurde der Kochtopf aufgehängt. Wollte man „einen

am2019_044 mna

[<] Historische Wohnstube im Öömrang Hüs

Zahn zulegen", wurde der Topf näher am Feuer ein paar Zähne tiefer gehängt. Vor allem das **Abwaschen** war auch früher schon für viele ein eher ungeliebter Zeitvertreib. Zum Essen stellte man den Topf auf den Tisch und jeder bekam seinen eigenen Löffel. Musste ein Familienmitglied „den Löffel" abgeben", hieß das, dass sein Löffel ab sofort einem anderen Familienmitglied übergeben wurde. Zusammen mit dem Löffel bekam es aber auch die Verpflichtung zum regelmäßigen Abwaschdienst.

Der Weg von der Küche in den **Vorratsraum** war kurz. Die Vorräte wurden überwiegend gepökelt oder getrocknet, um sie haltbar zu machen. In den Regalen des kleinen Hauswirtschaftsraums befinden sich Haushalts- und Küchengeräte wie ein Butterfass, ein Waschbrett oder auch die Vorratsboxen, mit der der Proviant mitgenommen wurde. Früher wurden auf Borden auch Milchschalen zur Herstellung von Dickmilch aufgestellt. Der traditionelle Käse „Ööksensees", von Hand wie ein Camembert geformt, reifte auf dreieckigen Holzgestellen, die an der Außenwand unter dem Dachüberstand *(„ööksen")* aufgehängt wurden. Das heutige „Badegastzimmer", die frühere **Dreschtenne,** war von 1840 bis etwa 1885 der erste **Krämerladen** im Ort, verkauft wurde durch eine Luke zum Flur.

Im **Spitzgiebel** des Öömrang Hüs befindet sich eine Luke, über die das Heu für den Winter auf den Speicher gebracht wurde. Wie in vielen Häusern sitzen im Giebelfenster zwei Hunde. Diese sogenannten Puffhunde oder Kaminhunde aus Porzellan brachten die Seefahrer ihren Frauen als Geschenke mit. Im puritanischen England unter Queen Victoria (1819–1901) war die Prostitution zwischenzeitlich verboten – aber Handel war den Damen des horizontalen Gewerbes erlaubt. Die Manufakturen der Grafschaft Staffordshire fertigte diese Keramiken in Form von Terriern. Es wird die Geschichte erzählt, dass die Hunde mit dem Kopf zur Straße gerichtet signalisierten, dass der Ehemann auf großer Fahrt war. Blickten sie ins Haus hinein, war das ein Zeichen dafür, dass der Mann wieder zurückgekommen war. Für einen möglicherweise vorhandenen Liebhaber wäre es jedenfalls eine sinnvolle Warnung gewesen, besser nicht zu Besuch zu kommen.

Die historischen Grabsteine

Ein kulturhistorisch besonderes Gut sind die 169 **„Erzählenden Grabsteine"** auf dem Friedhof der St.-Clemens-Kirche in Nebel. Sie zeigen mit Text und Bildern die Geschichte der Amrumer Bewohner des 17. bis 19. Jahrhunderts, die ältesten sind die großen Bodenplatten. Die Grabsteine waren jedoch vom Zahn der Zeit arg in Mitleidenschaft gezogen worden, stark verwittert, beschädigt und teilweise kaum noch lesbar. Um sie vor dem Verfall zu retten, beschloss die Kirchengemeinde, sie ab 2009 **umfassend zu restaurieren** und so für die Nachwelt zu erhalten. Mit jeder Menge Ausdauer,

> Erzählende Grabsteine in Nebel

am2019_045 mna

Von Sklaven zu reichen Männern – Hark Nickelsen und Hark Olufs

Am 15. Oktober 1706 wurde *Hark Nickelsen* in Süddorf auf Amrum geboren, knapp zwei Jahre später erblickte sein Cousin *Hark Olufs* das Licht der Welt. Wie auf den Inseln üblich, fuhren sie bereits sehr früh zur See: *Hark Nickelsen* mit 13 und *Hark Olufs* mit 12 Jahren. Fünf Jahre später, im Jahr 1924, wurde das Schiff, auf dem die beiden als Matrosen angeheuert hatten, von algerischen Kaperern überfallen. Die muslimischen Länder in Nordafrika, auch **Barbareskenstaaten** genannt, waren damals finanziell von der Piraterie abhängig. Europäische Schiffe gerieten deshalb häufig in ihren Fokus, und man geht davon aus, dass geschätzte 800.000 bis 1.250.000 Menschen in die Hände **nordafrikanischer Sklavenhändler** gerieten. *Hark Nickelsen* und *Hark Olufs* kamen nach Algier und wurden als Sklaven an den *Bey von Constantine* verkauft.

Hark Nickelsen hatte Glück: Er wurde nach zwei Jahren in der Sklaverei – als Kaffeeschenker – von **portugiesischen Mönchen** freigekauft. Diese setzten sich für den Freikauf von christlichen Sklaven aus mohammedanischer Gefangenschaft ein. Er fuhr in Holland weiter zu See und war mit 23 Jahren bereits Steuermann. Im Alter von 28 Jahren war er zum Kapitän aufgestiegen und lebte, wenn er nicht auf Fahrt war, im dänischen Kopenhagen. Von 1740 bis 1749 war er selbst Sklavenhändler, fuhr zwischen Guinea und Westindien, handelte mit Waffen und hatte als Kapitän den Oberbefehl auf den Sklavenschiffen „Williamina Galley" und „Vesuvius". Insgesamt verbrachte er 31 Jahre in der Schifffahrt und kam dabei zu unfassbarem Reichtum. Im Alter von 42 Jahren setzte er sich 1749 zur Ruhe und kehrte nach Amrum zurück – als **reichster Mann der Insel.** Auf seinem prächtigen Grabstein auf dem Nebeler Friedhof steht der Spruch „Durch Kreuz und Leiden zur Himmelsfreuden". Auf der Rückseite ist in Stein gemeißelt, dass er mit seiner Frau *Marret Olufs,* der Halbschwester seines Cousins *Hark,* bis zu seinem Tod im Jahr 1770 in einer „vergnügte[n] Ehe" lebte und letztendlich ein glückliches Leben geführt hatte.

Weniger Glück hatte *Hark Olufs,* denn er verbrachte **elf Jahre in Gefangenschaft,** weil seine Familie die von den Sklavenhändlern geforderte hohe Summe nicht aufbringen konnte. Da er aber fleißig und tüchtig war, arbeitete er sich vom Lakai zum Schatzmeister auf, bevor er zum Kommandeur und späteren Oberbefehlshaber der Leibgarde des *Beys von Constantine* ernannt wurde und 1735 für ihn Tunis eroberte. Zum Dank wurde er freigelassen und kehrte in seine Heimat zurück. Dort heiratete er seine große Liebe *Antje Lorenzen,* mit der er vier Mädchen und einen Jungen bekam. Im Alter von nur 46 Jahren starb er plötzlich – seine Familie fand ihn nach dem Gottesdienst tot im Sessel sitzend. Aber wie es häufig der Fall war, hatte er für seinen Tod schon vorsorglich einen **reich verzierten Grabstein** meißeln lassen. Er steht noch heute auf dem Kirchhof in Nebel und ist wie der seines Cousins sowohl auf der Vorder- als auch auf der Rückseite beschriftet. Auf Letzterer richtet er sich an seine Familie:

Grabstein Hark Olufs

„Gott gebe dem Leibe eine fröliche
Auferstehung am jüngsten Tage.
An den Meinigen ruff ich aus dem Grabe noch
diese Zeilen zum Andencken zurück:
Ach leider: In meinen jungen Jahren
Müst ich zum Raub der Algierer fahren
Und halten fast zwölff Jahr die Slaverey.
Doch machte Gott durch seine Hand mich frey.
Darüm sage ich noch einmal:
Ich weis, mein Gott, ich muß nun sterben.
Ich will, eins aber bitt ich aus.
Las doch die Meinigen nicht verderben.
Bewahre du das Witwenhaus.
Ach Gott, weil ich nicht sorgen kan,
so nim dich Frau und Kinder an."

am2019_046 mna

vielen helfenden Händen, großzügigen Sponsoren, Fördergeldern und mit mehr als 70 Patenschaften konnte das Geld für das Projekt beschafft werden. War man zu Beginn noch von 152 Grabsteinen ausgegangen, so tauchten im Laufe der Arbeiten 17 weitere Grabsteine auf, die zum Teil sogar jüngeren Steinen als Fundament gedient hatten. Einen Grabstein fanden Ehrenamtliche der Freiwilligen Feuerwehr sogar in Dänemark und holten ihn zurück.

Die auf dem Friedhof verteilten Grabsteine wurden fachgerecht restauriert und als sogenanntes *Lapidarium* außerhalb des aktiv genutzten Teils am nordwestlichen Rand des Kirchhofs nach museumspädagogischen Kriterien neu aufgestellt. Die Grabsteinsammlung restaurierten kunstfertige Steinmetzprofis, die sonst am Kölner Dom tätig waren. Das neu gestaltete Areal umfasst sechs Bereiche: je einen für die Amrumer Familien von *Hark Olufs* (siehe Exkurs „Von Sklaven zu reichen Männern – Hark Nickelsen und Hark Olufs") und *Quedens,* ein Feld für die Seefahrer, eines für die Pastoren, eines mit Grabfliesen und eines mit der „Allee der Steine". Die große Zahl historischer Grabsteine ist einmalig. Mit einer ähnlichen Anzahl kann nur noch Föhr aufwarten, allerdings ist dort die Bevölkerungszahl viermal so hoch. 2013 wurden die Arbeiten in Nebel erfolgreich beendet. Einige Grabsteine wurden mit **QR-Codes** versehen, über die sich zusätzliche Informationen über ihre Geschichte abrufen lassen.

Im 17. Jahrhundert wurden die Grabsteine noch von **holländischen Holzschnitzern** gefertigt. Später machten sich auch Amrumer Schiffszimmerleute mit diesem Handwerk vertraut, zusätzlich gab es professionelle Steinmetze. Allein aus der Hand des Amrumers *Jan Peters* stammen mehr als 30 Steine. Fast alle der historischen Grabsteine wurden aus Obernkirchener Sandstein gefertigt, die Grabfliesen aus Buntsandstein aus dem Solling. Letztere hingen an Holzpfählen oder Walknochen. Der Sandstein wurde in Minden auf Kähnen nach Bremen transportiert und gelangte von dort auf sogenannten Schmackschiffen nach Amrum. Obwohl auf der Insel **Friesisch** gesprochen wurde und Amrum jahrhundertelang zum dänischen Königreich gehörte, wurde für die Beschriftung der Grabsteine zum **Hochdeutschen** gegriffen. Das galt als Sprache der Kirche und der Vornehmen, das Inselfriesisch dagegen beherrschte den Alltag, war aber keine Sprache des geschriebenen Wortes.

Die **Texte** auf den Grabsteinen erzählen vom Leben der Verstorbenen, beispielsweise vom Kindersegen, verstorbenen Kindern oder Kinderlosigkeit, Berufserfolgen und Ehestand. Der größte Teil der Grabsteine ist früheren **Seefahrern** gewidmet, also wohlhabenden Kommandeuren und Kapitänen der Walfang- und Handelsschifffahrt. Jeder Stein erzählt seine eigene Geschichte. Die illustrativen Elemente zeigen Symbole für die Berufe, unter anderem einen Erdholländer für den Müller, und biblische Motive wie Tauben auf einem Anker. Die Symbole Kreuz, Herz und Anker stehen für Glaube, Liebe und Hoffnung. Auf dem Grabstein einer Mutter versinnbildlichen Tulpen ihre Jungen und Rosen ihre Mädchen. Auf vielen Grabsteinen sind eingravierte Schiffe zu sehen, manche bei voller Fahrt mit geblähten Segeln oder abgetakelt und festgemacht im Hafen – eine Allegorie auf das jeweilig erreichte Lebensalter. Für die dahineilende Zeit verwendete man Bilder wie die **Sanduhr** oder die **Schwingen eines Adlers.** Manche Grabsteine ziert eine ganze Familie. Auch die Steine der berühmten Amrumer Seefahrer *Hark Olufs* und *Hark Nickelsen* befinden sich hier (siehe Exkurs).

Das **Material** für neue Grabsteine war aber nicht immer verfügbar. Praktisch veranlagt, wie die Inselfriesen sind, wurde in solchen Fällen einfach die Rückseite bereits existierender Grabsteine beschriftet oder sie wurden abgeschliffen und neu graviert. Das geschah oft schon zu Lebzeiten. Zum einen hatte der Betreffende somit Einfluss auf Text und Gestaltung, zum anderen ließen sich frisch geschnittene Steine besser bearbeiten als länger gelagerte. Die Geschichten, die in Text und Bildern über das Leben der Insulaner berichten, sind interessant, auch wenn sie in einigen Fällen eine geschönte Wahrheit berichten.

Werden die Steine genauer in Augenschein genommen, fällt die Besonderheit der friesischen Namensgebung auf. Sie erfolgte früher nach dem **patronymischen Prinzip,** das Angaben über den Vornamen des Vaters machte. Der Sohn von Oluf erhielt ein Genitiv-S und wurde so zu „Olufs". Die Frau bekam bei der Eheschließung einen neuen Nachnamen, indem an den Vornamen des Ehemanns einfach ein „sen", „en" oder „nen" angehängt wurde, so wurde aus *Hark* der Nachname *Harksen* oder aus *Jan* der Nachname *Jannen* gebildet. Die Namensgebung veränderte sich mit jeder Generation. Das war für Außenstehende verwirrend und insbesondere dem dänischen Königshaus bei der Erhebung der Steuerschulden ein Dorn im Auge, sodass die patronymische Namensgebung schließlich zwar offiziell verboten wurde, aber noch eine ganze Zeit lang üblich war.

St.-Clemens-Kirche in Nebel

Die größte Kirche der Insel, inselfriesisch *Sankt Clemens sark,* steht im Zentrum von **Nebel** (Neudorf). Sie wurde 1240 erstmals urkundlich erwähnt und entstand „auf der grünen Wiese" zwischen Norddorf und Süddorf. Der Ort Nebel bildete sich allmählich um die in Ost-West-Richtung errichtete Kirche herum. Anfangs handelte es sich um einen einfachen Holzbau ohne Turm. Es wird vermutet, dass die St.-Clemens-Kirche eine Filialkirche der St.-Johannis-Gemeinde in Nieblum auf Föhr war, die Geistlichen kamen von Föhr zu Besuch und hielten den Gottesdienst ab. Später wurde die Holzkirche durch einen immer noch turmlosen Backsteinbau mit Reetdach im Stil der Romanik ersetzt, der weiße Anstrich folgte erst viel später. Dass die Kirche keinen Turm hatte, war Absicht. Schließlich wollte man Wikingern und Seeräubern nicht als weithin sichtbare Landmarke zeigen, dass dort eine Kirche stand und möglicherweise etwas zu holen war. Mit der Reformation wurde die Kirche 1524 **evangelisch.** Die zur Gemeinde gehörenden Gemeindehäuser liegen in Nebel und in Norddorf. Die kleine Kapelle an der Inselstraße in Wittdün gehört ebenfalls zur St.-Clemens-Gemeinde.

☑ Zwölf Apostel und Jesus aus Holz geschnitzt – Das Kunstwerk ist älter als die Kirche

am2019_047 mna

Die **Kanzel** stammt aus der Kulturepoche der Renaissance. 1623 wurde der Kanzelkorb angefertigt, der fünfseitige Schalldeckel folgte 1662. Auf dem **Altar** steht ein prächtiges Tryptichon aus dem Jahr 1634. Der Flügelaltar wurde von den Insulanern aus Dankbarkeit dafür errichtet, von den Verheerungen der Zweiten Groten Mandränke weitgehend verschont worden zu sein. In seiner Mitte befindet sich eine Szene aus dem Abendmahl, die Flügeltüren zieren die vier Evangelisten. Im dreieckigen Giebel des Altars sind Gott und eine Taube als Sinnbild des Heiligen Geistes verewigt. Das *Tabernakel*, so wird der Sakramentsschrank mit zwei Türen genannt, wurde im 15. Jahrhundert gebaut. An den Außenseiten der Emporen befinden sich Abbildungen von Christus und den zwölf Aposteln. Im Laufe der Zeit wurden im Innenraum die beiden Emporen an der Nord- und der Westseite errichtet.

am2019_048 mna

Als man sich 1886 entschloss, eine **Orgel** zu kaufen, war die Gemeinde zunächst etwas ratlos. Schließlich waren die Sitzplätze auf der West-Empore, wo in anderen Kirchen normalerweise die Orgel steht, bereits fest vergeben. Um die Familien nicht von ihren Stammplätzen zu vertreiben, installierte man die Orgel an einer ungewöhnlichen Stelle – auf einer eigens dafür gebauten Empore im Chor, der zu diesem Zweck erhöht werden musste. Auch der Altar wurde deshalb versetzt. Es gibt bis heute keine Treppe nach oben. Anfangs befanden sich aber die Manuale zum Spielen mitsamt dem Instrument in luftiger Höhe. Damals musste der Organist in der noch leeren Kirche vor Beginn des Gottesdienstes nach oben klettern, weil niemand Zeuge seiner Kletterpartie werden sollte. Später wurde die Orgel so umgebaut, dass die Manuale mit ebenerdigem Zugang in einem kleinen Raum unten in der Orgelempore bedient werden können. Durch ein Fenster in der Tür kann der Organist Augenkontakt zum Pfarrer halten und so die Signale für seine Einsätze bekommen.

An der rechten Wand nach Süden hängen die **hölzernen Apostel** mit einer Jesusfigur in der Mitte, die sich zum Abendmahl versammelt haben. Das Werk stammt aus der Frühgotik und ist vermutlich bei einer Sturmflut angeschwemmt worden. Das einfach gehaltene Kunstwerk ist somit älter als die Kirche selbst. Der Taufstein aus Granit hingegen stammt etwa aus der Bauzeit der frühen Holzkirche. Erst 1908 wurde der markante Kirchturm errichtet, 1936 kam der Altar aus Klinker hinzu, als Deckel dient eine alte Grabplatte.

⌃ Die St.-Clemens-Kirche in Nebel stammt aus dem 13. Jahrhundert, der Turm wurde erst 1908 angebaut

Vogelkoje Meeram

Die früher für den Fang von wilden Enten angelegte Vogelkoje wurde 2011 Teil des **Naturerlebnisraums Vogelkoje Meeram.** Wegen ihrer ursprünglichen Funktion ist sie heute ein Kulturdenkmal. Sie wurde 1866 gebaut, um die schlechte Versorgungslage der Insulaner zu verbessern und mit dem **Fang von Wildenten** das Nahrungsangebot zu erweitern. Im nordfriesischen Raum gab es seit dem 18. Jahrhundert 19 Vogelkojen, zwei davon waren auf Amrum gelegen. Im Betrieb sind sie schon lange nicht mehr, nur auf Föhr dürfen auch heute noch 600 Stockenten im Jahr gefangen werden. Auf Amrum erinnert die Vogelkoje an vergangene Zeiten.

Wildenten sind scheue Vögel, man musste sich etwas einfallen lassen, um sie fangen zu können. Der circa 3000 Quadratmeter große und quadratisch angelegte Süßwasserteich hat in jeder Ecke eine „Pfeife“. So nennt man die mit Draht und Netzen verschlossenen immer enger werdenden Fangarme der Anlage, an deren Ende sich Fangkästen befanden. Mittels Futter und sorgsam trainierter Lockenten wurden die in Freiheit lebenden Wasservögel in diese Pfeifen gelockt. Es wurde immer die Pfeife benutzt, die in der Ecke lag, aus der der Wind wehte. An ihrem Ende ergriff der hinter Schilfkulissen versteckte Vogelkojenwärter die Enten und „ringelte“ sie, das heißt, er drehte ihnen den Hals um. Gefangen wurden verschiede-

am2019_049 mna

ne Entenarten, auf Amrum waren es zu 90 Prozent **Spießenten.** 1896 wurde in Nebel eine kleine Konservenfabrik errichtet. Die gefangenen Enten wurden dort eingemacht und als Delikatesse auch ins Ausland verkauft. Fangzeit auf Amrum war von September bis November. Von 1866 bis 1935 wurden auf Amrum etwa 420.000 Enten gefangen. In den späten 1920er-Jahren nahmen die Fangzahlen stark ab, immer weniger Enten rasteten auf der Insel. Die Anlage lohnte sich irgendwann nicht mehr, und 1937 wurde der Betrieb eingestellt.

1952 übernahm die Gemeinde Nebel die Vogelkoje, um sie als **Anschauungsobjekt** herzurichten. Der 2011 eingerichtete Naturerlebnisraum Vogelkoje Meeram gliedert sich in mehrere Bereiche, zu der auch die Entenfanganlage zählt. Auf dem Vorplatz wurde ein Spielplatz angelegt und ein Servicepavillon errichtet. Auch ein kleines Wildgehege befindet sich dort. Das **Häuschen des Vogelkojenwärters** informiert mit einer kleinen Ausstellung in seinem Inneren über die Arbeit des ehemaligen Bewohners. Ein **Bohlenrundweg** führt um die Vogelfanganlage herum. Durch das ursprünglich für den Teich angelegte Bewässerungssystem ist in dem Feuchtgebiet um die Fanganlage im Laufe der Jahre ein **Bruchwald** entstanden. Vorwiegend Erlen, Pappeln und Birken dienen dort vielen Vögeln als Brut- und Rastplatz. Dort wird in den Sommermonaten das Wasser knapp, in den Wintermonaten entsteht eine oft zauberhafte Landschaft. Ebenfalls ein Teil des Naturerlebnisraums Meeram ist das einige hundert Meter entfernte **archäologische Areal** mit dem Nachbau eines Eisenzeitlichen Hauses.

☒ Das ehemalige Häuschen des Vogelwärters ist heute ein kleines Informationszentrum

Amrumer Windmühle

Am südlichen Ortsrand von Nebel auf einer leichten Anhöhe steht gut sichtbar die Amrumer Windmühle, ein heute noch funktionstüchtiger Erdholländer. Die Mühle stand ursprünglich in **Holland,** vermutlich in Amsterdam, wo sie der Seefahrer *Erk Knudten* kaufte. Noch im selben Jahr wurde sie abgebaut, die einzelnen Teile beschriftet und seefest verpackt nach Amrum verschifft. Von 1770 bis 1771 wurde sie dann am Ortsrand von Nebel wieder aufgebaut. Es wird davon ausgegangen, dass die guten Kontakte zu Föhrer Müllern zum Erwerb der Mahlsteine genutzt wurden. *Erk Knudten* gab die Seefahrt auf und arbeitete danach 22 Jahre als **Müller** auf Amrum. Zu der Zeit, als die Mühle aufgebaut wurde, war die Insel wenig bewachsen, und das Bauwerk war von weit her zu sehen. So diente sie bis zum Bau des Amrumer Leuchtturms 1875 der Schifffahrt auch als wichtige Landmarke auf Amrum.

Als *Erdholländer* oder *Grundsegler* wurden Windmühlen bezeichnet, die auf natürlichen Erhebungen oder leichten Anschüttungen gebaut wurden und die überwiegend in den Poldergebieten im Norden und im Westen der Niederlande zu finden waren. Dort gab es nur wenige Hindernisse, die den Windfluss beeinträchtigen konnten. Andere Windmühlentypen wie die bekannten *Galerie-Holländer* befanden sich auf einem gemauerten hohen Sockel, damit die Flügel höher kamen und weniger Hindernisse aus der Umgebung den Wind mindern konnten. In Nordfriesland sind Erdholländer nur selten gebaut worden. Bei diesem Mühlentyp bestreichen die Flügel fast die volle Gebäudehöhe. Das hatte den Vorteil, dass sich die Mühlenflügel vom Boden aus besteigen ließen, aber das war kein leichtes Unterfangen und es gab dabei schwere bis tödliche Unfälle.

Die Amrumer Mühle ist etwas ganz Besonderes. Zum einen ist sie die **älteste noch funktionierende Windmühle** in ganz Schleswig-Holstein. Zum anderen ist sie von außen **reetgedeckt,** womit auch ein inseltypisches Gewächs als Au-

ßenhaut dient. Die Inneneinrichtung und das Mahlwerk sind erhalten oder wurden erneuert. Amrum-typisch ist auch die Ruhestellung „in der Schere", bei der die Flügel diagonal ausgerichtet sind. Die Stellung „im Kreuz" weist auf einen Trauerfall hin. Dieser wird auch heute noch angezeigt, wenn jemand verstirbt, der der Mühle oder dem Mühlenverein verbunden ist.

am2019_050 mna

Hans Kristensen, der letzte Amrumer Müller, war von 1922 bis 1963 tätig, aber da die Mühle nicht mehr rentabel betrieben werden konnte, entschloss er sich, den Betrieb einzustellen. Das sprach sich auf dem kleinen Eiland schnell herum und es gab großes Interesse am Erwerb der Mühle, um sie als Wohnhaus oder gastronomischen Betrieb umzubauen. Dieses Bestreben war dem Amrumer Inselpastor *Pörksen* ein Dorn im Auge. Auf seine Initiative hin wurde der **Amrumer Mühlenverein e. V.** gegründet. Dieser kümmert sich bis heute um die Pflege des historischen Bauwerks als Heimat- und Mühlenmuseum. Inzwischen hat der Denkmalschutz verfügt, dass die Mühle nicht für andere Zwecke verwendet werden darf. In den ehemaligen Lagerhallen für Kornsäcke befinden sich Exponate zur Geschichte der Mühle, zur Natur, dem Leben auf Amrum und über die Seefahrt sowie einige vorgeschichtliche Funde. Zusätzlich gibt es in den Räumlichkeiten der Mühle wechselnde **Kunstausstellungen.** Mit den Eintrittsgeldern wird der Erhalt des Baudenkmals finanziert.

< Blick in das imposante hölzerne Getriebe der Amrumer Windmühle

am2019_051 aam

Im Herbst 2011 fügten Stürme der Mühle **große Schäden** zu, ein Flügel brach dabei ab. Während der Restaurationsarbeiten beschädigte eine Sturmböe die Mühle noch weiter und der gegenüberliegende Flügel wurde ebenfalls eingerissen. Durch die Wucht des Sturms hatte sich sogar die ganze Kuppelkonstruktion verschoben, später im Verlauf der Reparaturarbeiten wurden zusätzlich noch Verwitterungsschäden am Holz entdeckt. Die Reparaturkosten beliefen sich auf 250.000 Euro.

Das **Museum** ist von April bis Oktober geöffnet. Wenn der Wind weht, drehen sich an den Sonn- und Feiertagen die Flügel. In der Mühle kann auch **geheiratet** werden. Der Mühlenverein freut sich über Spenden zum Erhalt der Mühle, mehr Informationen dazu gibt es unter www.amrumer-windmuehle.com.

⌃ Amrumer Mühle wird mit Reet ausgestattet

Naturzentrum Amrum und Maritur

Das **Naturzentrum Amrums** ist im Gebäude des ehemaligen Norddorfer Schwimmbads am Strandübergang in der Nähe der Strandbrücke beheimatet. **Zwei Ausstellungen** werden dort gezeigt. Im Naturzentrum Amrum befindet sich der **naturkundliche Bereich.** Die zunächst unscheinbar wirkende Ausstellung ist aber voller wissenswerter Informationen und zeigt das **Wattenmeer** anschaulich unter verschiedenen Aspekten in all seinen Facetten. Mit „erfühlbaren" Exponaten, Modellen, ausgestopften Tieren und einem kleinen Unterwasser-Streichelbecken lässt sich der Lebensraum Wattenmeer unterhaltsam mit allen Sinnen erleben. Ergänzend dazu gibt es **Aquarien,** in denen im Wasser rund um Amrum heimische Tiere und Pflanzen leben. Sie finden in den Aquarien aber nur zeitweise Unterschlupf. Wenn sie größer geworden sind, werden sie wieder in der Natur ausgesetzt. Um die Besucher mit den Besonderheiten der Tier- und Pflanzenwelt vertraut zu machen, werden regelmäßige unterhaltsame **Führungen** und **Tierfütterungen** veranstaltet. Dabei lässt sich der tägliche Kampf der Tiere ums Überleben live hinter Glas beobachten, wenn sich die Fische und Schalentiere um die größten Brocken rangeln oder sich gegenseitig das Futter abjagen. Bei den **Kinderführungen** findet gelegentlich auch eine Rätselrallye statt.

Die **kulturhistorische Ausstellung** befindet sich eine Etage über dem Naturzentrum. Sie zeigt vorwiegend auf Tafeln und mit einigen Exponaten das **Leben der früheren Inselbewohner.** Themen sind die Seefahrer anhand des Beispiels des inselweit bekannten *Hark Olufs* (siehe Exkurs „Von Sklaven zu reichen Männern – *Hark Nickelsen* und *Hark Olufs*"), der Fischfang oder das Leben des Kojenmanns *Julius Peters* und seine Fangmethoden für Enten. Zukünftig soll das **Skelett eines Pottwals** hier die Hauptattraktion sein.

Das Naturzentrum Amrum bietet eine Vielzahl an weiteren Führungen an. Bei den **naturkundlichen Führungen** geht es an den Strand, in die Dünen, die Salzwiesen oder ins Watt. Die **archäologischen Führungen** zeigen die Fundstätten aus der Steinzeit bis in die Zeit der Wikinger. Bei den **kulturhistorischen Führungen** erlebt der Interessierte eine Zeitreise von der Vergangenheit bis in Gegenwart. Für Familien werden **Bastelkurse** zu maritimen Themen angeboten, in denen gelernt wird, wie man wichtige Knoten knüpft oder in Origami-Falttechnik Nordseemotive aus Papier herstellt. Alle Termine sind im Veranstaltungskalender und im Internet zu finden. Weitere Informationen unter www.naturzentrum-amrum.de.

Seit über 40 Jahren engagiert sich der „Öömrang Ferian" **(Amrumer Verein)** für die Pflege und Weitergabe der Amrumer Kultur und ist für den Schutz der Inselnatur, ihrer Umgebung und des umliegenden Wattenmeers verantwortlich, also die Amrumer Natur- und Landschaftsschutzgebiete sowie Teile des Nationalparks Schleswig-Holsteinisches Wattenmeer. Er betreut das Naturzentrum Amrum, das Öömrang Hüs und den Naturerlebnisraum Vogelkoje Meeram. Alles wird mit **Spenden** und, wenn es welche gibt, **Fördergeldern** finanziert.

Wriakhörnsee

Dieses wunderschöne und für Norddeutschland einmalige **Süßwasserbiotop** liegt mitten in den Amrumer Dünen. Es entstand durch das natürliche Anwachsen eines Dünenwalls. Dieser wurde künstlich verlängert und schloss so einen Strandbereich ein, der sich nach und nach mit Regenwasser sowie aufsteigendem Grundwasser füllte. Wriakhörn wird die Rundung an Amrums Südwestküste in der Nähe des Leuchtturms genannt. Der See und seine nähere Umgebung sind ein wichtiger **Rast- und Brutplatz.** Rund ums Jahr lassen sich hier viele Vögel beobachten. In den Sommermonaten schwimmen Eiderenten, Grau- und Brandgänse auf dem Wasser, aber auch Herings- und Silbermöwen sind am Dünensee zu finden. Durch die enge Nachbarschaft von sehr trockenen und

feuchten Bereichen konnte sich um den See herum eine **enorme Pflanzenvielfalt** entwickeln, sodass hier auch viele kleine Laubvögel wie Wiesenpieper, Fichtenkreuzschnabel, Zilpzalp oder Wintergoldhähnchen Unterschlupf finden.

Der **Zu- und Abfluss** des Gewässers wurde früher über ein Auslaufrohr geregelt, dessen Öffnung aber im Lauf der Jahre durch den Sandeintrag auf dem Kniepsand einen Meter unter die Sandfläche rutschte. Da die Regulierung des Wasserstands im See deshalb nicht mehr funktionierte, ist seit 2015 eine **Pumpe** im Einsatz. Zuvor war der Wasserstand des Wriakhörnsees immer weiter gestiegen mit der Folge, dass viele Schwarzkiefern entwurzelt wurden, umkippten und weitere Pflanzen arg in Mitleidenschaft gezogen wurden. Zudem entstanden rund um den eigentlichen See weitere kleine Wasserflächen in den Dünentälern. Um das Gleichgewicht wiederherzustellen, reguliert nun die mit einem Traktor angetriebene leistungsstarke Pumpe den Wasserstand und führt bei Bedarf das überflüssige Oberflächenwasser ab. Nun sind auch die Bohlenwege am See nicht mehr ständig überflutet und man kann meist trockenen Fußes seine Naturbeobachtungen machen. An dem nördlich von Wittdün gelegenen See gibt es **Bohlenwege mit Aussichtsplattformen.**

am2019_052 mna

☐ Die Aussichtsplattform am Wriakhörnsee lädt zum Pausieren ein, ist aber auch für Vogelkundler ein perfekter Ort, um die Spektive aufzustellen

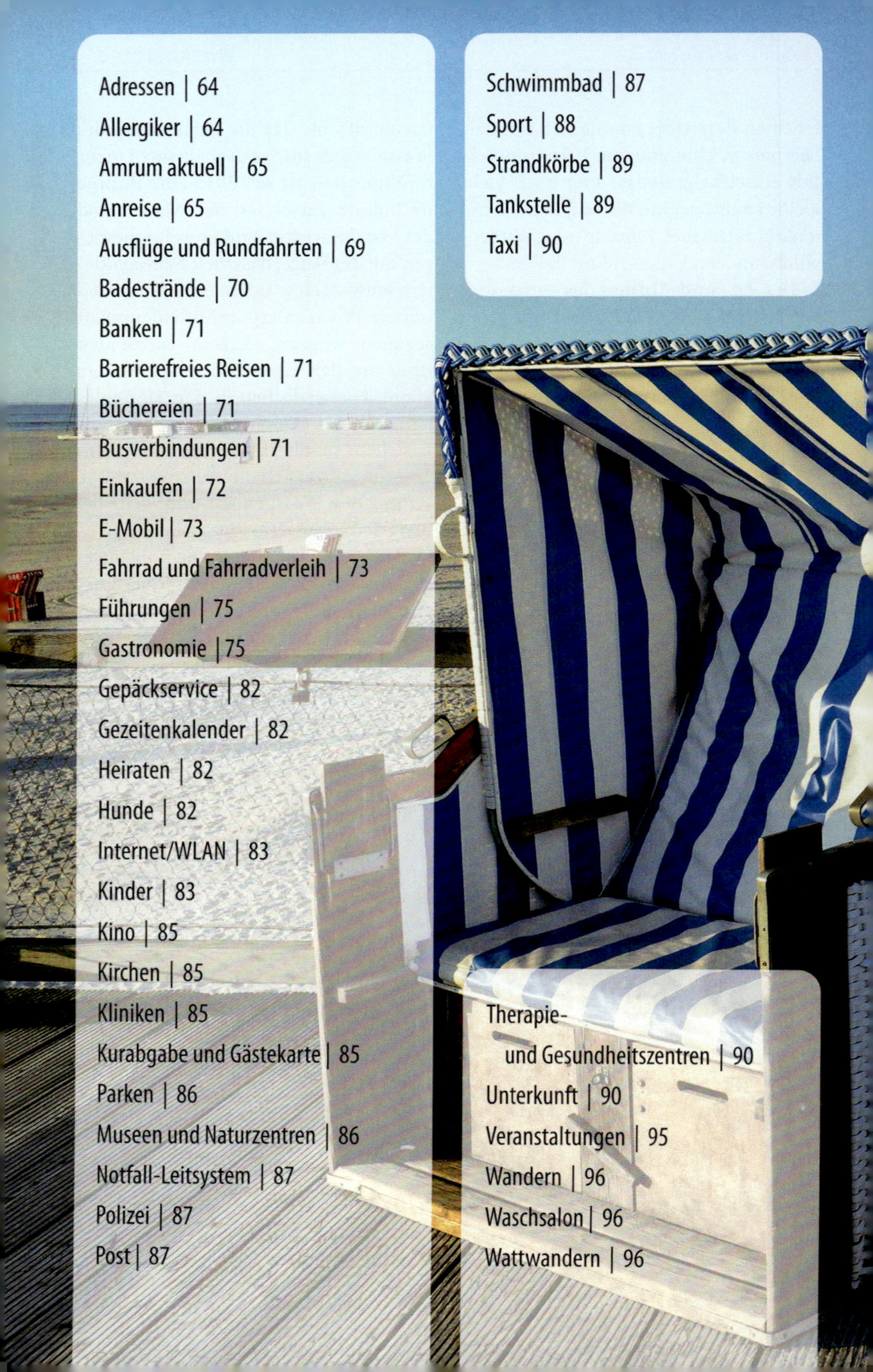

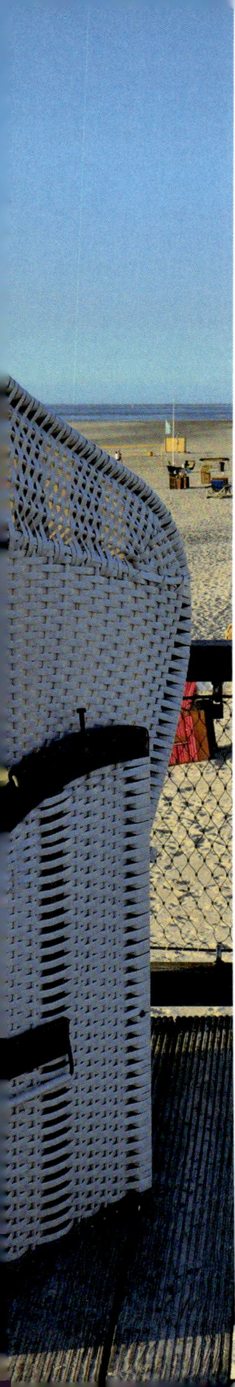

am2019_053 mna

2

Insel-Info A–Z

Kann man nach Amrum fliegen? Welche Ausflüge lohnen sich? Wo kann ich Fahrräder ausleihen? Diese und zahlreiche weitere Fragen rund um die Reiseplanung beantwortet dieses Kapitel.

< Strandkorb im Abendlicht

Adressen

- **PLZ:** 25946
- **Vorwahl:** 04682
- **Internet:** www.amrum.de
- **AmrumTouristik AöR:** Hier bekommt man umfangreiche Infos zur Insel und zu den Unterkünften. Die AmrumTouristik verkauft Kartenmaterial, Bücher und Insel-Souvenirs. Regelmäßig gibt sie den kostenlosen Veranstaltungskalender „Amrum aktuell" heraus, der an vielen Stellen auf der ganzen Insel erhältlich ist.

  Einmal jährlich erscheint „Der kleine Amrumer", das kostenlose Ferienmagazin mit vielen Informationen und Geschichten rund um die Insel. Interessant sind auch die **vier QR-Codes,** die schnell auf die Homepage, den Newsletter, die Amrum-News und die Tagestipps führen (siehe S. 15). Über die Homepage besteht auch die Möglichkeit, für die Dauer seines Inselaufenthalts morgendliche Tagestipps zu abonnieren. Die kommen per Mail und man kann auch ohne Veranstaltungskalender tagesaktuelle Unternehmungen planen.
  - **Wittdün:** Inselstraße 14 A, Tel. 04682 94030
  - **Nebel:** Meeskwai 1 A, Tel. 04682 94300
  - **Norddorf:** Ual Saarepswai 7, Tel. 04682 94700
- **Apotheken:**
  - **Louisen-Apotheke:** Inselstraße 19, Wittdün, Tel. 04682 1550.
  - **Möwen-Apotheke:** Lunstruat 7, Norddorf, Tel. 04682 995543.
- **DHL-Paketshop:** Inselstraße 35, Nebel
- **Fundbüro:** Im Bürgerbüro Föhr-Amrum, Nebel, Tel. 04682 94110, www.amt-foehr-amrum.de. Fundsachen werden von den Inselgästen oft auch spontan bei der AmrumTouristik abgegeben, deshalb empfiehlt es sich, zunächst dort einmal nachzufragen.
- **Notruf Ärztlicher Bereitschaftsdienst:** Tel. 116 117 (bundeseinheitliche Nummer)
- **Notruf Feuerwehr und Rettungsdienst:** Tel. 112
- **Notruf Polizei:** Tel. 110
- **Post:** Auf Amrum gibt es keine Geldautomaten der Postbank (siehe S. 87). Im *Wein & Meehr,* Strunwai 6 in Nebel, gibt es eine Postfiliale.
- **Reederei:** W.D.R., Tel. 04681 800
- **Seenotrettung** (24-Stunden-Bereitschaft):
  - **Gesellschaft zur Rettung Schiffbrüchiger,** Tel. 0421 536870
  - **Seenotleitung (MRCC) in Bremen,** UKW-Kanal 16 und 70 (DSC) sowie Grenzwelle 2187,5 kHz (DSC) über Bremen Rescue Radio (24-Stunden-Bereitschaft), Rufname „Bremen Rescue", sowie über das Aeronautical Telecommunications Network (AFTN) via Flugsicherung Bremen: EDDWYYYX.

Ärzte, Tierärzte

- *Nina Bienert:* **Zahnärztin,** Inselstraße 20, Wittdün , Tel. 04682 2288.
- *Jost Jahn:* **Zahnarzt,** Smäswai 4, Nebel, Tel. 04682 9614474.
- *Claudia Derichs* und *Peter Totzauer:* **Anästhesie und Allgemeinmedizin,** Nebel, Waasterstigh 36, Nebel, Tel. 04682 9614999.
- *Bernhard Breymann:* **Praktischer Arzt, Badearzt,** Dünemwai 21, Norddorf . Tel. 04682 1010.
- **Tierarztpraxis** *Volker Reck* und *Henrike Janke-Reck:* Am Grünstreifen 7, Wyk auf Föhr, Tel. 04682 592468 und mobil 0170 2840354. Jeden Donnerstag auf Amrum.
- **Tierärztliche Gemeinschaftspraxis** *Stephan* und *Mirja Horster:* Kohharderweg 3, Wyk auf Föhr, Tel. 04681 747375. Jeden 2. Mittwoch werden auch Tiere auf Amrum versorgt.

Allergiker

Mehr Rücksicht auf Allergiker nehmen inzwischen viele gastronomische Betriebe, die bei der Speisezubereitung beispielsweise auf **Glutenunverträglichkeit, Nuss- und Fruchtallergien** etc.

eingehen und auf ihren Speisekarten die Inhaltsstoffe ihrer Gerichte ausweisen. Auch bei den Unterkünften gibt es zahlreiche, die auf die gesundheitlichen Anforderungen von Allergikern in besonderem Maße eingehen, indem sie zum Beispiel auf Daunenbetten und Teppichboden verzichten, sodass auch Hausstauballergiker hier gut Urlaub machen können. In diese Betriebe und Unterkünfte darf man seinen Vierbeiner leider nicht mitnehmen. Das Gastgeberverzeichnis weist Unterkünfte für Allergiker extra aus.

Amrum aktuell

Regelmäßig erscheinender **Veranstaltungskalender,** herausgegeben von der AmrumTouristik, der an vielen Orten ausliegt.

Anreise

Amrum hat **keinen Flughafen,** Hubschrauber landen auf der Insel nur im äußersten Notfall für Krankentransporte. Nach Amrum kommt man also ausschließlich mit dem **Schiff.** Der Anleger Wittdün wird von verschiedenen Häfen aus angelaufen.

Ab Hafen Dagebüll fährt die Wyker-Dampfschiffs-Reederei nach regelmäßigem Fahrplan die Inseln **Föhr** und **Amrum** an. Es gibt sowohl direkt nach Amrum durchgehende Verbindungen als auch solche mit kurzem Zwischenstopp in Wyk auf Föhr. **Die Überfahrt dauert rund zwei Stunden.** Wer sein Auto gleich zu Hause lassen möchte, kann mit der **Deutschen Bahn** bis nach Dagebüll-Mole fahren und von dort direkt auf die Fähre gehen. Im Sommer fährt die Deutsche Bahn zu den wichtigsten Fährabfahrten mit durchgehenden Kurswagen bis zum Hafen, sodass man ohne Umsteigen von Frankfurt, Karlsruhe, Dresden und Hannover aus bis ans Schiff kommt. Die DB-Fahrkarte wird bei vielen Verbindungen für die gesamte Strecke ausgestellt und gilt am An- und Abreisetag **auch als Fahrkarte für die Fähre und den Bus** auf Amrum bis zur Haltestelle am Urlaubsort.

Bitte beachten!

Bei schlechtem Wetter können Passagiere die Reederei **nicht dafür haftbar machen,** wenn sie durch die äußeren Umstände **Schaden erleiden.** Das Landgericht Bremen wies unter AZ 7 0 124/03 eine entsprechende Klage mit dem Hinweis ab und urteilte, dass sie immanenter Bestandteil der Seefahrt seien. In der Regel weisen bei Sturm Lautsprecheransagen die Passagiere darauf hin, auf ihren Plätzen zu bleiben. Es ist ratsam, sich an diese Ansagen zu halten!

Eine weitere Möglichkeit ist die 20-minütige **Busverbindung ab Bahnhof Husum** bis nach Nordstrand zum Hafen Strucklahnungshörn, um von dort aus mit den Adler-Schiffen in 90 Minuten nach Amrum zu kommen. Wer mit dem Auto nach Nordstrand anreist, kann es beim Hafen parken, die Kosten dafür für bis zu 30 Tage übernimmt die Reederei der Adler-Schiffe. Die bisherige Möglichkeit der Anreise per W.D.R.-Schiff ab Schlüttsiel wurde zur Saison 2019 endgültig eingestellt.

Die Wyker Dampfschiffs-Reederei Föhr – Amrum

Fast jedem Inselgast sind die Schiffe der Wyker Dampfschiffs-Reederei Föhr-Amrum (W.D.R.) bekannt; ganzjährig verbinden sie Föhr, Amrum und die Halligen Hooge und Langeneß mit dem Festland. Das von *Axel Meynköhn* geleitete Unternehmen beschäftigt gut 160 Mitarbeiterinnen und Mitarbeiter, es zählt damit zu den größten Arbeitgebern Nordfrieslands. Zum Bestand des Unternehmens zählen **sechs Schiffe** und **acht Omnibusse.**

Es werden rund 1,8 Millionen Fahrgäste, 280.000 Autos und 30.000 Lkws zu den Inseln befördert. Die Fährschiffe verkehren im Nordfriesischen Wattenmeer nach Fahrplan und sind nicht abhängig von den Gezeiten. Nur bei stark anhaltendem Ostwind kann es gelegentlich zu Verzögerungen kommen. Die W.D.R. ist auch für den **Busverkehr auf den Inseln Amrum und Föhr** verantwortlich. Die Amrumer Buslinie fährt alle Ortschaften bis auf Steenodde an, im Sommer verkehren die Busse natürlich häufiger als in den Wintermonaten. Zur Saison 2019 verstärkt mit der **„Rüm Hart"** ein moderner, bis zu 16 Knoten schneller **Passagierkatamaran** die Flotte der W.D.R. Dieses eigens für das Wattenmeer konzipierte, in den Niederlanden gebaute Schiff wird die bestehenden Verbindungen im nordfriesischen Wattenmeer optimal ergänzen und damit für eine noch bessere Vernetzung der Inseln und Halligen sorgen.

Auch wenn sich die Ursprünge des Fährverkehrs noch weiter zurückverfolgen lassen, **1885** gründeten 33 Bürger von Wyk die **„Wyker Rhederei Gesellschaft"**. Zu Beginn der Sommersaison 1886 ging das neue Doppelschraubendampfschiff „Nordfriesland" auf Jungfernfahrt, und Amrums Hafen Steenodde wurde so gelegentlich zum Ziel der neuen Wyker Reederei. Dass 1890 an Amrums Südspitze der neue Ort **Wittdün** gegründet wurde, war ein echter Glücksfall, denn er bot schon bald einen **neuen Fähranleger.** Der neue Badeort auf der „weißen Düne" – so heißt Wittdün im Hochdeutschen – wurde zu Beginn von vier Schiffslinien angesteuert, die W.D.R. war eine davon. Für die einst armen Inseln war der wachsende **Seebädertourismus** ein wahrer Segen. Denn mit ihm wuchs auch der Schiffsverkehr der Wyker Reederei. Ab 1895 entwickelte sich **Dagebüll** wegen einer neuen Eisenbahnverbindung zum

am2019_054 mna

wichtigsten Hafen am Festland. Beim Schiffsverkehr nach Föhr war die W.D.R. seit 1889 konkurrenzlos, während es im Fährverkehr nach Amrum lange Zeit noch andere Anbieter gab. Durch die Übernahme der Amrumer Schiffahrts-AG verlor die Wyker Reederei 1971 ihren letzten Konkurrenten. Zu Beginn der 1970er-Jahre ließ die W.D.R. das **Fahrwasser** zwischen den Inseln und dem Festland **ausbaggern,** seitdem ist der Fährverkehr **tidenunabhängig.** Von Schlüttsiel aus führt die Reederei auch den Fährverkehr zu den Halligen Hooge und Langeneß durch.

In den letzten Jahren investierte das Unternehmen verstärkt in neue Schiffe. Föhr und Amrum werden heute vorwiegend von modernen **Autofähren** bedient; drei der vier Schiffe sind **Doppelendfähren.** Gemäß dem Motto „roll-on, roll-off" kann der Urlauber mit dem Fahrzeug auf das Schiff fahren und es, ohne dass das Schiff vor dem Anlegen am Ziel drehen muss, direkt auf der anderen Seite wieder verlassen. Die erste dieser Doppelendfähren ist die seit 2010 verkehrende „Uthlande" (V), ein Jahr später folgte das Schwesterschiff „Schleswig-Holstein" (IV). 2018 kam die neueste Doppelendfähre namens „Norderaue" hinzu. Alle Schiffe der W.D.R. werden mit qualitativ sehr hochwertigem, schwefelarmem **Marinegasöl** aus schleswig-holsteinischer Produktion betrieben. Die „Uthlande" und die „Schleswig-Holstein" erhielten darüber hinaus das **Umweltzeichen Blauer Engel** für ihr umweltfreundliches Schiffsdesign. Die Norderaue wurde nach den gleichen umweltschonenden Normen gefertigt, und die „Schleswig-Holstein" ist seit 2017 die erste Fähre weltweit, die auch noch einen zweiten Blauen Engel trägt: den für einen umweltfreundlichen Schiffsbetrieb.

◻ Doppelendfähre Uthlande in Kielwasser

Von München, Lörrach und Wien gibt es die Möglichkeit, mit dem **Autoreisezug** bis nach Hamburg-Altona zu reisen und von dort dann mit dem Auto bis Dagebüll zu fahren. Die Strecke führt über die A23 von Hamburg über Heide und weiter über die B5. Am Zielort kann man das Auto auf dem Inselparkplatz Dagebüll parken, entweder auf dem Freigelände oder überdacht in einer Halle (Aufpreis 1,50 €/Tag). Für die ersten 12 Tage werden 7,50 € pro Tag berechnet, vom 13. bis 30. Tag sind dann nur noch 6,50 € zu bezahlen, ab dem 31. Tag steht man kostenfrei. Für längere Aufenthalte gibt es Dauerkarten ab 85 € pro Monat. Vom Inselparkplatz zur Fähre und zurück verkehrt ab 6 Uhr morgens ein **Shuttlebus,** die letzte Abfahrt ist jeweils 10 Minuten vor Fährabfahrt. Der Shuttlebus ist kostenlos, aber es wird ausdrücklich darauf hingewiesen, dass kein Anspruch auf Beförderung besteht. Soll das Auto mit auf die Insel, so sollte vor allem während der Hauptsaison und an Wochenenden und Feiertagen rechtzeitig bei der Wyker-Dampfschiffs-Reederei ein **Ticket** reserviert werden. Das lässt sich bequem im Internet oder telefonisch buchen, man sollte aber seine Fahrzeugpapiere bereithalten, denn der Fahrpreis wird nach **Fahrzeuglänge** berechnet. Es wird darum gebeten, sein Auto am besten nur als rollendes Gepäck zu nutzen und am Urlaubsort möglichst stehen zu lassen. Auf Amrum ist alles fußläufig zu erreichen oder mit dem Bus, der regelmäßig nach festem Fahrplan zwischen Wittdün und Norddorf pendelt. Das **Parken** ist in den meisten Fällen auch nur zeitlich begrenzt (Kurzzeitparken) oder auf dem Grundstück der Unterkunft erlaubt. Die Insel ist

am2019_055 mna

überschaubar groß, sodass ein eigenes Fahrzeug nicht notwendig ist. Nach jeder Fährankunft der W.D.R.-Schiffe startet in Wittdün ein **Omnibus** und bringt die Gäste in jedes Inseldorf, nur Steenodde liegt nicht auf seiner Route.

Es besteht auch die Möglichkeit, mit dem **Flugzeug über Sylt oder Hamburg** anzureisen. Der Flughafen in Westerland auf Sylt ist mit vielen deutschen Großstädten angebunden, Direktflüge mit Eurowings nach Sylt gibt es von Düsseldorf, Frankfurt, München, Stuttgart und Zürich. Ab Flughafen Sylt geht es mit der Linie 3 (Umsteigen am ZOB in Westerland) und mit der Linie 2 bis zum Hafen Hörnum und von dort zweimal täglich mit den Adler-Schiffen in 45 Minuten nach Wittdün. Wer es bequemer mag, bestellt sich am Flughafen ein **Taxi nach Hörnum.**

Wer ganz flexibel sein will, nimmt das moderne und umweltfreundliche **Wattentaxi „Liinsand“**, allerdings muss eine Gruppe von etwa 20 Personen zusammenkommen, damit die Fahrt stattfindet. Über die Anzahl der Fahrgäste wird der Preis bestimmt. Man trägt sich über die Website mit seinen Wunschdaten ein, und dann muss man einfach abwarten, wie viele Mitfahrer sich finden, oder andernfalls einen höheren Preis bezahlen als die unten angegeben Preisbeispiele. Der Nachttarif ist viermal teurer als der Tagestarif. 16 Knoten schnell fährt die Liinsand mit bis zu maximal 50 Fahrgästen emissionsarm durchs Wattenmeer.

Segler finden auf Amrum Liegeplätze auch für Schiffe über zehn Metern im **Amrumer Yachtclub** (AYC), der 1972 gegründet wurde. Die Steganlage ist im Bereich des Seezeichenhafens des Wasser- und Schifffahrtsamts WSA in Wittdün gelegen. Am Hafen gibt es ein Clubhaus mit Restaurant, Hafenmeisterei und sanitären Anlagen. Vom Hafen aus sind es nur wenige Minuten bis zur nächsten Bushaltestelle. Aber auch zu Fuß ist der Ortskern von Wittdün mit Cafés, Restaurants und verschiedenen Einkaufsmöglichkeiten schnell erreichbar.

Ansteuertipp: Vom Rüttergatt kommend bei der LT26 in den bepricken Hafenpriel zum Seezeichenhafen und von dort zur Steganlage des AYC fahren. Die Wassertiefe beträgt 2,30 Meter bei NNW. Ein Platz wird sich immer finden, eine Vorabreservierung ist in der Regel nicht notwendig.

- **W.D.R.** (Wyker Dampfschiffs-Reederei Föhr-Amrum GmbH): Am Fähranleger 1, 25938 Wyk auf Föhr, Tel. 04681 800, www.faehre.de. Hin- und Rückfahrt Dagebüll–Wittdün: Erw. 20 €/Kind bis 14. J. 10 €/ Pkw ab 70 €, abhängig von der Länge.
- **Adler-Schiffe GmbH & Co. KG:** Boysenstraße 13, 25980 Westerland auf Sylt, Tel. 04651 9870888, www.adler-schiffe.de. Hin- und Rückfahrt Hörnum –Wittdün: Erw. 28,50 €/Kind bis 14. J. 14,25 €.
- **Watten Fährlinien GmbH** (Wattentaxi): Schiffbrücke 15, 25813 Husum, Tel. 04841 9374617, www.wattentaxi.de. Tagestarif für die einfache Strecke von Dagebüll nach Wittdün pro Person 15 €, Nachttarif 60 €, für die Strecke von Husum nach Wittdün tagsüber pro Person zwischen 33 € und 50 €, Nachttarif 199 €.
- **Deutsche Bahn AG:** Tel. 0180 6996633 (0,20 € pro Anruf aus dem Festnetz, 0,60 € aus dem Mobilfunknetz), www.bahn.de.
- **Amrumer Yachtclub:** Passatweg 1, 25946 Wittdün, Tel. 04682 968590, www.a-y-c.de.
- **Flughafen Sylt:** Flughafenstraße 1, 25980 Sylt, Tel. 04651 920612, www.flughafen-sylt.de.
- **Taxi Harksen:** Inselstraße 107, 25946 Wittdün auf Amrum, Tel. 0171 3287237.
- **Taxizentrale Sylt:** Vereinigung von rd. 30 Taxifahrern, Tel. 04651 5555 oder 5050. Die einfache Fahrt vom Flughafen Sylt nach Hörnum kostet rund 45 €.

Ausflüge und Rundfahrten

Es gibt während der Sommermonate verschiedene Angebote für Ausflugsfahrten von der W.D.R., den Adler-Schiffen und dem Amrumer Kapitän *Bandix Tadsen*. Die Termine hängen aus oder können dem Veranstaltungskalender entnommen werden. Bitte informieren Sie sich frühzeitig bei der Amrum-Touristik.

[<] Wassertaxi Liinsand am Anleger Wittdün

„Insel Paul": Während der Sommermonate fährt die gummibereifte Amrumer Inselbahn mit 25 Stundenkilometern zwischen Wittdün und Norddorf circa 70 Minuten durch die Inseldörfer. Der Fahrplan ist dem Veranstaltungskalender zu entnehmen oder dem Fahrplan an den Haltestellen.

„Paula – Inselrundfahrten mit dem Doppeldeckerbus": Nur für Gruppen ab 20 Personen buchbar über die W.D.R. unter www.faehre.de. Es gibt drei verschiedene Touren. Gruppenanfragen unter Tel. 04681 80120, Einzelreisende kontaktieren den Anbieter bitte direkt: Amrumer Inselbahn, Tel. 04682 94970 (Preise zwischen 9 und 20 €).

Schiffsausflüge mit der MS Adler-Express: Sie pendelt von Ende März bis Anfang November täglich von Nordstrand über die Hallig Hooge (montags zur Hallig Langeness) nach Amrum und Sylt. Adresse siehe „Anreise", Termine und Fahrplan über die Website www.adler-schiffe.de. Es gibt Kombi-Pakete, zum Beispiel für den Aufenthalt auf Sylt mit Besuch des Aquariums, des Erlebniszentrums Naturgewalten oder einer Inselrundfahrt (Erw. ab 30 €/ Kinder von 7 bis 14 J. ab 19 €/Familien ab 74 €).

Schiffsfahrt nach Helgoland mit dem Adler-Cat: Montags bis donnerstags von Anfang April bis Ende Oktober fährt der Katamaran morgens nach Helgoland mit etwa dreistündigem Aufenthalt. Die Preise sind je nach Sitzplatz verschieden (Erw. ab 63 €/Kinder von 4 bis 14 J. ab 38 €/Familien ab 159 €).

Ausflugsfahrten mit der MS Eilun: Kapitän *Bandix Tadsen* (Tel. 04682 2333) bietet während der Sommermonate verschiedene Ausflugsfahrten an. Die Termine stehen unter www.eilun.de.

Badestrände

Auf Amrum gibt es insgesamt **sechs gekennzeichnete Strandabschnitte,** davon zwei FKK-Bereiche sowie ein dritter für den FKK-Campingplatz. An den Badestränden wacht während der Schwimmsaison die DLRG über die Sicherheit der Badegäste. Den Aufrufen per Flüstertüte sollte unbedingt gefolgt

am2019_056 mna

werden, denn die **Strömungen** vor der Insel sind **sehr gefährlich.** Flaggen signalisieren, ob das Schwimmen erlaubt oder eingeschränkt erlaubt ist. Ist die rote Flagge gehisst, darf nicht gebadet werden. Die Wege zu den Badestränden sind ausgewiesen.

- **Wittdün:** vor der Strandpromenade
- **Wittdün:** auf der Höhe des Leuchtturms
- **Nebel:** auf der Höhe des Ortes
- **FKK-Strand Nebel:** nördlich des Badestrands und oberhalb des Hundestrands
- **Norddorf:** vor der Strandbrücke
- **FKK-Strand Norddorf:** südlich des Badestrands

Banken

Geldautomaten gibt es in jedem Ort. Bei einigen Geschäften und Dienstleistern ist Barzahlung erforderlich.

- **Föhr-Amrumer Bank** (Volksbank)
  – **Wittdün:** Geldautomat in der Inselstraße 37
  – **Nebel:** Filiale im Waasterstigh 21, Nebel, Tel. 04682 94220
  – **Norddorf:** Geldautomat im Triihuk 1
- **Nord-Ostsee-Sparkasse**
  – **Wittdün:** Inselstraße 2, Tel. 04681 50005555
  – **Norddorf:** Geldautomat im Ual Saarepswai 2
- **Postbank**
  – **Postagentur** im „wein & meehr“: s. „Einkaufen“.

Barrierefreies Reisen

Eine barrierefreie Anreise ist mit den Fähren Uthlande, Schleswig-Holstein und Norderaue möglich. Auch das Gebäude der W.D.R. in Dagebüll ist barrierefrei. Am besten fragt man bei der Buchung nach, ob die zum gewünschten Reisetermin im Einsatz befindliche Fähre barrierefrei ist. Als Service für Gäste bietet die **AmrumTouristik** auf ihrer Website www.amrum.de unter „Service“ und „Informationen“ eine Suche nach barrierefreien Unterkünften auf Amrum an. Ebenso lässt sich nach Restaurants und Einkaufsmöglichkeiten für Menschen mit eingeschränkter Mobilität suchen. **Barrierefreie Freizeitaktivitäten** bieten in Wittdün das AmrumBadeland und das Thalasso-Zentrum, in Nebel das Öömrang Hüs, das Mühlenmuseum und die Sankt-Clemens-Kirche sowie das Naturzentum und das Inselkino Licht-Blick in Norddorf. **Strandrollstühle** gibt es auf Anfrage und Reservierung bei der AmrumTouristik unter 04682 94300. Weitere Hilfsmittel verleiht auf Anfrage die Sozialstation Amrum, Tel. 04682 96068.

Büchereien

- **Lesesaal der AmrumTouristik Norddorf:** Ual Saarepswai 7, Tel. 04682 94700, www.amrum.de.
- **Öömrang-Skuul Nebel/Süddorf:** Uasterstigh 51, Tel. 04682 2067.

Busverbindungen

Zwischen den Gemeinden Wittdün, Süddorf, Nebel und Norddorf fahren regelmäßig die **Gelenkbusse,** die von der Reederei W.D.R. betrieben werden. Fahrpläne gibt es bei der AmrumTouristik, per Aushang in den Bushaltestellen und unter www.faehre.de.

◁ Urlauber am Strand von Norddorf

Einkaufen

Nicht alle Geschäfte akzeptieren Kartenzahlung, man sollte also immer auch etwas **Bargeld** dabei haben. Weil alle Waren per Fähre geliefert werden, kommen die Tageszeitung und frische Waren immer erst im Lauf des Vormittags.

Wittdün (Karte S. 76)

23 Strandgut – Schreibwaren & Souvenirs: Inselstraße 5, Wittdün, Tel. 04682 4113. Wer noch ein Mitbringsel sucht, wird hier bestimmt fündig. Das Angebot ist riesig.

15 Die Insel-Praline: Inselstraße 13, Wittdün, Tel. 04682 995400, www.insel-paline.de. Café und Confiserie mit einem großen Sortiment an Süßwaren und Feinkost.

21 Der Fussel: Inselstraße 20, Wittdün, Tel. 04682 2442. Kleines Geschäft mit schöner Auswahl an Wolle und kleinen Geschenken (eingeschränkte Öffnungszeiten).

22 Feinkost Marcussen: Inselstraße 18, Tel. 04682 96660, www.amrum-edeka.de. Die Einheimischen sprechen vom „kleinen Edeka". Wenn der Laden bei Anreise geschlossen hat, wird auf Bestellung ein Erste-Hilfe-Korb in die Ferienwohnung geliefert.

19 Bio-Düne Naturwaren: Inselstraße 24, Tel. 04682 1828, www.bio-duene.de. Frische Backwaren, Gemüse und Bio-Produkte sowie Holzwaren, Bürsten und Co – ein typischer Bioladen.

18 Amrumer Zentralmarkt: Inselstraße 26–28, Tel. 04682 2340, www.amrumer-zentralmarkt.de. Der „große Edeka" hat eine sehr große Auswahl an Bio-Produkten, und auch die Backwaren des Norddorfer Café Schult sind an einer SB-Theke erhältlich.

14 Pütt un Pann: Inselstraße 29, Tel. 04682 2340, www.amrumer-zentralmarkt.de. „Topf und Pfanne" ist der Name des Ladens, und man bekommt hier so ziemlich alle denkbaren Haushaltswaren von Kerzen über Tiernahrung bis hin zu Farben. Was nicht da ist, wird bestellt.

17 Optiker von Mittelstaedt: Inselstraße 30, Tel. 04682 961062.

13 Foto Quedens: Inselstraße 35–37, Tel. 04682 4111, www.quedens.de. Buch- und Fotogeschäft, in der Hauptfiliale gibt es eine sehr gute Auswahl an Büchern sowie Literatur mit Schwerpunkt Amrum.

Frisch vom Kutter

Regional, saisonal, fair und nachhaltig: An der **Steenodder Mole** gibt es während der Fangsaison dienstags bis samstags von zehn bis zwölf Uhr **Krabben** zu kaufen, frisch gefischt von *Andreas Thaden*, dem einzigen Krabbenfischer Amrums. In einem ehemaligen Steuerhaus wird neben Krabben auch **Fisch** angeboten, der als Beifang mit ins Netz ging. Wer sich ein langlebigeres Souvenir mitnehmen möchte, kann dort auch **Amrumer Meersalz** kaufen. *Andreas Thaden* hat lange herumgetüftelt, bis er für die Produktion „den Bogen raushatte".

Nebel (Karte S. 77)

4 Fisch & Meer: Uasterstigh 6, Tel. 04682 96470. Fischimbiss mit angeschlossenem Fischgeschäft.

10 Farbrausch: Smäswai 24, Tel. 0176 21045859. In der „Amrumer Tonfärberei" bekommt man Keramik-Rohlinge und kann sie selbst kreativ bemalen. Nach ein paar Tagen sind sie gebrannt und stehen zur Abholung bereit. Auf Wunsch werden auch Sonderrohlinge gefertigt. Töpferkurse gibt es ebenfalls.

14 wein & meehr: Strunwai 6, Tel. 04682 961401, www.weinundmeehr.de. Im Ladengeschäft gibt es jede Menge guter Tropfen, vom Wein bis zur hochwertigen Spirituose oder Kaffee- und Teespezialitäten – zum Mitnehmen und auch im Ausschank. Auch die **Post** hat hier eine Filiale.

9 Kaufhaus A. Bendixen: Uasterstigh 16, Tel. 04682 2396, www.edeka-amrum.de. Seit 100 Jahren gibt es den Laden schon, heute ist es ein Edeka-Supermarkt, zu dem auch ein Zeitungsladen mit Buchgeschäft gehört, das ist die 8 **Stöver Stuv** im Uasterstigh 14.

3 **Hofladen Martinen: OT Süddorf**/Hark-Olufs-Wai 6, Tel. 04682 1533, www.hof-martinen.de **(Karte S. 78).** Hier wird nur morgens und abends Fleisch aus der eigenen Rinderzucht in familiengerechten Portionen vermarktet, tiefgekühlt und vakuumiert. Morgens gibt es Brötchen.

Norddorf (Karte S. 76)

3 **Foto Quedens:** Strunwai 22, Norddorf, Tel. 04682 4115, www.quedens.de. Kleinere Filiale des Buch- und Fotogeschäfts in Wittdün (s.o.).

12 **Jan S. Jannen Inselkaufhaus:** Strunwai 2, Norddorf, Tel. 04682 2386, www.jansjannen.de. Outdoorkleidung und mehr im Zentrum von Norddorf.

11 **Strandläufer:** Strunwai 5a, Tel. 04682 968 8098, www.der-strandläufer.com. Schöne und funktionale Kleidung für kleine und große Strandläufer.

14 **Frischemarkt Norddorf:** Lunstruat 7, Tel. 04682 995560, www.frischemarkt-norddorf.de. Edeka-Supermarkt mit dem üblichen Sortiment und Wurstprodukten der Regionalmarke *Uthlande.*

8 **Buchhandlung & Galerie im Norddorfer Gemeindehaus:** Fleegamwai 19, Tel. 04682 2273, www.buecherstube-amrum.de. Bücher, ausgewählte kleine Geschenke und Galerie.

E-Mobil

Die AmrumTouristik verleiht zwei Elektroautos vom Typ **Renault Twizzy** für zwei Personen. Die Reichweite beträgt rund 80 Kilometer. Das Fahrzeug kann für 39 €/Tag in der Zeit von April bis Oktober von 9 bis 17 Uhr gemietet werden.

Unser Tipp: Halbjährlich neu erscheint der Flyer **„Amrum – Schiff- und Buspläne, Amrumtipps, Rad- und Wandertipps"** bei der AmrumTouristik. Er gibt Tipps für Fahrradtouren unterschiedlicher Länge, veröffentlicht die gültigen Fahrpläne für die Fähre und den Bus und auch die wichtigsten Rufnummern von Ärzten, Polizei, Seenotrettern und der AmrumTouristik.

Fahrrad und Fahrradverleih

Vom Ortsausgang Wittdün führen zwei ausgeschilderte **Radwege** Richtung Norden, der eine durch den Wald und der andere entlang der Wattenseite. Es wird gebeten, die Fahrradwege und Nebenstraßen zu nutzen und nicht auf der vielbefahrenen Hauptverbindungsstraße zu fahren. Die Bohlenwege sind **Fußgängern** vorbehalten. Es gibt verschiedene Rad- und Wanderkarten von Amrum im örtlichen Buchhandel und bei der AmrumTouristik.

Inzwischen haben alle Fahrradverleihe aufgerüstet. Um das anspruchsvolle Kundenpotenzial auszuschöpfen, haben fast alle inzwischen auch E-Bikes, Bollerwagen und teilweise auch Sonderfahrräder wie Tandems oder solche zum Transport von Rollstühlen im Angebot. Wer über einen längeren Zeitraum mieten möchte, bekommt oft andere Tarife als den Tagestarif. Zubehör wie Kindersitze, Bring-, Abhol- oder Pannenservice werden meist ebenfalls angeboten. Es lohnt sich aber, das Angebot und die Preise zu vergleichen – es gibt durchaus spürbare Unterschiede.

Eine **E-Bike-Ladestation** gibt es im Naturzentrum Amrum, Strunwai 31, 25946 Norddorf, Tel. 04682 1625.

Wittdün (Karte S. 76)

7 **Amrumer Radhaus:** Achtern Strand 14, Tel. 04682 9688045, www.amrumer-radhaus.de.

24 **Marcs Fahrradverleih:** Inselstraße 12, Tel. 04682 949077, www.marcsfahrradverleih.de.

26 **Räderei am Fähranleger:** Inselstraße 14 A, Tel. 0175 5695389. An der Hauptstraße in der Nähe vom Fähranleger.

Süddorf (Karte S. 78)

2 **Süddorfer Fahrradverleih:** Waasterstigh 38 A, Süddorf, Tel. 04682 94090, www.amrum-fahrrad.de.

Nebel (Karte S. 77)

13 **Stefan's Fahrrad-Verleih:** Strunwai 8 und Postwai 1, Tel. 04682 96262, www.stefansfahrradverleih.de.

3 **Fahrradverleih Nebel:** Uasterstigh 11, Tel. 0175 8888383 und 0171 1995701, www.fahrradverleih-nebel.com.

Norddorf (Karte S. 76)

16 **Norddorfer Fahrradverleih:** Lunstruat 9, Tel. 0151 2014065, www.norddorfer-fahrradverleih.de.

18 **Windstärke 13:** Lunstruat 15, mobil: 0171 2706 307, www.windstaerke13.com.

13 **Amrumer Fahrradcenter:** Lunstruat 3, Tel. 04682 96271, www.amrumer-fahrradcenter.de.

29 **Gerädert:** Nei Stich 7, Tel. 04682 1058, www.amrumschau.com/Fahrradverleih.

Fahrradparkplatz am Strandübergang Nebel

am2019_057 mna

Führungen

Der Amrumer **Veranstaltungskalender** ist die beste Adresse, um sich über das umfangreiche Programm für Führungen zu informieren. Aber auch **per Aushang** wird auf viele Veranstaltungen hingewiesen. Es gibt zahlreiche verschiedene Angebote, zum Beispiel naturkundliche, archäologische, historische und literarische Führungen, Nachtwanderungen, Dünenspaziergänge etc. Das Angebot bietet etwas für jeden Geschmack.

■ **Führungen durch den Seezeichenhafen in Wittdün:** Der Leiter des Außenbezirks Amrum, Dipl.-Ing. *Wolfgang Stöck*, macht von April bis Oktober zu festgelegten Terminen etwa zweistündige Führungen, auf denen er auf unterhaltsame Weise alles Wissenswerte über Leuchtfeuer, Tonnen, Baken und Pricken rund um Amrum und an Nordfrieslands Küste berichtet (5 € pro Person, alle unter einer Körpergroße 147,5 cm sind vom Eintritt befreit).

■ **Führungen** auf dem **Friedhof Nebel** und in der **St.-Clemens-Kirche** finden jeden Dienstag um 17 Uhr statt. Dort wird Unterhaltsames zur Geschichte der Insel und der Inselkirche, zum Walfang und zu den „Erzählenden Grabsteinen" geboten. Der Besucher erfährt zum Beispiel, warum die Inschriften der Grabsteine auf Hochdeutsch verfasst wurden, obwohl auf der Insel Friesisch gesprochen wurde.

Der Verein Jordsand macht **Führungen am Vogelwärterhaus** nördlich von Norddorf am Beginn der Odde. Die Führungen dauern etwa 1½ Std. und finden von Mai bis Oktober statt, täglich außer montags um 10 Uhr. Das streng geschützte Vogelschutzgebiet darf nur während der Führungen unter Aufsicht des Vogelwarts betreten werden.

■ Das zum Öömrang Ferian gehörende Maritur in Norddorf bietet verschiedene **naturkundliche Führungen** an, zum Beispiel eine Führung durch die Salzwiesen oder den „Vogelkiek" an fünf verschiedenen Orten auf der Insel (Beobachtungspunkte am Kniepsand, Naturschutzgebiet Odde, Norddorfer Teerdeich, Norddorfer Marsch, Steenodder Kliff).

■ Eine rund einstündige unterhaltsame **Ortsführungen in Norddorf** gibt es zum Beispiel mit *Rainhard Boyens.*

■ **Führungen durch die Amrumer Mühle** finden von April bis Oktober statt.

■ Zu den **„Nachtführungen Leuchtfeuer Amrum"** mit Dipl.-Ing. *Wolfgang Stöck* von April bis Oktober muss man sich vorab während der Öffnungszeiten am Eingang zum Leuchtturm anmelden. Die Anzahl der Besucher ist auf 20 Personen begrenzt.

Gastronomie

Das gastronomische Angebot auf Amrum ist abwechslungsreich, und jeder dürfte etwas für seinen Geschmack und Geldbeutel finden. Während der Saison empfiehlt es sich, für den Abend einen Tisch zu **reservieren.** Außerhalb der Saison haben aber viele Restaurants Betriebsferien – meist in der Zeit von November bis Weihnachten und nach dem 6. Januar bis März. Viele nutzen die Nebensaison auch für Renovierungsarbeiten.

Wittdün

25 **Keksdose:** Inselstraße 8, Tel. 04682 4404, www.keksdose-wittduen.de. Café, Bistro und Pizzeria, in zentraler Lage im Zentrum gelegen, gibt es in diesem einfachen Lokal einfach alles.

14 **Hafen 31:** Inselstraße 31, Tel. 04682 2087, www.hafen31.de. „Ankern, wohlfühlen und mee(h)r schmecken", so lautet das Motto dieses auf Fisch spezialisierten Restaurants mit Imbissbereich, die leckeren Gerichte werden immer frisch zubereitet.

Norddorf

Übernachtung
4 Hotel Seeblick
5 Mein Inselhotel
6 Hotel Meeresbrise
7 Pension Haus Ferienglück
19 Pension Wosmaaren
20 Letj briis
21 Hotel Hüttmann
23 Landhaushotel Pension Flor
24 Hotel Ütjkiek
25 Pension Auguste
26 Hotel Pidder Lyng
27 Hotel Ual Öömrang Wiartshüs
28 Pension Haus Ole Andresen
30 Hotel Anka (garni)
31 Pension Üs-Eilun

Essen und Trinken
1 Strand 33
2 De Strunluuker
4 Seeblick
9 Die Muschelsucher
10 Neptun
15 Oomes Hüs
16 Große Fahrt, Eiscafé bei Carlo
17 Zum Fischbäcker
21 Entenschnack-Bar, Hüttmanns Restaurant, Das kleine Hüttmann
22 Café Schult
27 Restaurant Ual Öömrang Wiartshüs
30 Burger Pier

Einkaufen, Sonstiges
3 Foto Quedens
8 Buchhandlung & Galerie
11 Strandläufer
12 Jan S. Jannen Inselkaufhaus
13 Amrumer Fahrradcenter
14 Frischemarkt Norddorf
16 Norddorfer Fahrradverleih
18 Windstärke 13
29 Gerädert

Nebel

Übernachtung
6 Ekke Nekkepenn (garni)
15 Hotel Friedrichs

Essen und Trinken
1 Wattonkel
2 Friesen-Café
5 Preesters Hüs
7 Seekiste
12 Klar Kimming
15 Restaurant Friedrichs
16 Dörnsk an Köögem
17 Torhaus

Einkaufen, Sonstiges
3 Fahrradverleih Nebel
4 Fisch & Meer
8 Stöver Stuv
9 Kaufhaus A. Bendixen
10 Farbrausch
13 Stefan's Fahrrad-Verleih
14 wein & meehr

Nachtleben
11 54° Nord

Übernachtung
1 Campingplatz, FKK-Zeltplatz
5 Amrumhotel Weiße Düne
9 Jugendherberge
10 Haus Südstrand

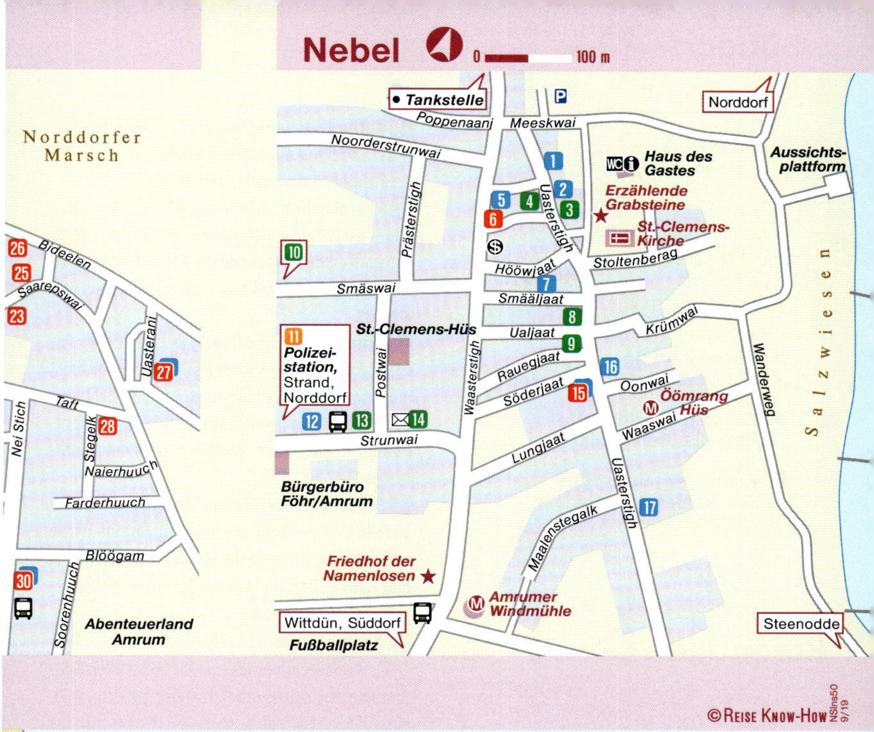

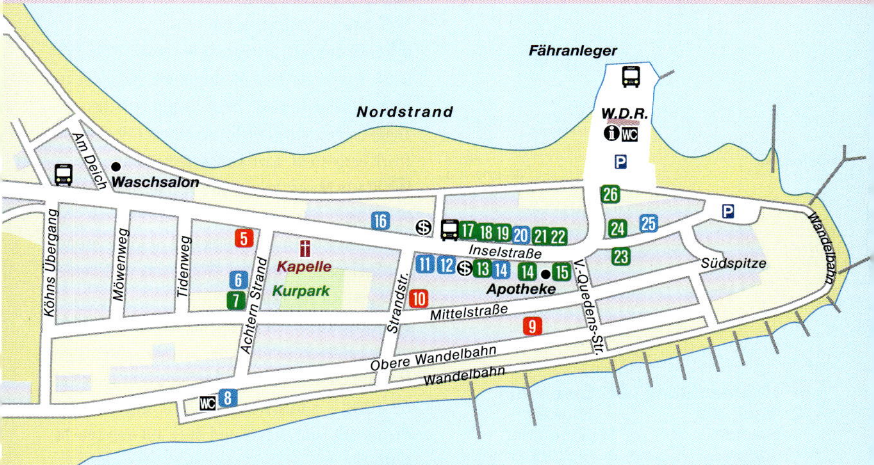

Essen und Trinken
- 2 Heidekate, Blaue Maus
- 3 Café Auszeit
- 4 Seefohrerhus
- 6 Stadl am Meer
- 8 Strandbar Seehund
- 11 Mundart
- 12 Pustekuchen
- 14 Hafen 31
- 16 Scholle's Fischbuttze
- 20 Kaffeeflut
- 25 Keksdose

Einkaufen, Sonstiges
- 7 Amrumer Radhaus
- 13 Foto Quedens
- 14 Pütt un Pann
- 15 Die Insel-Praline
- 17 Optiker von Mittelstaedt
- 18 Amrumer Zentralmarkt
- 19 Bio-Düne Naturwaren
- 21 Der Fussel
- 22 Feinkost Marcussen
- 23 Strandgut
- 24 Marcs Fahrradverleih
- 26 Räderei am Fähranleger

■ **Übernachtung**
4 Hotel Sössaarep' Hüs

■ **Essen und Trinken**
1 Strandhäuschen Süddorf

■ **Einkaufen, Sonstiges**
2 Süddorfer Fahrradverleih
3 Hofladen Martinen

■ **Übernachtung**
2 Inselhotel Kapitän Tadsen

■ **Essen und Trinken**
1 Likedeeler
3 Weltenbummler

20 Kaffeeflut: Inselstraße 24, Tel. 04682 96 8865, www.kaffeeflut.de. Kaffeespezialitäten und süße Versuchungen aus eigener Herstellung.

12 Pustekuchen: Inselstraße 41, Tel. 04682 961 900, www.cafe-pustekuchen-amrum.de. Beste Rohstoffe, möglichst aus der Region, werden hier zu leckeren Gerichten und zum besten Eis der Insel verarbeitet.

16 Scholle's Fischbuttze: Inselstraße 34, Tel. 01512 9806715. Legendärer Fischimbiss, manchmal muss man etwas Geduld haben, denn die Schlange geht nicht selten bis weit auf die Straße. Das Senf-Honig-Dressing zum Backfisch unbedingt probieren.

6 Stadl am Meer: Achtern Strand 12, Tel. 04682 9983464, www.stadl-am-meer.de. Norddeutsche und österreichische Küche werden hier vereint, es gibt Heringsfilets und Wiener Schnitzel, die Bedienung trägt Lederhosen.

4 Seefohrerhus: Zum Tonnenhafen, Tel. 04682 1451, www.seefohrerhus.com. Das Vereinslokal des Amrumer Yachtclubs mit Hafenblick hat sich vor allem auf feine Fischküche spezialisiert, aber auch der Fleischfreund wird verwöhnt.

3 Café Auszeit: Inselstraße 95, mobil: 0176 5384 0151, www.cafe-auszeit-amrum.de. „Kein Kuchen ist auch keine Lösung", deshalb gibt es leckere Kuchen, Crêpes und Waffeln aus eigener Herstellung frisch hergestellt, dazu Kaffeespezialitäten.

2 Blaue Maus: Inselstraße 107, Tel. 04682 2040, www.blauemaus-amrum.de. Kultkneipe mit über 400 Whiskysorten, Livemusik und zu später Stunde wird gelegentlich getanzt. Whisky-Tastings werden gelegentlich auch angeboten.

2 Heidekate: Inselstraße 66, Tel. 04682 968581, www.heidekate-amrum.de. Seit 25 Jahren steht hier der Chef hinter dem Herd und lebt seine Leidenschaft – Küche vom Feinsten in stilvollem Ambiente mit Südterrasse und Blick auf den Leuchtturm.

8 Strandbar Seehund: Untere Wandelbahn 1, Tel. 0171 3640029. Bei traumhaftem Blick auf den Kniepsand gibt es hier eine Auswahl kleiner Gerich-

am2019_058 mna

te wie Flammkuchen und Fischbrötchen, im Sommer wird gegrillt zu frisch gezapftem Bier und kühlem Wein.

11 Mundart: Inselstraße 41, mobil: 0171 6526 422, www.mundart-amrum.de. Tapas, Fischbrötchen und Burger frisch zubereitet, Fußballfans können bei den Live-Übertragungen ihre Lieblingsmannschaften unterstützen.

Süddorf

1 Strandhäuschen Süddorf: Tannenwai 1001, Tel. 04682 9685855, www.strandhaeuschen-amrum.de. Von Pommes, Scampi und Currywurst bis zum Steak gibt es hier alles, was das Herz begehrt, in schöner Lage am Übergang zum Strand.

Steenodde

1 Likedeeler: Stianoodswai 29, Tel. 04682 777, www.likedeeler-amrum.de. Leckere Fisch- und Lammgerichte, dazu ein sehr gutes Angebot an Wein gibt es hier etwas abseits vom Trubel am Wattenmeer.

3 Restaurant Weltenbummler: Stianoodswai 17, Tel. 04682 942440, www.weltenbummler-amrum.de. Leichte und modern interpretierte Küche auf kleiner Karte mit wechselndem Angebot, besonders die überraschend anderen Gerichte für Vegetarier überzeugen.

Nebel

17 Torhaus: Uasterstigh 33, Tel. 04682 7919980, www.torhaus-amrum.com. Gehobenes Speiseangebot in schönem Restaurant mit Wohlfühlambiente. Spezialität des Hauses ist Büffelfleisch und -mozzarella.

15 Friedrichs: Uasterstigh 18, Tel. 04682 94970, www.hotel-friedrichs.com. Fisch, Fleisch und Nudeln werden im Herzen von Nebel zu leckeren Ge-

Restaurant Likedeeler inSteenodde

richten verarbeitet. Lieblingsgericht des Chefs: „Lamm, Lamm oder Lamm".

16 Dörnsk an Köögem: Uasterstigh 19, Tel. 04682 2503. Auf Öömrang heißt das „Stube und Küche", und so sitzt man hier auch in urigem Ambiente. Es gibt Tee, Kaffee und kleine Gerichte. Geheimtipp ist der Kaffeegarten hinter dem Haus.

7 Seekiste: Smäjaat 2, Tel. 04682 640, www.seekiste-amrum.de. Im alten Friesenhaus herrscht Liebe zum Detail. Im schönen Ambiente wird das „frischeste Krabbenbrot" serviert – nicht auf die Hand, sondern mit Teller und Besteck, Zeit zum Genießen muss sein.

5 Preesters Hüs: Waasterstigh 17, Tel. 04682 995335, www.preestershues.com. Im Restaurant mit friesischem Wohnzimmercharakter werden Fisch- und Fleischgerichte serviert, der Chef isst am liebsten Labskaus.

2 Friesen-Café: Uasterstigh 7, Tel. 04682 96620, www.friesen-cafe.de. In einem alten Friesenhaus mit zauberhaftem Hortensiengarten werden alle Torten frisch zubereitet, besondere Empfehlung ist die Friesentorte.

12 Klar Kimming: Strunwai 20, Tel. 04682 739, www.klar-kimming-amrum.de. Kleinigkeiten wie Tapas und Flammkuchen werden hier serviert, der Hauswein hat ein eigenes Künstleretikett.

1 Wattonkel: Uasterstigh 5, Tel. 04682 2626, www.wattonkel.com. Currys und Pasta mit Fisch, Fleisch oder vegetarisch – alles frisch gekocht, Lieblingsgericht des Chefs sind Spaghetti mit Garnelen.

Nachtleben

11 54° Nord: Strunwai am Strandübergang, mobil: 0171 6420871. Inseldisko mit weiteren Veranstaltungen, „fette beetz" und leckeren Drinks.

Norddorf

30 Burger Pier: Nei Stich 8, Tel. 0151 10471021, www.burgerpier.de. Im Hotel Anka wird der morgendliche Frühstücksraum zur abendlichen Burger-Servierstube. Alles selbst gemacht, sogar die Buns. Unbedingt probieren: Burger „Waldbursche".

17 Zum Fischbäcker: Lunstruat 13, Tel. 04682 4364, www.fischbaecker.de. Bei prasselndem Kaminfeuer lässt sich hier im Winter gut speisen, im Sommer auch auf der Sonnenterrasse. Der Name ist Programm – es gibt vor allem leckere Fischgerichte.

16 Große Fahrt: Lunstruat 9, Tel. 04682 9689940, www.grossefahrt-amrum.de. Flammkuchen mal anders mit Grünkohl oder Spargel, dazu eine schöne Auswahl an Getränken – hier findet jeder etwas zum Genießen in schöner Umgebung.

15 Oomes Hüs: Dünemwai 4, Tel. 04682 2199, www.oomes-hues.de. In „Omas Haus" essen sogar viele Insulaner, der schöne Garten lädt im Sommer zum Verweilen ein und serviert werden regionale Spezialitäten, die mit viel Sorgfalt zubereitet werden.

16 Eiscafé bei Carlo: Lunstruat 5, Tel. 04682 96850600. Leckerstes Eis in Norddorf gepaart mit italienischem Espresso. Im Winter geschlossen.

21 Hüttmanns Restaurant: Ual Saarepswai 2–6, Tel. 04682 9220, www.hotel-huettmann.de. Gehobene Küche mit abwechslungsreicher Speisekarte, Spezialität des Hauses sind Wildgerichte.

21 Entenschnack-Bar: Ual Saarepswai 2–6, Tel. 04682 9220, www.hotel-huettmann.de. In gemütlicher Kaminzimmeratmosphäre gibt es gekonnt zubereitete Cocktails, eine gute Auswahl an Whikys und Rum, hier treffen sich Inselgäste und Insulaner gleichermaßen.

21 Das kleine Hüttmann: Ual Saarepswai 2–6, Tel. 04682 9220, www.hotel-huettmann.de. Wechselnde Gerichte und Kuchen in freundlichem Ambiente, im Sommer werden auf der Sonnenterrasse sogar Fischbrötchen serviert.

22 Café Schult: Ual Saarepswai 9, Tel. 04682 2234, www.cafe-schult.de. Seit 1890 in fünfter Generation geführt, gibt es hier tagsüber feines Brot, Brötchen und Kuchen, der nachmittags im angeschlossenen Café serviert wird – die Friesentorte unbedingt probieren.

am2019_059 mna

27 Ual Öömrang Wiartshüs: Bräätlun 4, Tel. 04682 836, www.uoew.de. Altfriesische Gastlichkeit unterm Reetdach – hier werden klassische Gerichte und Vegetarisches angeboten, nachmittags gibt es im Kaffeegarten Kleinigkeiten.

4 Seeblick: Strunwai 13, Tel. 04682 9210, www.seeblicker.de. Familienbetrieb in vierter Generation, im Restaurant gibt es abwechslungsreiche und kreative Gerichte, die auch gern von Insulanern genossen werden, im Winter prasselt das Kaminfeuer. Für seine gute Küche wurde das Hotel im Herbst 2018 mit dem Carlsberg-Preis als bestes Hotelrestaurant ausgezeichnet.

9 Die Muschelsucher: Strunwai 9, Tel. 04682 4488. Das kleine Restaurant-Café liegt in der Fußgängerzone, es gibt Steaks vom Lavagrill, Waffeln, Pastagerichte und eine eigene Kinderkarte.

10 Neptun: Strunwai 7, Tel. 04682 1234. Etwas abseits gelegen ist das Restaurant ein Ort für gediegene Qualität, besonders „Surf & Turf" probierenswert. Aber auch was für Vegetarier.

2 De Strunluuker: Strunwai 31, Tel. 04682 9689440, www.destrunluuker.de. Am Strandübergang in Norddorf lockt das Restaurant mit schönem Blick auf Sylt und Föhr, der Koch legt Wert auf frische Zutaten, die traditionellen Gerichte werden modern interpretiert.

1 Strand 33: Strunwai 33, Tel. 04682 961555, www.strand33.de. Atemberaubender Blick auf die Nordsee lädt zum Sundowner ein, dazu gibt es spanische Tapas und südafrikanischen Wein sowie regionale und internationale Küche.

Nordseegarnelen geschält – frisch vom Kutter schmecken sie am besten, mit etwas Übung kann man sie leicht selbst auspulen

Gepäckservice

Schließfächer für Gepäck gibt es bei der Reederei W.D.R. in Wittdün. Wer sein Gepäck nicht selbst tragen möchte, kann größere Koffer bereits im Vorfeld zu Hause mit einer DHL-Paketmarke der Deutschen Post aufgeben bzw. mit dem Hermes-Gepäckversand verschicken, oder man lässt sie mit dem Gepäckservice der Deutschen Bahn transportieren. Allerdings sollte man seine Sachen dann gut verpacken und mit beschädigten Gepäckstücken rechnen. Die Transportdienste gehen erfahrungsgemäß mit den Koffern nicht gerade zimperlich um, Schäden werden oftmals billigend in Kauf genommen. Der Transport mit DHL, Deutscher Bahn oder Hermes dauert **mindestens zwei Tage** und muss rechtzeitig vorher angemeldet werden. Auch auf Amrum gibt es einen Gepäckservice, der das Gepäck an jedem Wochentag vom Anleger in die Unterkunft und wieder zurück bringt, auf Wunsch organisiert er auch die Abholung von zu Hause und von der Urlaubsunterkunft durch die Deutsche Post/DHL.

- **Amrumer Gepäckservice:** *Rainer Schüller,* Tel. 0174 3248002 (15–20 Uhr), E-Mail: amrum-gepaeck.de oder auch per SMS oder WhatsApp. Die Gepäckzustellung erfolgt entsprechend der Ankunftszeiten der Gäste, auch samstags, sonntags und an Feiertagen (ab 21 €/Stück).
- **Gepäckservice der Deutschen Bahn:** Tel. 0180 6996633 (0,20 € pro Anruf aus dem deutschen Festnetz, max. 0,60 € pro Anruf aus dem Mobilfunknetz), www.bahn.de/gepaeckservice.
- **Gepäckservice der Deutschen Post/DHL:** Tel. 0228 4333112 (0,20 € pro Anruf aus dem deutschen Festnetz, max. 0,60 € pro Anruf aus dem Mobilfunknetz), www.dhl.de.
- **Gepäckservice Hermes-Versand:** Tel. 01806 311211 (0,20 € pro Anruf aus dem deutschen Festnetz, max. 0,60 € pro Anruf aus dem Mobilfunknetz), www.myhermes.de.

Gezeitenkalender

Erhältlich in der **AmrumTouristik** und im Internet unter **www.amrum.de.**

Heiraten

Standesamt Amrum, Tel. 04682 94110, www.amt-foehr-amrum.de. Trauzimmer befinden sich auch auf dem Leuchtturm, im Öömrang Hüs, in der Windmühle und an Bord der MS Eilun.

Hunde

Zwischen 1. April und 31. Oktober ist die Brut- und Setzzeit. Nicht nur dann gilt auf Amrum die ständige **Anleinpflicht** für Vierbeiner, auch auf den Hundestränden zum Schutz der Gäste und Kinder. Hundebesitzer sollten daran denken, dass die Hunde am Sandstrand der Sonne besonders stark ausgesetzt sind, und für **Sonnenschutz** sowie eine gefüllte Wasserschüssel sorgen. Die Hinterlassenschaften der Vierbeiner müssen entsorgt werden. Es gibt auf Amrum viele „Hundetütenspender", sodass man sich für den Fall der Fälle damit versorgen kann. Quartiere, in denen Hunde willkommen sind, weist das **Gastgeberverzeichnis** entsprechend aus. Extra ausgewiesene Hundestrände gibt es in Wittdün, Nebel und Norddorf jeweils nördlich der Badestrände.

Amrumer Hundeschule: Ulrike Bock, Oodwai 1, Norddorf, Tel. 04682 2291 oder 944915, www.hundeschule-amrum.de.

Internet/WLAN

Öffentliche Internetzugänge gibt es gegen Vorlage der Gästekarte im Amrum-Badeland sowie in den Touristinformationen in Nebel und Norddorf.

Kinder

Der Strand als riesige Sandkiste ist für Kinder zum Spielen natürlich ideal geeignet. Es befindet sich aber auch in allen Inselorten ein **Kinderspielplatz.** In den Ferien wartet ein abwechslungsreiches Kinderspielprogramm der Amrum-Touristik auf die kleinen Gäste: mit Traumstunden und Gute-Nacht-Geschichten, kreativem Basteln, Strandspielen, Teenietreffs für größere Kinder, lustigen Kinderfesten, Strand-Disco sowie spannenden Spiel- und Sportveranstaltungen.

Nach dem Motto „Klar zum Entern?" können alle Kinder ab sechs Jahren an Bord der MS Eilun mit einer **Piratenfahrt** ein unvergessliches Ferienabenteuer erleben.

Wenn das Meer zu kalt ist, ist das **AmrumBadeland** in Wittdün eine gute Alternative, denn auch hier kann man im Meerwasser baden – allerdings bei warmen 30 °C mit regelmäßigem Wellenbetrieb. Im Sommer steht draußen eine große Liegewiese zur Verfügung.

Die Papierbootregatta ist für Kinder und Jugendliche das Highlight des Molenfestes

am2019_060 ab

am2019_061 ab

Wenn das Wetter nicht zum Draußensein einlädt, lohnt der Besuch des **Abenteuerlands Amrum** im Norddorfer Gewerbegebiet. Auf 1300 m² bietet dieser riesige Indoorspielplatz für Kleine und Große alles, was das Herz begehrt: Hüpfburg, Klettermöglichkeiten, Rutschbahn, Billardtisch und sogar Autoscooter. Alle Spielgeräte dürfen auch von Erwachsenen genutzt werden, ein Kiosk hält eine kleine Auswahl an Snacks bereit.

Jährlich während der Sommerferien veranstaltet die **Soccer Academy** des Ex-Bundesligaprofis *Thomas Seeliger* während der Sommerferien an vier Tagen für kleine und große Kicker eine 4-tägige **Fußballschule als Tagescamp.** Hier können Mädchen und Jungs ihr spielerisches Geschick verfeinern und ihren Teamgeist trainieren. Als Belohnung gibt es eine Urkunde und ein Fußballtrikot.

Kinderspielplätze

- Kinderspielplatz **in Norddorf** beim Minigolfplatz
- Kinderspielplatz **in Nebel**
- Süddorfer Waldspielplatz **am Waldwanderweg**
- Kinderspielplatz **in Wittdün** gegenüber der Einfahrt zum Schwimmbad.

Weitere Aktivitäten mit Kindern

- **Kinderspielprogramme der AmrumTouristik:** Termine siehe Veranstaltungskalender.

– **„Schatzkiste“** in Wittdün
– **„Räuberhöhle“** in Nebel
– **„Lollypop“** in Norddorf

⌃ Fußballschule auf Amrum

Piratenfahrten mit der MS Eilun: Eine Zeitreise ins 18. Jahrhundert können Kinder in zünftiger Piratenkleidung mit dem Inselpiraten *Gräbiard* alias *Wolfgang Stöck* und seinem Kapitän unternehmen. Sie erleben eine Schatzsuche, Mutprobe und spannende Geschichten aus dem Leben des berühmtesten Seefahrers von Amrum, *Hark Olufs*. Die Abfahrtszeiten in den Ferien sind auf den Plakaten der MS Eilun und im Veranstaltungskalender zu finden oder telefonisch unter 04682 2333 zu erfahren.

Abenteuerland Amrum: Gewerbegebiet Norddorf, Tel. 04682 968664 und mobil 0171 484 9316, www.abenteuerland-amrum.de (Kinder 9,50 €/ Erw. 5 €/3 Fahrten mit dem Autoscooter 2 €).

Soccer Academy: *Thomas Seeliger*, Tannenhofstraße 36 b, 22848 Norderstedt, Tel. 040 94363588, www.socceracademy.de. 4-Tagescamp mit zwei Trainingseinheiten pro Tag in Gruppen mit maximal 16 Kindern, eine Kinder-Eltern-Trainingseinheit, ab 119 €.

Das **Maritur** am **Strandübergang Norddorf:** Verschiedene Veranstaltungen für Kinder, zum Beispiel Kinderknotenkurse für angehende Matrosen oder Fütterungen im Aquarium.

Kino

LichtBlick Inselkino: Triihuk 1, Norddorf, Tel. 04682 96200, www.kino-amrum.de. Informationen über das Kinoprogramm sind auch im Veranstaltungskalender zu finden.

Kirchen

Evangelisch: *St. Clemens*, Hööwjaat 2, im Ortskern von Nebel, www.amrum-kirche.de. Seit mehr als 800 Jahren wird hier gefeiert, getauft, getraut, konfirmiert und Abschied genommen. Der Gottesdienst beginnt sonntags um 10 Uhr. Jeden Donnerstagabend um 20.30 Uhr finden die musikalischen Abendfeiern statt, an denen jeder mitwirken kann, der ein Instrument spielt. Die Chorprobe dafür findet montags um 20 Uhr im St.-Clemens-Hüs statt (Postwai 3, Nebel).

Katholisch: *St. Elisabeth*, Sjüürenwai 7, Norddorf, www.kathkirche-nf.de. Eine Filialkirche der St.-Gertrud-Kirche in Niebüll, Gottesdienste am Sonntag um 10.30 Uhr, Mittwoch und Samstag um 18 Uhr.

Kliniken

Auf Amrum gibt es **zwei Rehakliniken,** die sich auf die Behandlung von Kindern sowie Mutter/Vater-und-Kind-Kuren spezialisiert haben. Beide Kliniken nutzen das Reizklima an der Nordsee sowie die malerische Umgebung zur Unterstützung der medizinischen Therapien. Hier werden vorwiegend Patienten mit chronischen Erkrankungen, Allergien, Infektanfälligkeiten, Erkrankungen der Atemwege und Hautkrankheiten behandelt. Für Väter und Mütter gibt es ebenfalls Behandlungen für die Stärkung der körperlichen und seelischen Balance.

Fachklinik Satteldüne: Tanenwai 32, 25946 Nebel, Tel. 04682 340, www.satteldüne-amrum.de. Behandlung von chronisch erkrankten Kindern.

AOK-Nordseeklinik: Strunwai 23, 25946 Norddorf, Tel. 04682 370, www.aok-nordseeklinik.de. Vater/Mutter-und-Kind-Kuren.

Kurabgabe und Gästekarte

Während der Hauptsaison sind rund 50 Personen für die AmrumTouristik tätig: Sie kümmern sich um die Strandsäuberung, Pflege der Bohlenwege und Kinderspielplätze, sie stellen die Rettungsschwimmer an den Badestränden, sorgen für ein abwechslungsreiches Veranstaltungsprogramm, bieten Bibliotheken mit Lesezimmer und kostenlosem WLAN sowie umfangreiches Informationsmaterial. **Die Gästekarten der Inseln Föhr und Amrum werden gegenseitig anerkannt.** Von der Kurabgabe befreit ist nur, wer beruflich auf den Inseln unterwegs ist. Die Gästekarte muss auf Verlangen vorgezeigt werden, es empfiehlt sich, sie immer bei sich zu tragen, sonst kann es passieren, dass man zum Beispiel keinen Einlass ins Schwimmbad bekommt.

- **Nebensaison** 1.11.–28.2.: 1,30 €
- **Hauptsaison** 1.3.–31.10.: 2,60 €

Parken

Auf ganz Amrum gilt, dass das Parken **nur in ausgewiesenen Bereichen** erlaubt ist. Das Parkverbot gilt zur Vermeidung des Dauerparkens. Auf den Straßen herrscht ein **Zonenhalteverbot.** Damit sollen der Verkehr fließend und die Rettungswege frei gehalten werden. Ferner sollen die vielen Fahrradfahrer und Fußgänger, die wegen der vielen engen Straßen und Wege die Fahrbahnen und den Seitenstreifen mitbenutzen müssen, nicht gefährdet werden. Zum Kurzzeitparken muss deshalb die **Parkscheibe** genutzt werden, zum Dauerparken die **ausgewiesenen Parkplätze.** Das gilt besonders für Nebel und Norddorf. In Wittdün darf an der rechten Straßenseite geparkt werden, die Zonen sind entsprechend gekennzeichnet. In Nebel und in Norddorf befinden sich die Parkplätze für „Längerparker" in der Nähe der Badestrände und sind ausgewiesen. In Wittdün befindet sich am Hafen ein öffentlicher Parkplatz. Vor den meisten Inselsupermärkten gibt es einige wenige Kundenparkplätze. Da diese vor allem während der Hauptsaison fast immer belegt sind, ist es empfehlenswerter, seinen Einkauf per pedes oder mit dem Fahrrad zu erledigen, als auf einen freien Parkplatz zu warten. „Knöllchen" werden zwar selten ausgestellt, stattdessen befindet sich meist ein freundlicher Hinweiszettel unter dem Scheibenwischer. Aber im Sinne der Gemeinschaft sollten sich Autofahrer einfach an die Regeln halten.

Museen und Naturzentren

- **Öömrang Hüs:** Waaswai 1, 25946 Nebel, Tel. 04682 4153, www.oeoemrang-hues.de. Heimatmuseum im Friesenhaus mit Wechselausstellung. Eintritt frei, es wird um eine Spende gebeten. Gruppenführungen auf Anfrage.
- **Amrumer Mühle:** Waasterstigh, 25946 Nebel, Tel. 0151 1266634, www.amrumer-windmuehle.com. Geöffnet von April bis Mai, Heimatmuseum in der Mühle und wechselnde Kunstausstellungen.
- **Eisenzeitliches Haus:** Im Naturschutzgebiet Amrumer Dünen nahe der Vogelkoje Meeram. Immer geöffnet, Eintritt frei.
- **Vogelkoje Meeram:** Zwischen Wald und Dünenlandschaft zwischen Nebel und Norddorf gelegen, immer geöffnet, Eintritt frei.

Naturzentrum Amrum und „Maritur" des Öömrang Ferian: Strunwai 31, 25946 Norddorf, Tel. 04682 1635, www.naturzentrum-amrum.de. Ausstellung mit Aquarium und öffentlichen Fütterungen, naturkundlichen Führungen und weiteren Angeboten. Eintritt frei, um Spende wird gebeten.

- **Verein Jordsand:** Vogelwart Amrum Odde, 25946 Norddorf, Tel. 04682 2332 und mobil: 0171 1258238, www.jordsand.de. Besetzt von Mai bis Oktober, Führungen Di–So um 10 Uhr.

■ **Schutzstation Wattenmeer:** im AmrumBadeland, Schwimmbadstraße 1, 25946 Wittdün, Tel. 04682 2718, www.schutzstation-wattenmeer.de. Naturkundliche Führungen (siehe Veranstaltungskalender) und kleine Ausstellung.

Notfall-Leitsystem

Auf Amrum weisen im Notfall rund 170 Schilder mit Standortkennziffern und der **Notrufnummer 112** den Weg. Alle Standorte sind bei der zuständigen Rettungsleitstelle mit Geo-Koordinaten hinterlegt, sodass die Rettungskräfte im Bedarfsfall sofort wissen, wo ihr Einsatzort liegt. Bei der AmrumTouristik ist eine kleine Faltkarte mit allen Standorten erhältlich, die in jede Jackentasche passt.

Polizei

■ **Sanghughwai 6,** 25946 Nebel, Tel. 04682 96440

Post

■ **wein & meehr,** Strunwai 6, Nebel (Adresse siehe „Einkaufen").

Schwimmbad

30-°C-warmes Meerwasserschwimmbad mit regelmäßigem Wellenbetrieb, Massagedüsen, Sitzsprudlern, Sprudelliegen und Nackendusche, Kinderplanschbecken mit Schlangenrutsche (34 °C), Solarium und Saunabereich. Es gibt eine Biosauna, eine Finnische Blocksauna mit Saunagarten, und die Infrarot-Wärmekabinen lösen Verspannungen und tun auch sonst richtig gut, weil sie die Abwehrkräfte stärken, die Durchblutung erhöhen und den Stoffwechsel verbessern. Wer mag, kann sich mit einem orientalischen Pflegebad, das aus duftenden Ölen und Essenzen besteht – *Rasul* genannt – märchenhaft pflegen lassen. Bis zu vier Personen haben Platz, das Bad kann auch komplett reserviert werden. Mittwochs und freitags um 19 Uhr gibt es für 45 Minuten Wassergymnastik. Handtücher und Badesets gegen Gebühr erhältlich.

■ **AmrumBadeland:** Am Schwimmbad 1, 25946 Wittdün, Tel. 04682 943431, www.amrum.de.

Das Notfall-Leitsystem

Was tun, wenn man Hilfe braucht und nicht weiß, wo man sich befindet? Auf Amrum wurden in den letzten Jahren **170 Schilder** aufgestellt, die neben der Notrufnummer 112 auch eine **Standortziffer** enthalten. Bei der zuständigen Rettungsleitstelle sind für alle Standortkennziffern **Geo-Koordinaten** hinterlegt. Wenn der Anrufer bei seinem Notruf diese Ziffer mitteilt, weiß die Rettungsleitstelle sofort, wo Hilfe gebraucht wird und kann die Rettungskräfte sofort an den richtigen Ort schicken. Die Schilder sind am Wegesrand montiert, meist auf den Bohlenwegen, an Bänken oder Zäunen. Die Amrum-Touristik hat eine kostenlose kleine faltbare **Notfall-Inselkarte,** mit der sich die Positionen der Punkte des Notfall-Leitsystems leicht finden lassen. Es ist eine gute Idee, diese Karte zur eigenen Sicherheit in greifbarer Nähe zu haben. Sie findet in jeder Jacken- oder Hosentasche Platz.

am2019_062 mna

Preise: Wellenbad (Kinder 3–18 J. ab 4 €, Tageskarte 10 €/Erw. ab 6 €, Tageskarte 15 €/Familienkarte: ab 14 €), Sauna (Kinder 12–18 J. ab 4 €, Tageskarte 10 €/Erw. ab 6 €, Tageskarte 15 €/Familienkarte: ab 14 €), Wellenbad und Sauna (Kinder 12–18 J. ab 6 €, Tageskarte 15 €/Erw. ab 8 €, Tageskarte 20 €/Familienkarte: ab 20 €), Rasul (p. P. ab 19 €), Wassergymnastik (ab 6 €).

Sport

Auf Amrum gibt es besonders während der Sommermonate zahlreiche Möglichkeiten, sich sportlich zu betätigen.

- **Angeln:** Nur mit gültigem Fischereischein, den zusätzlich erforderlichen Urlaubs-Fischereischein bekommt man im Amt Föhr-Amrum, Tel. 04682 94110.
- **Fitnessclub:** Trainieren mit Dünenblick im Amrumspa, Am Schwimmbad 1, 25946 Wittdün, Tel. 04682 9615888, www.amrumspa.de.
- **Minigolf/Spielgolf:** Am Ortseingang Norddorf von Anfang April bis Ende Oktober.
- **Reiten:** Reiterhof Andresen: im Gewerbegebiet Norddorf, Hoofstich, Tel. 0170 9669254, www.reiterhof-andresen-amrum.de. Reitunterricht mit Schulpferden für Anfänger und Fortgeschrittene sowie Kurse und Ausritte über die Insel; für die ganz Kleinen gibt es Führponys.
- **Schwimmen:** siehe „AmrumBadeland" im Kapitel „Schwimmbad".
- **Segeln / Kitesurfen / Katamaranfahren / Surfen:** Wassersportschule Amrum, *Ricklef Boyens*, K.-J.-Klement-Wai 9, Norddorf, mobil: 0171 4849 3160, Station: 0160 4276084. Die Station ist am Strand nördlich der Strandbrücke in Norddorf.
- **Stand-up-Paddling:** SUP Amrum, Leif Lückel, Inselstraße 14, Wittdün, Tel. 0171 3177693, www.sup-amrum.com. Einführungskurse mit Trockenübungen an der Wittdüner Bucht.

Norddorf – in der Hauptsaison befinden sich die Surfbretter meistens auf den Wellen der Nordsee

■ **Strandgymnastik:** während der Saison kostenlos an den Stränden von Wittdün, Nebel und Norddorf, Termine siehe Veranstaltungskalender.

Strandkörbe

Die nützlichen Outdoor-Möbel schützen vor Wind, Sonne und Sand. Sie können in Wittdün an der Strandbar gemietet werden, in Nebel und Süddorf direkt am Kniepsand. Die **Telefonnummern für Reservierungen** sind bei der Amrum-Touristik erhältlich. In Norddorf gibt es am Übergang zum Strand kurz vor der Strandbrücke mehrere Anbieter, die Kosten sind etwa vergleichbar. In Norddorf werden die Preise danach berechnet, wo die Strandkörbe stehen, an der Dünenkante ist es günstiger als an der Wasserkante. Wer länger Urlaub macht, fährt mit den Wochentarifen am besten. Während der Ferienzeit ist es sinnvoll, vorab eine Reservierung zu machen. Die Kosten beginnen ab etwa 14 € pro Tag, der Wochentarif beginnt bei 49 €.

■ Strandkorbvermietung **Boyens,** mobil: 0171 7888727,
■ Standkörbe **Jannen,** mobil: 0170 6036942,
■ Strandkörbe **Martinen,** mobil: 0171 9627679.

Tankstelle

Die **Inseltankstelle Süddorf** (Waasterstigh 2) liegt im Gewerbegebiet und hat Zapfsäulen für EC-Karten, ein Pkw-Waschplatz ist vorhanden.

⌄ Strandkorb mit Piratenfahnen

am2019_063 mna

Taxi

■ **Taxi Harksen,** mobil: 0171 3287237

Therapie- und Gesundheitszentren

Direkt neben dem Schwimmbad AmrumBadeland in Wittdün befindet sich das **Amrumspa.** Das Gesundheitszentrum bietet unter anderem Physiotherapie, Osteopathie, Ergotherapie sowie verschiedene Massagen und Wellness-Behandlungen zum Entspannen. Mit angeschlossen ist ein **Fitnessclub.** Zusätzlich ist im Gesundheitszentrum die Heilpraktikerin und Logopädin *Anna Grütte* tätig.

Ergänzt wird das Gesundheitsangebot auf Amrum durch die **Praxis für Gesundheit** und das **Kurmittelhaus Winkler** mit verschiedenen Formen der Therapiebehandlung sowie Wellness- und Saunaangebote in Norddorf **beim Hotel Hüttmann** und im **Hotel Seeblick.**

■ **Amrumspa Gesundheitszentrum:** Am Schwimmbad 1, 25946 Wittdün, Tel. 04682 9615 888, www.amrumspa.de.

■ **Heilpraktikerin Anna Grütte:** im Amrumspa, Am Schwimmbad 1, 25946 Wittdün, mobil: 0175 7641462, www.naturheilpraxis-amrum.de. Tibetische Massagen, Homöopathie, Kräuter- und Blütentherapie und verschiedene Formen des Yoga.

■ **Praxis für Gesundheit:** Haag 9 (Nebeneingang), 25946 Norddorf, mobil: 0151 15542236, www.praxisfuergesundheit-amrum.de. Wellnesstherapeuthische Anwendungen wie verschiedene Massagen, Yoga, Therapiewochen, Fastenwandern und Seminare.

■ **Kurmittelhaus Winkler:** Dünemwai 18, 25946 Norddorf, Tel. 04682 9989787 und mobil: 0160 98649000, www.kurmittelhaus-winkler.de. Große Zahl von Therapieangeboten, Vorbeugung und Rehabilitation.

■ **Hüttmanns Trauminsel:** Ual Saarepswai 2–6, 25946 Norddorf, Tel. 04682 9220, www.hotel-huettmann.de. Beauty & Wellness, Kosmetik, Maniküre, Pediküre, Reflexzonenmassage, Sauna etc., Terminabsprache im Shop.

■ **Hotel Seeblick:** Strunwai 13, 25946 Norddorf, Tel. 04682 9210, www.seeblicker.de. Sauna, Massagen und Kosmetikbehandlungen.

Unterkunft

Während der Ferienzeiten ist es in der Regel recht voll, es ist deshalb empfehlenswert, sich **frühzeitig** nach einem schönen Ferienquartier umzuschauen und zu buchen. Auch auf den **Campingplätzen** wird es während dieser Zeiten schwer, noch einen freien Platz zu finden, auch hier sollte man rechtzeitig reservieren. Während der Hauptsaison sehen es Hotels, Pensionen und Vermieter von Ferienwohnungen nicht gern, wenn man nur einen Kurzaufenthalt plant. Oft sind die Preise an den ersten drei Tagen deutlich höher, viele geben bei längeren Aufenthalten auch Rabatt. Manchmal werden inzwischen **keine festen Tagespreise** mehr angegeben, sondern man muss eine konkrete **Buchungsanfrage** mit An- und Abreisetermin stellen. Es ist zudem sinnvoll, vor Buchung anzurufen und konkret nachzufragen, was beim angegebenen Preis alles inklusive ist. Manche Hotels und Pensionen bieten auch Paketpreise mit zusätzlichen Leistungen an. Die Preise von Ferienhäusern und -wohnungen richten sich nach Lage und Ausstattung. Die Preise der in den letzten Jahren neu gebauten Häuser unterscheiden sich kaum noch von denen der Hotels.

Gastgeberverzeichnis

Die **AmrumTouristik** hält ein ausführliches Gastgeberverzeichnis sowohl in Papierform vor als auch mit einer datumsbezogenen Suche und Anfrage im Internet unter **www.amrum.de.** Piktogramme erklären die Ausstattung der Unterkunft auf einen Blick, beispielsweise ob die Wohnung barrierefrei, für Allergiker oder Familien geeignet ist oder ob der Vierbeiner dort wohnen darf. Man kann auch nach verschiedenen Kategorien wie Hotel, Pensionen, Ferienwohnungen und Häusern sowie nach der Ausstattung wie Parkplatz, Waschmaschine etc. suchen. Allerdings sind nicht alle Gastgeber vollständig aufgelistet, es gibt auch **private Zimmervermittler.** Viele Hotels bieten Zimmer und Appartements an, deshalb ist alles nach Orten sortiert aufgeführt. Die Preise verstehen sich **pro Person im Doppelzimmer mit Frühstück.**

Preiskategorien für Unterkünfte auf Amrum

- Kategorie ①: bis 45 €
- Kategorie ②: 46 bis 70 €
- Kategorie ③: über 70 €

Wittdün (Karte S. 76)

5 Amrumhotel Weiße Düne③: Achtern Strand 6, Tel. 04682 940000, www.weisse-duene.de. Das „Vitalhotel" mit 16 Zimmern ist sehr gepflegt und modern eingerichtet mit feiner Lage ganz in Strandnähe.

10 Haus Südstrand②: Mittelstraße 30, Tel. 04682 2708, www.hotel-suedstrand.de. Nichtraucherhotel mit einfachen Zimmern im Herzen Wittdüns.

9 DJH Jugendherberge Wittdün①: Mittelstraße 1, Tel. 04682 2010, www.jugendherberge.de. In zentraler Lage in Strand- und Hafennähe gelegen. Ende 2019 bis Mai 2020 wird die Jugendherberge komplett renoviert und ist während dieser Zeit größtenteils geschlossen.

Süddorf (Karte S. 78)

4 Hotel Sössaarep' Hüs②: Uasterstigh 50, Tel. 04682 9685649, www.hotelgarni-sueddorf-amrum.de. Sehr ruhig gelegenes Haus mit fantastischem Frühstück.

Steenodde (Karte S. 78)

2 Inselhotel Kapitän Tadsen②: Stianoodswai 17, Tel. 04682 94240, www.inselhotel-tadsen.de. Den Gast erwarten acht sehr gepflegte Zimmer, meist mit Blick aufs Wattenmeer, und eine schöne Gartenanlage mit Teich, Terrassen und Strandkörben.

Nebel (Karte S. 77)

6 Ekke Nekkepenn②: Waasterstigh 19, Tel. 04682 94560, www.ekkenekkepenn.de. Im Herzen von Nebel verfügt das Frühstückshotel über neun gemütlich und individuell eingerichtete Zimmer und fünf Suiten mit separatem Wohnraum.

15 Hotel Friedrichs③: Uasterstigh 18, Tel. 04682 94970, www.hotel-friedrichs.com. An der Flaniermeile Nebels gelegen, wird das Hotel bereits in vierter Generation geführt. Die Einzel- und Doppelzimmer, Suiten und Ferienwohnungen sind liebevoll mit schönen Details ausgestattet.

Norddorf (Karte S. 76)

4 Seeblick – Genuss und Spa Resort Amrum③: Strunwai 13, Tel. 04682 9210, www.seeblicker.de. 4-Sterne-Komfort mitten im Zentrum von Norddorf mit sehr gepflegten Zimmern, Wellnessbereich, eigenem Schwimmbad und gutem Restaurant.

26 Hotel Pidder Lyng③: Bideelen 5, Tel. 04682 94440, www.pidderlyng.de. 4-Sterne-Komfort mit Wellness-Bereich in schöner Lage an den Salzwiesen in Ortsrandlage von Norddorf und dennoch zentrumsnah.

27 Ual Öömrang Wiartshüs②: Bräätlun 4, Tel. 04682 9614500, www.uoew.de. Das Hotel besteht aus einem Reetdachhaus mit gediegen eingerichteten Zimmern, während im neuen Friesenhaus gegenüber moderne im nordischen Landhausstil eingerichtete Zimmer auf Gäste warten.

21 Hotel Hüttmann③: Ual Saarepswai 2–6, Tel. 04682 9220, www.hotel-huettmann.de. Sehr gepflegter 4-Sterne-Komfort mit Wellnessbereich und Kosmetikangebot. Der traditionelle Familienbetrieb wird mit viel Herz und Liebe zum Detail geführt und verfügt sowohl über ein Hotel als auch über schöne Ferienwohnungen.

20 Letj briis③: Degelk 7, Tel. 04682 9983401, www.letj-briis.de. Hier sind besonders Familien willkommen, ein Kinderkomfort-Paket ist inklusive. Das Langschläferfrühstück und Leih-Bollerwagen am Strand gehören hier zum Standard.

30 Hotel Anka③: Nei Stich 10, Tel. 04682 736, www.anka-amrum.de. Das Hotel liegt etwas abseits des Trubels in der Nähe zum Wattenmeer. Die Zimmer sind sehr gepflegt, und im Dach sorgen große Zimmer mit separaten Schlafplätzen für Kinder dafür, dass alle „tofrees" sind. Das sagen die Friesen, wenn sie so zufrieden sind, dass sie nie mehr wegwollen.

24 Hotel Ütjkiek②: Ual Jaat 4, Tel. 04682 2042, www.uetjkiek.de. Pension und Hotel im alten Stil mit Ruhe, Gemütlichkeit und unaufdringlichem Service im alten „Dorfhotel". Bei der Einrichtung herrscht ein individueller Stilmix.

23 Landhaushotel Pension Flor③: Ual Saarepswai 11, Tel. 04682 94310, www.pension-flor.de.

am2019_064 mna

Den Gast erwarten in diesem Nichtraucherhotel auf einem großen, ruhigen Gartengrundstück in zentraler Lage sechs Einzel- und acht Doppelzimmer.

6 Hotel Meeresbrise②: Dünemwai 14, Tel. 04682 9614970, www.meeresbrise-amrum.de. Die Zimmer sind nicht schick, aber pragmatisch eingerichtet, alle Doppelzimmer haben sogar einen Kühlschrank, und Hunde sind willkommen.

28 Pension Haus Ole Andresen①: Taft 27, Tel. 04682 2272, www.amrumurlaub-andresen.de. Die Zimmer sind gediegen und werden zu reellen Preisen vermietet. Die Lage ist ruhig in Wattenmeernähe. Versorgen kann man sich auch selbst, es gibt für Gäste eine Gemeinschaftsküche.

5 Mein Inselhotel③: Madelwai 4, Tel. 04682 94500, www.mein-inselhotel.de. Sehr schön und modern eingerichtete Zimmer, eine Sauna und „Lecker Küche" warten auf den Gast, Leihfahrräder gibt es auch.

25 Pension Auguste②: Ual Saarepswai 16, Tel. 04682 1318, www.pension-auguste.de. Die Pension hat 14 liebevoll gepflegte Zimmer und bietet morgens ein ordentliches Frühstückbuffet, Hunde sind aber nicht erlaubt.

19 Pension Wosmaaren②: Lunstruat 17, Tel. 04682 96410, www.wosmaaren.de. Nur sechs schön eingerichtete Zimmer gibt es hier, nach eigener Aussage trifft der Charme von früher auf die Moderne von heute. Das Haus wird in dritter Generation geführt.

7 Pension Haus Ferienglück①: Dünemwai 15, Tel. 04682 961852, www.amrum-online.com. Hier ist alles ganz einfach und funktional gehalten, Mindestaufenthalt drei Tage.

31 Pension Üs-Eilun②: Nei Stich 14, Tel. 04682 94400, www.gaestehaus-amrum.de. Persönlich und mit viel Liebe geführt, hat die etwas abseits gelegene Pension nett eingerichtete Zimmer. Zum Wattenmeer ist es nicht weit.

◁ Die Hüttmannwiese in Norddorf lädt besonders im Sommer zum Verweilen ein

Buchungsportale im Internet

Als Ergänzung zu den sorgfältig zusammengetragenen Unterkunftsempfehlungen in diesem Buch können Buchungsportale wie **Booking.com, Agoda.com** oder **Airbnb.de** dazu genutzt werden, aktuelle Preise und die Bewertungen anderer Reisender einzusehen sowie Unterkünfte direkt zu buchen.

Die Plattformen listen Unterkünfte aller Art und machen sie für Reisende leicht auffindbar. Sie übernehmen bürokratische Aufgaben wie die Abwicklung der Bezahlung oder stellen den Kontakt zwischen Unterkunft und Unterkunftssuchenden her.

Hilfreich bei der Entscheidungsfindung sind die **Bewertungen anderer Kunden** in diesen Portalen. Gäste bewerten eine Unterkunft nach oder während ihres Aufenthalts und sorgen im besten Fall für aussagekräftige Benotungen (1–10, 10 ist das Optimum). Je mehr Nutzer eine Bewertung abgegeben haben, desto verlässlicher ist das Ergebnis. Vorsicht ist geboten, wenn nur sehr wenige Nutzer ihre Meinung abgegeben haben. Aber auch sonst lohnt es sich, kritisch zu lesen: Achtet man auf die zu den Rezensionen verfassten Texte, so erhält man oft Aufschluss über die Echtheit der Bewertung. Auch lassen sich Veränderungen im Qualitätsstandard erkennen, wenn eine insgesamt positiv bewertete Unterkunft in jüngster Zeit zahlreiche schlechte Bewertungen erhalten hat.

Über die Plattform **Airbnb** können private und gewerbliche Vermieter ihr „Zuhause" oder einen Teil davon anbieten. Auch hier vermittelt das Portal zwischen Anbieter und Kunde. Es werden **zusätzlich Touren und Aktivitäten mit**

am2019_065 mna

Einheimischen vermittelt, bisher allerdings nur in touristischen Ballungsgebieten.

Tripadvisor ist ein reines Bewertungsportal, das die Nutzer bei Bedarf an Buchungsportale und/oder die Websites von Unterkünften bzw. Restaurants weiterleitet und sich besonders für Gastronomietipps eignet.

Ob man sich für die Buchung über ein Online-Buchungsportal entscheidet, hängt von der Präferenz der Nutzer ab. Zur generellen Sondierung der Marktsituation und zur Einschätzung von Unterkünften sind die Portale meist empfehlenswert. Die Nutzung ist für Endkunden zunächst kostenlos, für die Betreiber der Unterkünfte fällt jedoch eine Provision an – die im Zweifel irgendwann eingepreist wird. Die Haltung der Betreiber ist unterschiedlich: Während manche über das Portal sogar günstigere Preise anbieten, freuen sich andere ausdrücklich, wenn man persönlich und direkt bucht.

Camping

1 **FKK-Zeltplatz:** Amrumer Sport- und Naturistenverein e. V., Tel. 04682 9681555, www.fkk-zeltplatz-amrum.de. Mitten im Naturschutzgebiet Amrumer Dünen zu Füßen des Leuchtturms gelegen mit Sportangebot und Kinderspielplatz.

1 **Campingplatz Amrum:** Inselstraße 125, Wittdün, Tel. 04682 2254, www.amrum-camping.de. Traumhafte Lage mitten in den Amrumer Dünen am

Der Campingplatz in den Dünen bietet einen einzigartigen Blick auf den Leuchtturm

„Atomic Playboys" auf der Bühne am Strand

Ortsausgang von Wittdün, gut sortiertes Warenangebot im Campingshop, Grillplatz und gemütlicher Bierstube mit Biergarten. Parken auf einem Gemeinschaftsparkplatz. Wohnwagen und Wohnmobile müssen vorher angemeldet werden.

Veranstaltungen

Es gibt das ganze Jahr über jede Menge unterschiedliche Veranstaltungen für jeden Geschmack, natürlich vor allem während der Hauptsaison. Die Amrum-Touristik veröffentlicht wöchentlich **„Amrum Aktuell“**, in dem die wichtigsten aufgeführt sind. Auch im Internet lassen sich die Veranstaltungen tagesaktuell aufrufen. Ein ganz besonderer Höhepunkt sind die **Dorffeste** in Wittdün, Nebel und Norddorf. Hier ist nur eine kleine Auswahl interessanter Termine angegeben:

- **1. Januar, Neujahr:** Auf Amrum ist der Jahreswechsel ungewöhnlich still, denn es darf wegen der Reetdachhäuser kein Feuerwerk angezündet werden. In Nebel trifft man sich um Mitternacht vor der Kirche, in Norddorf auf der Hüttmannwiese.
- **21. Februar Biaken:** Jedes Dorf hat sein eigenes Frühlingsfeuer (siehe „Menschen und Kultur“).
- **Pfingsten:** „Amrumer Mukolauf“ mit drei Distanzen (4,5/13,5/26,3 km).
- **Pfingstmontag:** Jährlich findet zu diesem Termin der Deutsche Mühlentag statt, dann hat auch die Amrumer Mühle geöffnet, und es gibt ein buntes Rahmenprogramm.
- **Jährlich im Juni:** Die „Amrumer Lammtage“ bieten in verschiedenen Restaurants allerlei Lammgerichte.
- **21. Juni:** Sonnenwendfeier auf dem Nebeler Strand mit Auftritt der Trachtengruppe und Musik, im Anschluss gibt es ein großes Feuer.
- **Juni/Juli:** Molenfest in Steenodde, mit Optmistenregatta und abwechslungsreichem Rahmenprogramm.

am2019_066 ab

- **Ende Juli:** „Kunst im Kurpark", ein Kunsthandwerkermarkt in Nebel mit Live-Musik.
- **Ende August:** Das „Weinfest" in Wittdün findet auf der Wandelbahn mit buntem Begleitprogramm statt.
- **Anfang September:** Die „Amrumer Muscheltage" in Norddorf läuten den Beginn der Muschelsaison ein, es gibt Kulinarisches sowie Livemusik, und Stände laden zum Bummeln ein.
- **September:** Amrumer Insellauf mit zwei Distanzen (14,5/28,5 km und 14,5 km auch als 3er-Staffellauf).

Wandern

Amrum bietet paradiesische Bedingungen zum Wandern. Schon wegen der vielfältigen Landschaftsformen macht es einfach Spaß, die Insel zu Fuß zu erkunden. Es gibt unterschiedlich lange Touren. Klassiker sind **Wanderungen entlang der Wasserkante** auf dem Kniepsand und **um das Naturschutzgebiet Amrumer Odde.** Wer fit ist, kann an einem Tag auch ganz Amrum umrunden. Kilometerweite Bohlenwege bieten die Möglichkeit, das **Naturschutzgebiet Amrumer Dünen** zu durchqueren, ob zu Aussichtsdünen, zum zwischen Nebel und Norddorf gelegenen Quermarkenfeuer oder zum Wriakhörnsee in Wittdün – die Länge kann jeder selbst bestimmen. Der **Amrumer Wald** überrascht durch abwechslungsreiche Baumlandschaft, bei der **Vogelkoje Meeram** kann man sich während der Sommermonate mit einem Kaffee, Tee oder einem Stück Kuchen stärken. Ein interessanter Weg führt **durch den Bruchwald um die Vogelkoje herum,** ein nahe gelegenes Ziel ist dort auch das **Eisenzeitliche Haus.**

Von vielen Stellen auf der Insel bietet sich die Möglichkeit, den Rückweg per Bus zu machen. Ausführliche **Wanderkarten** und **Tourenvorschläge** gibt es bei der AmrumTouristik und im Buchhandel.

Waschsalon

Einen Münzwaschsalon gibt es nur in Wittdün im **Inselkiosk „Moin Moin"**, Inselstraße 56, der täglich von 8 bis 20 Uhr geöffnet hat.

Wattwandern

Eine Wattwanderung ist ein Spaziergang auf dem Meeresgrund, der nur während weniger Stunden um Niedrigwasser möglich ist. Schon ab April ist der Wattboden mit 15 bis 20 °C relativ warm. Die meisten **Wattführer** beginnen deshalb bereits im April mit den ersten Touren und führen sie je nach Wetterlage bis in den Oktober hinein durch. Ein Wattführer veranstaltet auch im Winter Touren in Watthosen, die man bei ihm ausleihen kann. Das Watt um Amrum herum ist größtenteils so beschaffen, dass man barfuß gehen kann. Es gibt einige wenige Stellen, an denen man auf scharfkantige

⊡ Wattwanderer auf dem feuchten Meeresgrund zwischen Amrum und Föhr

Austernschalen achten muss. Wer aber empfindliche Füße hat und unbeschwert drauflosläufen möchte, kann sich schützen (siehe Kasten „Die richtige Ausrüstung zum Wattwandern", S. 180). Über die **Bodenbeschaffenheit** sollte man sich am besten bei der Anmeldung beim Wattführer informieren. Schuhe und Stiefel sind ungeeignet, denn sie können sich im Schlick regelrecht festsaugen und bleiben dann stecken.

Die Wattführer haben Wattwanderungen unterschiedlicher Länge und mit unterschiedlichen Schwerpunkten im Angebot. Bei schlechtem Wetter fallen die Touren manchmal aus. Am besten ist es, sich im Zweifel beim Wattführer zu erkundigen, ob die Tour stattfinden kann. **Wind- und regenfeste Kleidung** sollte jeder auf seiner Tour dabei haben.

Als Tagesausflug gibt es eine **Wattwanderroute zwischen Föhr und Amrum,** die man, wie alle anderen Touren auch, auf keinen Fall ohne ortskundigen Wattführer machen sollte. Eine Strecke macht man zu Fuß, das sind rund zehn Kilometer, die andere Strecke per Schiff. Ob es von Föhr nach Amrum oder von Amrum nach Föhr geht, bestimmen die Gezeiten und der Wattwanderführer. Besonders für die längeren Touren braucht man eine gute Kondition, denn das ungewohnte Barfußgehen ist anstrengender, als es den Anschein hat. Auf Amrum gibt es drei Tourenanbieter:

- **Dark Blome:** Der Inselläufer, Tel. 0176 9447 1123, E-Mail: darkblome@gmx.de, www.der-inselläufer.de
- **Rainhard Boyens:** mobil: 0160 93545900, E-Mail: rboyens@t-online.de, www.wattwandern-amrum.de
- **Andreas Herber:** mobil: 0171 4012057, E-Mail: oome-keike@t-online.de.

am2019_067 nf

am2019_068 mna

3

Natur

Amrum ist nicht nur ein bedeutender Rast- und Brutplatz für Vögel, sondern auch die waldreichste Insel der deutschen Nordseeküste. Hier gibt es erstaunlich viele Landschaftsformen.

◁ Graugänse sind an der Nordsee weit verbreitet und ganzjährig zu sehen

Landschaftsformen

Nationalpark und Weltnaturerbe

Das Wattenmeer der Nordseeküste zwischen dem niederländischen Den Helder und dem dänischen Esbjerg ist die **weltweit größte zusammenhängende Wattlandschaft.** Die Wattenmeerregion umfasst rund 22.000 Quadratkilometer, etwa die Hälfte davon befindet sich an Land, die andere im Meer. Alle in Deutschland liegenden Wattenmeergebiete, das sind rund 63 Prozent der Gesamtfläche, wurden zu Nationalparks erklärt. Der älteste ist der 1985 gegründete **Nationalpark Schleswig-Holsteinisches Wattenmeer** mit einer Fläche von rund 4400 Quadratkilometern. Die Inseln Sylt, Amrum, Föhr, Pellworm und die fünf größeren und bewohnten Halligen sind jedoch vom Nationalparkgebiet ausgenommen. Dort ist der Naturschutz jeweils auf andere Art und Weise geregelt. Rund 30 Prozent der Wattenmeerflächen gehören zu den Niederlanden und etwa sieben Prozent zu Dänemark. Nach langen erfolgreichen Schutzbemühungen erklärte die UNESCO den Nationalpark zum **Biosphärenreservat,** seit 2009 gehört er zum UNESCO-Weltnaturerbe.

Auch wenn Amrum nicht direkt zum Nationalpark und zum UNESCO-Weltnaturerbe zählt, verpflichtet der Titel zum Naturschutz, denn die Insel liegt mitten darin. So gilt es auch hier, die Natur auf und rund um die Insel dauerhaft zu erhalten und den Besuchern Wissen über diesen einzigartigen Lebensraum zu vermitteln. Für den Schutz der Natur und die Umweltbeobachtung im Natio-

▷ Vogelschwarm im Watt bei Amrum – einem wichtigen Rastplatz für Zugvögel

nalpark ist die Verwaltung des Nationalparks Schleswig-Holsteinisches Wattenmeer im Landesbetrieb für Küstenschutz, Nationalpark und Meeresschutz Schleswig-Holstein zuständig. Auf Amrum teilen sich diese Aufgabe drei Verbände: der **Amrumer Naturschutz- und Heimatverein Öömrang Ferian i. f.** (www.naturzentrum-amrum.de), die **Naturschutzgesellschaft Schutzstation Wattenmeer** (www.schutzstation-wattenmeer.de) und der **Verein Jordsand zum Schutz der Seevögel und der Natur e. V.** (www.jordsand.de). Alle drei bieten zahlreiche interessante natur- und heimatkundliche Führungen an. Das Ziel des Nationalparkschutzes ist es, dass sich die Natur ungestört von menschlichen Einflüssen entwickeln kann – allerdings unter der Prämisse, dass der Küs-

am2019_069 mna

am2019_070 mna

tenschutz dabei immer gewährleistet sein muss.

Das Wattenmeer ist mit 10–12 Millionen Zugvögeln das **vogelreichste Gebiet Mitteleuropas** und zentrale Drehscheibe auf dem Weg der Zugvögel. Rund 100.000 Brutpaare ziehen hier ihre Jungen auf. Im Wattenmeer gibt es über 60 Fischarten, es ist die Kinderstube für Seehunde, Kegelrobben und Schweinswale. Die **Einteilung in Schutzzonen** gilt auch auf Amrum. Die Flächen der Schutzzone 1 dürfen nicht betreten werden, ausgenommen sind wenige Bereiche an der Wasserkante und geführte Wattwanderungen. Die Gebiete der Schutzzone 2 lassen sich auf markierten Wegen erkunden. Auf Amrum befinden sich die Naturschutzgebiete (NSG) „Amrumer Odde“ und „Amrumer Dünen“. 1999 wurde das damals europaweit erste **Walschutzgebiet** in der Nordsee direkt vor Amrum und Sylt eingerichtet. Eine weitere geschützte Zone gibt es zwischen dem Hindenburgdamm, der Sylt mit dem Festland verbindet, und der Insel Föhr.

Naturschutzgebiete

NSG Amrumer Dünen

Seit 1971 sind die Amrumer Dünen an der gesamten Westseite der Insel als Naturschutzgebiet ausgewiesen. Das Gebiet ist mit 728 Hektar eine der größten zusammenhängenden Dünenflächen an der Nordseeküste, das vielen Tieren einen besonderen Lebensraum bietet. Die Amrumer Dünen sind die einzigen an der Westküste, in denen jedes Jahr mehrere Tausend Möwenpaare und Enten brüten. Besonders empfindliche Landschaftsgebiete sind die mit Grundwasser gefüllten **Dünentäler** mit einer hochspezialisierten Flora. Mit der Pflege des Gebiets ist der Öömrang Ferian beauftragt.

NSG Amrum-Odde

Bereits 1936 wurde die Nordspitze der Insel als Naturschutzgebiet ausgewiesen und im selben Jahr ein kleines Vogelwärterhaus gebaut. Während der Sommermonate leben dort die Vogelwärter des Vereins Jordsand, der 1941 mit der Pflege des Gebiets beauftragt wurde. Die Amrumer Odde ist etwas über 0,7 Quadratkilometer groß. In den Dünen brüten vor allem viele Paare von Herings- und Silbermöwen sowie Eiderenten, auf der Kiesspitze Richtung Föhr auch Zwergseeschwalben. Die Nordspitze ist auch ein wichtiges **Überwinterungsgebiet für Zugvögel.**

Nordfriesisches Wattenmeer

Dieses Gebiet ist mit 136,5 Quadratkilometern eine großflächig zusammenhängende Naturlandschaft aus Außensänden, bis zu rund 30 Meter tiefen Strömungsrinnen, Seegatten, zahlreichen Prielen und Wattflächen. 1982 wurde es zum **Nationalpark,** der von besonderer Bedeutung vor allem für eine speziell angepasste Fauna an Wirbellosen ist. Hier liegen die Kinderstuben der Nordseefische und Seevogelbrutbestände. Zusätzlich dient das nordfriesische Wattenmeer als Nahrungs- und Rastbiotop für Seehunde, Wat- und Wasservögel.

◁ Naturschutzschild am Dünenweg

Geologie

Anders als die Ostfriesischen Inseln, die zu den sogenannten Schwemminseln gehören, ist Amrums Basis ein rund sechs Kilometer langer und 2,5 Kilometer breiter **Geestkern,** der im Süden ungefähr am Leuchtturm beginnt, an der zum Festland gewandten Ostseite bei Steenodde ans Wattenmeer grenzt und bis nach Norddorf reicht. Auf der relativ kleinen Insel ist eine erstaunlich vielfältige und abwechslungsreiche Landschaftsform zu finden mit Wattgebieten, Salzwiesen, Strand, Dünengebieten, Grünland, Wald, Heide und sogar einem Süßwassersee. Diese einzigartige Landschaft mitten in der Nordsee ist deshalb für die Tier- und Pflanzenwelt von großer Bedeutung.

Die Nord-, West- und Südseite der Insel haben einen **Sandstrand,** dessen mittlerer Teil vor allem durch den rund elf Quadratkilometer großen **Kniepsand** eine beachtliche Größe aufweist. Der Kniepsand ist eine Sandbank, die sich in der Nordsee vor Amrum gebildet hat und ursprünglich von ihr getrennt war. Seit etwa 200 Jahren bewegt sie sich auf die Insel zu, inzwischen sind Insel und Sandbank zu einem Ganzen verschmolzen. Durch diese Vereinigung ist mit einer Breite von rund 1,5 und einer Länge von rund zwölf Kilometern einer der breitesten und größten Sandstrände Nordeuropas entstanden. Zwischen dem Kniepsand sowie den Wald- und Heideflächen im Inselinneren liegt an der gesamten Westküste Amrums das rund sieben Quadratkilometer große **Naturschutzgebiet Amrumer Dünen.** Es nimmt etwa ein Drittel der Gesamtgröße der Insel ein. In diesem einzigartigen Lebensraum gibt es Primär-, Weiß- und Graudünen, wobei die Weißdünen den größten Anteil ausmachen. Besonders in Nebel waren Ortsteile mehrfach durch Wanderdünen bedroht und Häuser durch **Sandflug** verschüttet worden. Zum Schutz wurden diese Wanderdünen bepflanzt, und so entstand zwischen Wittdün und Norddorf ein Wald. Der Sandflug ist seitdem gestoppt.

Nordöstlich von Norddorf ist Amrum durch einen **Teerdeich** geschützt. Eine Deckschicht aus Bitumen verhindert zerstörerische Kaninchenbauten. Er wurde ab 1933 gebaut. Die Stelle für den Erdaushub für den Deichbau kann man heute noch sehen; wenn man an der Wattenmeerseite aus Norddorf in Richtung Nebel herausgeht, ist dort eine große Vertiefung mit einer Weide. Nach der verheerenden Sturmflut 1962 wurde der „Teerdeich" in den heutigen Zustand gebracht.

Zwischen diesem Deich und dem Geestrücken Norddorfs liegt die **Norddorfer Marsch.** Eine Marsch ist durch Ablagerungen von Sedimenten entstandenes Land. Durch den Bau von Lahnungen kann der Vorgang verstärkt werden und zur Bildung von Salzwiesen führen. Die Norddorfer Marsch wurde durch den Deichbau vor Überflutungen und Versalzung geschützt. Ein weiteres Marschgebiet, das seit den frühen 1930er-Jahren ebenfalls durch einen Deich geschützt ist, befindet sich zwischen Steenodde und Wittdün. Wie auch die Sände, Dünen und Salzwiesen sind die Marschen ein wichtiges Rückzugsgebiet für Wildtiere. Von Bedeutung sind ebenfalls die hier wachsenden, teilweise seltenen Pflanzen. Amrums Marschgebiete werden aber auch als **Weideland** genutzt.

Der durch die Gezeiten geprägte Übergangsbereich zwischen Land und Meer wird täglich bei Hochwasser über-

am2019_071 mna

flutet und fällt bei Niedrigwasser wieder trocken. So strömt das Wasser der Nordsee bei auflaufendem Wasser durch die zwischen den Inseln liegenden Seegatte auf die riesigen Wattflächen zwischen den nordfriesischen Inseln bis zum Festland. Ist der Höhepunkt der Flut erreicht, fließt das Wasser wieder in die offene See zurück. Bis zu rund zwei Dritteln fällt das Wattenmeer bei Niedrigwasser trocken. Da die Tiderinnen relativ schmal sind, entstehen **starke Gezeitenströme,** die den Meeresboden ständig verändern. Im Norden und Süden der Insel befinden sich mit dem Vortrapptief und der Norderaue zwei tiefe Seegatte. Obwohl Sylt von der Nordspitze Amrums aus recht nah erscheint, lässt sich das Vortrapptief weder zu Fuß noch schwimmend überwinden. Mit fünf Metern pro Sekunde ist die Strömung einfach zu stark. **Eine Wattwanderung nach Sylt ist deshalb unmöglich,** aber der etwa acht bis zehn Kilometer lange Fußweg von Amrum nach Föhr lässt sich im Rahmen einer geführten Wattwanderung bei normalem Wetter und Niedrigwasser problemlos bewältigen.

Die vorgelagerten Nordfriesischen Inseln bieten dem Festland durchaus Schutz, dennoch droht der Küste immer Gefahr. Deshalb sind fortwährende Küstenschutzmaßnahmen wie **Deichertüchtigung** und **Dünenschutz** von immenser Bedeutung – sowohl auf den Inseln als auch an der Küste des Festlands.

[<] Höhenrelief der Nordsee um Amrum und Föhr – die tiefsten Stellen sind dunkelblau markiert

Lebensräume und Pflanzenwelt

Wattgebiete

Der Begriff „Watt“ entstammt dem altfriesischen Wort *„wad“,* was so viel heißt wie *seicht* oder *untief.* Er bezeichnet auch Gebiete, in denen man waten kann. Wenn Inseln, Halligen oder Sandbänke die Strömung abbremsen, kann in den dazwischengelegenen Gebieten mit den Wellen herangetragenes Sediment, das zu Boden sinkt und sich ablagert, Watt entstehen. Man unterscheidet je nach Art der Bodensedimente zwischen **Schlick-, Sand- und Mischwatten.** Schwerere Bestandteile wie kleine Steine, Sand und Muschelschalen setzen sich bereits im bewegten Wasser ab, dadurch entsteht das **Sandwatt.** Der Meeresgrund wird mit der Nähe zur Küste flacher und das Wasser ruhiger. Hier setzen sich feiner Sand, Ton und organische Bestandteile ab, die das **Mischwatt** bilden. Direkt vor der Küste entsteht schließlich mit Hilfe von Mikroorganismen das feine **Schlickwatt** mit einem hohen Anteil an organischen Substanzen.

Auf der dem Meer abgewandten Seite zwischen den Salzwiesen von Föhr und Amrum erstreckt sich das **Wattenmeer.** Hier können die Naturkräfte weitgehend frei walten. Die weiten Flächen fallen zweimal täglich zum Teil trocken und werden bei auflaufendem Wasser nach und nach wieder überflutet. Zur offenen Nordsee hin fällt der Meeresboden nur leicht ab, maximal sind es zehn Meter Höhenunterschied. Der **mittlere Tidenhub,** also der Unterschied zwischen Niedrig- und Hochwasser, liegt auf Am-

am2019_072 nf

rum bei 2,6 Metern und ist damit stark genug, um Sand und Sediment aus dem Meer anzuspülen. Durch Priele, tiefere Rinnen im Watt, läuft das Wasser auf und wieder ab.

Auf den ersten Blick wirkt das Wattenmeer so, als sei dort nicht viel Leben zu finden. Es ist jedoch sehr nährstoffreich und bildet die Grundlage für zahlreiche **Kleinstlebewesen.** Beim genauen Betrachten lässt sich erkennen, dass es sich um einen der **produktivsten Lebensräume der Erde** handelt. Wer im Watt leben will, muss mit den extremen Bedingungen zurechtkommen. Es gibt starke Temperaturschwankungen, der Salzgehalt verändert sich ständig, und neben den häufigen Überschwemmungen herrschen an einigen Stellen starke Strömungen. Dennoch gibt es mehr als **10.000 Tier- und Pflanzenarten,** die sich perfekt an diesen speziellen Lebensraum angepasst haben. Das Wattenmeer ist die größte Wildnis im dichtbevölkerten Mitteleuropa und seine Natur ist noch weitgehend intakt. Es genießt den höchstmöglichen Naturschutz und ist als Nationalpark ausgewiesen.

Wer eine **Wattwanderung** macht, wird die unterschiedlichen Wattarten mit bloßen Füßen am besten spüren können. Direkt am Ufer ist das weiche Schlickwatt, wo man beim Laufen „schwarze Socken" bekommt und bis zu den Knien versinken kann. Im Mischwatt dagegen schmatzt der Boden beim Betreten leicht und man sinkt auch nur leicht ein. Am

< Wattführer mit Grabegabel

besten lässt sich auf den festen Sandrippeln des Sandwatts laufen. Eine Wattwanderung ist eine Wanderung auf dem Meeresgrund. Nur der Wind, die Rufe der Vögel und die leise knisternden Geräusche des Wattbodens sind zu hören.

Das Farbstreifensandwatt

Eine weltweite Besonderheit ist das nur in einigen Strandabschnitten vor Amrum und Sankt-Peter-Ording vorkommende Farbstreifensandwatt. Es kommt ans Tageslicht, wenn die Sandfläche angekratzt wird und besteht aus sogenannten **Mikrobenmatten,** die zu den **ältesten Ökosystemen der Erde** gehören. Diese Schicht ist zwischen zwei und 20 Millimeter dick. Der erste Teil ist grün und besteht aus Cyanobakterien, gefolgt von einer rot-bräunlichen Schicht aus Schwefelpurpurbakterien, den Abschluss bildet eine schwarze Schicht aus sulfatreduzierenden Bakterien. Die in diesem Lebensraum existierende Tierwelt ist weltweit einzigartig. Erst unter dem Mikroskop lässt sie sich erkennen: winzige Muschel- und Ruderfußkrebse, Faden- und Strudelwürmer, Räder- und Wimpertierchen. Der ganze Bereich gilt als stark bedroht und als kaum regenerierbar. Das Farbstreifensandwatt steht deshalb auf der **Roten Liste der Biotypen des Wattenmeers.**

Salzwiesen

Zwischen Deich und Wattenmeer befinden sich die Salzwiesen, auch *Salzmarsch* oder *Vorland* genannt – es handelt sich um den Übergang von den regelmäßig überfluteten Watten zum sturmflutsicheren Inselkern. Überall auf der Wattseite Amrums gibt es **Lahnungsfelder,** das sind doppelte Pfahlreihen mit dazwischen verschnürten Sträuchern, sogenannten *Faschinen.* Lahnungen reduzieren die Strömungsgeschwindigkeit des Wassers. Die Salzwiesen entstehen, weil jede Flut Schwebeteilchen ins ufernahe Watt schwemmt und das feine Material dort absinkt. Im Laufe der Jahre verfestigt sich das Sediment durch den Bewuchs von Pflanzen. Salzwiesen haben einen ganz speziellen Charakter und lassen sich in drei Zonen einteilen, die vom Salzgehalt des Bodens bestimmt werden: die mehrmals täglich überflutete Quellerzone *(Salicornietum),* die untere Salzwiese – auch nach dem gleichnamigen Gras Andelgraszone *(Puccinellietum)* genannt – und die obere Salzwiese oder Rotschwingelzone *(Festucetum),* die nur noch selten im Jahr überspült wird.

Die etwa 50 Pflanzenarten der Salzwiesen haben sich an die extremen Lebensbedingungen angepasst. Im Frühjahr von Mai bis in den herbstlichen Oktober verändern sich Salzwiesen ununterbrochen. **Im Frühjahr** zeigen sich die Büschel der rosafarbenen Strandgrasnelken zwischen dem dunkelgrünen Andelgras. **Im Spätsommer** verwandelt der Strandflieder alles in ein lilafarbenes Blütenmeer. Strandsode und Queller tauchen die Salzwiesen **im Herbst** in ein sattes Rotbraun. Sämtliche hier wachsenden Pflanzen müssen sich gegen das Salzwasser schützen und verfolgen dabei verschiedene Überlebensstrategien, die meist mit dicken Stängeln und festen harten Blättern einhergehen. Mit den härtesten Bedingungen hat der Queller in der Pionierzone zu kämpfen, denn er muss mit dem höchsten Salzgehalt im Boden fertigwerden. Um das in den Zel-

Die Zonen der Salzwiesen

Name	Pionier- oder Quellerzone	Andelgraszone (untere Salzwiese)	Rotschwingelzone (obere Salzwiese)
Überflutungen/ Jahr	ca. 700	ca. 200	ca. 10 bis 20
Typische Pflanzen	 Schlickgras	Queller Andelgras Dreizack Keilmelde Meersenf Strandaster Strandflieder Strandsode etc.	Boddenbinse Rotschwingel Strandgrasnelke Strandbeifuß/ -wermut Strandwegerich Tausendgültenkraut Zahntrost etc.

len gespeicherte Salz zu verdünnen, nimmt er viel Wasser auf und quillt dabei im Laufe des Sommers immer mehr auf. Im Herbst färbt er sich leuchtend rot und stirbt schließlich am zu hohen Salzgehalt. Queller ist essbar und hat einen kräftigen, leicht salzigen Geschmack. Das Schlickgras hingegen gibt das aufgenommene Salz über Drüsen wieder ab.

Heidelandschaft und Waldgebiete

Die Heidelandschaft ist typisch für die Insel. Der Geestkern Amrums ist sandig und nährstoffarm. Das Heidekraut ist eine sehr genügsame Pflanze, die mit dem kargen Boden am besten zurechtkommt. Die Heideflächen erstreckten sich früher von Nord nach Süd über die gesamte Inselmitte. Aber das Dünengebiet wuchs ständig an und verdeckte große Teile der Heidelandschaft, später nahm das künstlich angelegte Waldgebiet weiteren Platz in Anspruch und verdrängte die Heide. Zwischen Nebel und Norddorf erstreckt sich aber noch immer eine Heidelandschaft, die im Spätsommer prächtig blüht. Allerdings müssen verbuschte Teilflächen in mühsamer Handarbeit freigelegt werden, um diese Landschaftsform zu erhalten.

Eine Besonderheit stellt der **Bruchwald bei der Vogelkoje** dar. Er ist die Keimzelle der Waldentwicklung. Im Jahr 1866 wurden hier die ersten Bäume als Sicht- und Windschutz für die Fanganlagen angepflanzt. Typisch für die Dünen sind kleine **temporäre Seen,** die im Sommer häufig austrocknen. An der Vogelkoje jedoch befindet sich eine Bodenschicht aus Geschiebemergel, wodurch sich hier das Wasser in der Regel das ganze Jahr über halten kann. Die Vogelkoje wurde in einer natürlichen Senke errichtet. Über ein Grabensystem kam ursprünglich das Wasser für den Teich aus den umliegenden Dünentälern. Vier der fünf Zuflüsse sind inzwischen ausgetrocknet, wodurch der Wasserstand deutlich gesunken ist. In den angrenzenden Wasserzuflüssen und feuchten Dünentälern wachsen **Birken,** die in den Sommermonaten viel Wasser verbrauchen, ehe der Rest in die Vogelkoje fließen kann. Dennoch sind weite Teile des Kojenwalds in den Wintermonaten überflutet. An den besonders feuchten Stellen haben sich **Erlen** angesiedelt, und es entstand ein sehenswerter Bruchwald. In diesem Feuchtbiotop mit seiner besonderen Pflanzenwelt finden die **Moorfrösche** ihren Lebensraum. Mitten durch diese ungewöhnliche Landschaft führt ein Bohlenweg.

Früher sorgte der unablässig wehende Westwind immer wieder dafür, dass der Sand regelmäßig ganze Gebäude unter sich begrub, und der Dünengürtel bewegte sich immer weiter nach Osten. So entschied man sich schließlich dafür, am Ende des Dünengebiets einen **Wald als natürlichen Windschutz** anzupflanzen. 1885 begann die Gemeinde Nebel damit, westlich des Ortes auf etwa 16 Hektar Wald als Sandschutz anzupflanzen und das Areal bis 1914 auf knapp 27 Hektar zu erweitern. In großem Umfang wurde die Waldfläche nach dem Zweiten Weltkrieg vergrößert, sodass bis 1962 etwa **150 Hektar Neuwald** entstand. Vorwiegend wurden Nadelhölzer wie Kiefern, Fichten, Tannen und Lärchen gepflanzt, erst ab Mitte der 1950er-Jahre wurden diese Flächen dann in Mischwald umgewandelt. Heute umfasst der Wald etwa zehn Prozent der Inselfläche, seine Pflege übernimmt der Forstbetriebsverband Amrum. Denn von einem Forst kann man durchaus sprechen: Den so typischen Krüppelwuchs, wie man ihn von anderen Nordseeinseln kennt, gibt es auf Amrum nicht. Hier erreichen die Bäume eine erstaunliche Größe.

Waldweg in Amrums Nadelwald – nirgendwo sonst stehen so viele große Bäume auf einer Nordseeinsel

am2019_073 mna

Strand und Dünenlandschaften

Der Kniepsand, Kniephaken und Kniepbucht

Geologisch gesehen ist der Kniepsand kein Teil Amrums, denn ehemals hatte er als Sandbank im Meer keine Verbindung zur Insel. Tatsächlich aber bildet er heute den Sandstrand der Insel. Der Seesand lagerte sich im 16. Jahrhundert zuerst etwa in Höhe des Leuchtturms an die Insel an und wanderte dann weiter in Richtung Norden. Bis zum Beginn des 20. Jahrhunderts befand sich zwischen dem Kniepsand und der Insel der sogenannte **Kniephafen** als Schutzhafen für Fischerboote, der heute aber längst verschwunden ist. Vermutlich lässt sich der Namensbestandteil „Kniep“ auf das friesische Wort *Knieper* als Bezeichnung für Taschenkrebse zurückführen, denn die frühere Silhouette der Sandbank ähnelte einer Krebsschere.

Das Gebiet des ehemaligen Kniephafens ist heute mit Salzwiesen bedeckt, es ist eines der interessantesten **Brutgebiete** Amrums. Erst in den 1920er-Jahren gab es in Norddorf deshalb zum ersten Mal einen nennenswerten Strand. Mit rund elf Quadratkilometern ist der Kniepsand einer der größten Sandstrände Europas. Für Amrum dient er als natürlicher Inselschutz bei Sturmfluten. Die Sandmassen verändern sich ständig. Sie bewegen

[>] Dünen und Strand bei Norddorf im Abendlicht – die aufziehende Wolkenfront lässt einen baldigen Regenschauer erahnen

sich auf die Insel zu und wandern im Norden und Süden um Amrum herum, ein beträchtlicher Teil davon findet sich im Dünengebiet wieder.

Auf dem Kniepsand haben sich inzwischen ausgedehnte **Primärdünen** gebildet, die in den Winterstürmen allerdings oft wieder ins Meer gespült werden. Bei Wittdün bildete sich die **Kniepbucht** mit dem immer weiter ins Meer hineinragenden **Kniephaken.** Durch Sandverlagerungen verändern sich Form und Größe von Kniephaken und Kniepbucht ständig – zum Schwimmen eignet sich der Wittdüner Strand nicht. Beide gehören zur Schutzzone 1 und dürfen ganzjährig nicht betreten werden. Das Schutzgebiet wird durch eine Pfahlreihe markiert. Hier befindet sich ein bedeutender **Rastplatz für Vögel** wie Alpenstrandläufer, Knutts, Austernfischer, Eiderenten, Brandgänse und Pfuhlschnepfen.

am2019_074 mna

Primär- und Vordünen

Wenn der feuchte Sand an den Strand gespült wird, bleibt er dort so lange liegen, bis er getrocknet ist. Weht dann der Wind in ausreichender Stärke, transportiert er den Sand in Windrichtung weiter. Schon bei Windstärke 6 können in einer Stunde pro Kilometer erstaunliche **65 Tonnen Sand** bewegt werden. Innerhalb weniger Stunden kann es durch das Zusammenspiel von Wind und Sand zu kleinen Erhebungen kommen. Zunächst bilden sich dabei die typischen kleinen Rippel, die wie kleine Wellen aussehen. Im Laufe der Zeit können sie eine Höhe von mehreren Metern erreichen. Im Frühjahr wächst auf den ersten Dünenanfängen die Strand- bzw. Binsenquecke. Sie ist salztolerant und verankert sich mit ihren Wurzeln im feuchten Strandsand. Im Windschatten der Strandquecke bleibt verstärkt Sand hängen und es entsteht eine Minidüne, auf der schon Strandhafer wachsen kann. Wasser und Winterstürme fegen diese Primärdünen oft wieder weg, denn dieser Landschaftsraum unterliegt einer besonderen Dynamik.

Aufgrund der ausgedehnten Sandflächen vor Amrum konnte sich im Laufe der Zeit eine kleine **Vordünenlandschaft** entwickeln, am Strand zwischen Süddorf und dem Quermarkenfeuer ist sie heute am ausgeprägtesten. Zwischen den Vordünen und den Hauptdünen sind auch einige Salzwasseransammlungen zu finden, wohin sich Wasser- und Wattvögel zurückziehen können. Danach erst folgen die mächtigen **Randdünengebiete,** die den wichtigsten Schutz bei Sturmfluten bieten. Man unterscheidet zwischen Weiß-, Grau- und Braundünen, wobei auf Amrum die Weißdünen vorherrschen.

Die Brandung hinterlässt besonders im Herbst und Winter nach dem Hochwasser **ein dunkles Band im Sand.** Dort lagern sich Treibsandbestandteile an, sogenannte *Treibsel,* also Algen und Tierreste. Diese werden mit Flugsand überdeckt und kompostieren. Im Sommer

am2019_075 mna

wachsen auf diesen „einjährigen Spülsäumen“ an diesem Standort besonders angepasste Pflanzen. Der **Meersenf** blüht leuchtend hellrosa und duftet angenehm. Die Früchte werden mit dem Wasser woandershin gespült oder fallen an Ort und Stelle auf den Boden, wo sie dann im nächsten Jahr erneut sprießen. Ebenfalls auf dem einjährigen Spülsaum wächst das **Salzkraut.** Salzkraut enthält Kali-Salz, einen wichtigen Nährstoff für Pflanzen. Auf Amrum stehen die einjährigen Spülsäume wegen dieser seltenen Pflanzen unter Naturschutz.

⌃ Sonnenuntergang hinter einem Dünental

Weißdünen

Für manche Tier- und Pflanzenarten ist die stetige Veränderung der Dünenlandschaft notwendig. Aus den Vordünen entwickeln sich im Laufe der Zeit die sogenannten Weißdünen, die ein natürliches Bollwerk gegen die heranstürmende Nordsee bilden. Anders als die Vordünen werden sie nicht mehr von der Nordsee überflutet und sind nur **gering mit Pflanzenbewuchs bedeckt.** Sie bestehen aus reinem **Quarzsand,** der auf Amrum besonders fein und von hoher Qualität ist. Der **Strandhafer** ist die Pflanze, die als erste aus dem Sand sprießt und die Dünen mit ihrem ausgeprägten Wurzelwerk zusammenhält. Es ist kaum zu glauben: Bis zu 30 Meter tief verankern die Wurzeln eine Pflanze im Dünensand. Der Strandhafer benötigt die Nährstoffe des Sandes, und nur er verkraftet als einzige Pflanze die Mischung aus Sandstrahlgebläse, Trockenheit und ständiger Übersandung. Erst durch die langen Wurzeln der Dünengräser kann sich aus losem Sand eine Düne bilden.

Mit der Zeit sammelt sich immer mehr Sand an. Nur Strandhafer, -roggen und -distel wachsen in diesem ganz speziellen Lebensraum der Weißdünen. Die höchste Erhebung Amrums ist die südwestlich von Norddorf liegende Setzerdüne „A Siatler" mit **32 Metern über Normalnull.** Auf der Dünenspitze befindet sich eine Aussichtsplattform.

Dünen sind ein äußerst empfindlicher Lebensraum, sie dürfen deshalb nicht betreten werden. Pflanzen stehen unter Schutz, **Pflücken und Ausreißen sind streng verboten.** Bitte auf den Bohlenwegen bleiben und nicht in die Dünen hineinlaufen, denn jeder Schritt abseits der Wege zerstört wertvollen Lebensraum. Auf diese Weise tragen Sie aktiv zum Schutz der Dünen bei. Nur beim Landschulheim Ban Horn in Norddorf befindet sich eine **Tobedüne,** die von den dortigen Schülern zum Spielen genutzt werden darf. Nordwestlich von Norddorf gibt es einen **Dünenlehrpfad.** Die an den Wegen angebrachten Infotafeln informieren über diesen einzigartigen Lebensraum. Dünenführungen werden von der Schutzstation Wattenmeer und dem Öömrang Ferian angeboten.

Graudünen

Die flacheren Graudünen gehen aus den Weißdünen hervor. Auf der windabgewandten Seite der Graudüne sammelt sich mit der Zeit altes Pflanzenmaterial und bildet eine dünne Humusschicht, die Bodenentwicklung ist hier schon weiter fortgeschritten und der **Bewuchs bereits relativ dicht.** Unter anderem wachsen hier doldiges Habichtskraut, Silbergras, Strandsegge und Kriechweiden. Mit der Zeit sinkt der ph-Wert der Graudünen, sodass sich immer mehr Pflanzen ansiedeln können. Auf den kargen Flächen wachsen mancherorts oft nur Flechten und Moose. Wenn sie vertrocknen, kann es zu Rissen in der Pflanzendecke kommen, sodass der Wind wieder angreifen kann. So bilden sich auf Amrum weiter landeinwärts **Wanderdünen,** die teilweise durch den

[>] Ein Knutt im Flachwasser

künstlich angelegten Wald in ihrer Bewegung gestoppt werden.

Braundünen

Die nächste Entwicklungsstufe ist die Braundüne, die bereits von einer **geschlossenen Vegetationsdecke** überzogen ist. Typische Pflanzen sind Zwergsträucher wie Krähenbeere und Besenheide. Hier leben besonders artenreiche und stark spezialisierte Lebensgemeinschaften aus Pflanzen und Insekten. In den Tälern zwischen den Dünen entstehen durch Regenwasser und aufsteigendes Grundwasser oft **feuchte Dünentäler** mit einer typischen **Moorvegetation.** Die Braundünen sind in den Tälern bereits mit Nadelbäumen und Birken bewaldet. In einem Dünental bei Norddorf befindet sich ein kleines Nadelgehölz.

Lebensräume und Tierwelt

Rast- und Brutvögel

Die Nordfriesischen Inseln sind ein Magnet für viele Vögel und für Vogelkundler. Besonders während des Vogelzugs ist Amrum als **Rastplatz** von großer Bedeutung. Die Zugrouten sind abhängig von der Art – die meisten Zugvögel folgen einer von Nordost nach Südwest ausgerichteten Achse. Die Mehrzahl der Arten brütet im Gebiet von Skandinavien bis nach Nordwest-Russland. Ihre Überwinterungsgebiete liegen zwischen Großbritannien und Westafrika.

Die Vögel verlassen ihre Brutgebiete, weil sie dort im Winter keine Nahrung mehr finden. Die Wissenschaft geht inzwischen davon aus, dass der Vogelzug

am2019_076 dw

am2019_077 mna

von den Tropen ausging und die Vögel ungenutzte Nahrungsressourcen im Norden nutzen wollten. Die meisten Arten ziehen **von März bis Mai in den Norden** und fliegen **zwischen September und November in den Süden** zurück. Insekten fressende Arten erscheinen in der Regel im Frühjahr später und ziehen im Herbst früher in die Winterquartiere als Samen fressende Zugvögel.

Beim **Vogelzug** legen die Tiere weite Strecken zurück. Die Wintergoldhähnchen sind etwa so groß wie ein kleines Hühnerei und wiegen nur vier bis sieben Gramm, dennoch fliegen sie bis zu 500 Kilometer am Tag. Einen der weitesten Wege hat die Küstenseeschwalbe, die in der Nordpolarregion brütet und im Winter bis in die Südpolarregion zieht. Im Laufe ihres Lebens summiert sich die Gesamtdistanz der Zugflüge auf die Strecke zwischen Erde und Mond – rechnet man die Versorgungsflüge hinzu, würde sie die Gesamtlänge von **400.000 Kilometern** sicherlich überschreiten.

Rund **220 Vogelarten** gibt es auf Amrum. Viele brüten im Frühsommer in den Dünen, Salzwiesen und im Wald, darunter auch **Eulen.** Im Norden der Insel liegt das zur Schutzzone 1 gehörende Naturschutzgebiet **Amrumer Odde.** Von April bis Oktober ist das dortige Vogelwärterhaus bewohnt, täglich gibt es eine Führung. Mit Begleitung des Vogelwärters darf während dieser Zeit ausnahmsweise ein Weg zu einem Aussichtspunkt genutzt werden, der sonst für Besucher gesperrt ist. Im Meer schwimmen viele Entenvögel wie Brand-, Grau- und Ringelgänse oder Eidernten. Auf der gesamten Insel sind vor allem die **Austernfischer** mit ihrem markanten Ruf allgegenwärtig, Alpenstrandläufer und Möwen suchen am Strand nach Fut-

Brandgänse im Schlick des Wattenmeeres

ter. Die Salzwiesen bieten wichtige Nist- und Futterplätze. Für einige Arten ist Amrum der bedeutendste deutsche Brutplatz, darunter sind Eiderente, Sturm- und Heringsmöwe. Aber auch Vogelarten wie der Große Brachvogel, die Sumpfohreule, der Mäusebussard und die Hohltaube sind auf Amrum häufiger zu finden als auf den anderen nordfriesischen Inseln.

Bei vielen Arten lässt sich schon an der Schnabelform erkennen, was sie am liebsten fressen. So ist der Schnabel des Sandregenpfeifers kurz, er vertilgt am liebsten Wattschnecken. Der Rotschenkel frisst Baltische Plattmuscheln, die im Sand vergraben sind, sodass sein Schnabel schmal und lang ist. Noch länger ist der des Austernfischers, der damit nach Seeringelwürmern gräbt. Den längsten Schnabel hat der Große Brachvogel für seine bevorzugte Nahrung, die Pierwürmer. Die Brandente sucht nach Wattschnecken und Plattmuscheln, ihr Schnabel ist leicht nach oben gebogen. Einige Vögel haben eine ganz besondere Technik entwickelt, um an ihre Nahrung heranzukommen. Sie trampeln im seichten Wasser auf der Stelle, bis kleine Vertiefungen entstehen, die sogenannten Trampelwannen, in denen Muscheln, Würmer und Krebse zum Vorschein kommen und so zur leichten Beute werden.

Besonders in Amrums Naturschutzgebieten erblicken im Frühling viele **Möwenküken** das Licht der Welt. Auf der streng geschützten Nordspitze finden Strandbrüter wie Sandregenpfeifer, Seeregenpfeifer und Zwergseeschwalben ideale Brutbedingungen vor. Sie brüten auf bewuchsfreien Flächen aus Sand und Muschelschill und bauen kein Nest, sondern legen ihre Eier, die durch ihre Färbung bestens getarnt sind, einfach in kleine Bodenmulden. Strandbrüter sind meist klein und unauffällig.

In der **Marsch** zwischen Nebel und Norddorf nisten unter anderem Kiebitze, Rotschenkel und Säbelschnäbler. In den Monaten März und April sowie im September und Oktober nutzen viele Zugvögel Amrum als „Tankstelle", um im Watt und in den Salzwiesen auf Futtersuche zu gehen. Typische Vertreter der Rastvögel sind der Goldregenpfeifer, der Knutt und die Pfeifente. Aber beobachten lassen sich dort auch Steinwälzer und Austernfischer. Bei Steenodde gibt es ein Gebiet, in dem Kiebitze, Rohrweihen und Teichrallen zu finden sind. Der bei Wittdün gelegene **Wriakhörnsee,** ein etwas versteckt gelegener Süßwassersee, ist ebenfalls ein idealer Ort zur Vogelbeobachtung. Vor allem Graugänse, Stare, Heringsmöwen, Eiderenten, Stockenten und Silbermöwen sind hier zu entdecken.

Unser Tipp

Es gibt auf Amrum fünf günstig gelegene offizielle **Vogelbeobachtungspunkte.** Somit lässt sich je nach Interessenlage auswählen, welches der Inseldörfer der beste Ausgangspunkt für ornithologische Touren ist. Am Naturzentrum in Norddorf, das auch vogelkundliche Touren anbietet, gibt es eine Beobachtungskladde, in die sich die eigenen Vogelsichtungen eintragen lassen. Die fünf Vogelbeobachtungspunkte sind:

- **Kniepsand**
- **Naturschutzgebiet Amrumer Odde**
- **Norddorf Teerdeich**
- **Norddorfer Marsch**
- **Steenodder Kliff**

Der vor Wittdün gelegene **Kniephaken,** die Südspitze des Kniepsands, ist **Schutzgebiet der Zone 1.** Hier sonnen sich Kegelrobben und Seehunde, daneben rasten oder suchen viele Seevögel wie Austernfischer, Heringsmöwen, Sandregenpfeifer, Silbermöwen und Zwergseeschwalben nach Futter. Sehr seltene Brutvögel auf Amrum sind die Kornweihe, der Große Brachvogel, der Löffler und der Ziegenmelker, sie leben an verschiedenen Orten auf der Ostseite der Insel. Auf den Wiesen des Festlands sind Bodenbrüter durch die Landwirtschaft vielerorts bedroht. Auf Amrum finden sie jedoch noch relativ gute Bedingungen vor. Im Wald und in der Heide fallen die Vögel insgesamt weniger auf, weil sie sich hier besser verstecken können. Hier leben unter anderem Ringeltauben, Buchfinken, Amseln, Kohlmeisen und die Sumpfohreule.

Auffliegende Vogelschwärme sind zwar ein ästhetischer Anblick, aber meistens auf rücksichtsloses Verhalten von Menschen zurückzuführen, die geschützte Gebiete betreten oder sich nicht an die auf ganz Amrum geltende Leinenpflicht für ihre Hunde halten. Bei jedem Auffliegen verbrauchen die Vögel wertvolle Energie, die sie für den Flug in ihre Sommer- oder Winterreviere dringend benötigen. Aber auch für die kleinen und eher unauffälligen Strandbrüter gehen von Menschen Gefahren aus. Ihre Bestände sind schon seit Jahren rückläufig, besonders Regenpfeifer und Seeschwalben sind gefährdet. Wenn sich Spaziergänger nähern, verlassen die Altvögel ihr Nest und die Eier oder Küken bleiben dann schutzlos zurück, können möglicherweise auskühlen oder durch die Sonnenstrahlen überhitzen. Wenn die Nester außerhalb der Schutzzonen liegen, werden sie für die Dauer der Brutzeit durch **Mobilzäune** markiert. Damit soll verhindert werden, dass Spaziergänger versehentlich in die Gelege treten. Um die Vögel nicht zu stören, ist es am besten, einen weiten Bogen um Zaun und Nest zu machen.

Hände weg von jungen Robben

Während sich die Seehundmutter auf der Jagd in der Nordsee befindet, wartet das Jungtier am Strand auf ihre Rückkehr. In den meisten Fällen kommt sie regelmäßig an den Strand zurück, um ihr Junges zu säugen. Robbenbabys benötigen nur dann Hilfe, wenn ihre Mutter wegbleibt. Diese jungen Seehunde nennt man **Heuler,** weil sie mit lauten Tönen nach ihrer Mutter rufen. Nur Seehundsjäger, Wattenjagdaufseher und Jagdbeauftragte dürfen in solchen Fällen über das weitere Vorgehen entscheiden. Heuler, die gesund sind, aber keinen Kontakt mehr zur Mutter haben, und kranke Tiere werden zur Aufzucht in die Seehundstation nach Friedrichskoog gebracht.

Die Meeressäuger befinden sich am Strand in ihrem natürlichen Lebensraum. Deshalb halten Sie bitte den größtmöglichen Abstand, um das Tier nicht zu stören und zu verhindern, dass sich Ihr Geruch auf das Tier über-

> Junger Seehund am Strand von Wittdün – bitte Abstand halten. Auch wenn es nicht so aussieht, aber die Mutter kommt bald, um das Kleine zu säugen

Säugetiere am und im Meer

In der Nordsee bei Amrum gibt es **drei große Säugetierarten,** die dort relativ gute Lebensbedingungen vorfinden. Es handelt sich um **Seehunde, Kegelrobben** und **Wale.** Alle Robben leben am und im Meer, sie haben sich an das Leben im Wasser perfekt angepasst. Knapp 30.000 Seehunde und etwa 5000 der streng geschützten Kegelrobben leben heute wieder im Wattenmeer. Ihren spindelförmigen Körper treiben sie mit den hinteren Flossen an, mit den Vorderflossen wird gerudert. Zwischen ihren Zehen befinden sich Schwimmhäu-

trägt, denn dann nimmt es die Mutter nicht mehr an. Sie dürfen das Robbenbaby deshalb **auf keinen Fall anfassen.** Verlassen Sie es bitte unverzüglich, oft versteckt sich die Mutter nur und kehrt zurück, wenn sie keine Gefahr mehr vermutet. Zu Ihrer eigenen Sicherheit denken Sie bitte daran, dass Seehunde und Kegelrobben Wildtiere sind und die Ruhephasen benötigen, damit sie überleben können. Robben gehören zur Gattung der **Raubtiere,** und ihr Biss kann zu schweren Wunden führen.

Wenn Sie ein verletztes Jungtier am Strand finden, geben Sie bitte einem der Naturschutzvereine Bescheid.

- für Norddorf und Nebel: **Öömrang Ferian,** Tel. 04682 1635
- für die Amrumer Odde: **Verein Jordsand,** Tel. 04682 2332
- Wittdün: **Schutzstation Wattenmeer,** Tel. 04682 2718
- **Seehundsjäger:** *Kai Dethlefsen,* Tel. 0171 69 35 849, und *Holger Lewerentz,* Tel. 0171 3640029

am2019_078 mna

te. Gesunde Robben haben eine **gut ausgebildete Fettschicht.** Sie isoliert die Wärme im kalten Wasser. Beim Tauchen bleiben Nase und Ohren geschlossen, sodass sie bis zu 30 Minuten unter Wasser bleiben können. Erwachsene Seehunde fressen ausschließlich **Fisch,** also im Wattenmeer Grundeln, Sandaale, Wittlinge und verschiedene Plattfische, während sich junge Seehunde vor allem von **Garnelen** ernähren. Für ausgiebige Beutezüge verlassen die Seehunde das Wattenmeer und schwimmen hinaus in die Nordsee, wo sie bis zu drei Tage auf die Jagd gehen und sich anschließend, wenn sie wieder zurück im Wattenmeer sind, eine ebenso lange Ruhepause gönnen. Die Robben ruhen auch auf den Sandbänken und Stränden bei Amrum. Kommen ihnen die Menschen zu nahe, flüchten sie ins sichere Wasser.

Früher wurden die Seehunde und Kegelrobben an der Nordsee **gejagt,** seit Mitte der 1970er-Jahre ist das in Deutschland jedoch nicht mehr erlaubt. Ihre größten Feinde sind Störungen am Ruheplatz, der Verlust ihrer Lebensräume und die Verschmutzung des Meerwassers. Bei den Kegelrobben richtet auch die Überflutung ihrer Wurfplätze großen Schaden an. Als sich die Seehunde in den 1980er-Jahren im Wattenmeer wieder ansiedelten, lagen die Wurfplätze westlich von Amrum auf den Außensänden. Heute sind diese jedoch so flach, dass sie nicht mehr nur bei Sturmfluten, sondern regelmäßig überflutet werden. Deshalb wird der größte Teil der Kegelrobben inzwischen auf der **Helgoländer Düne** geboren. Jährlich im Winter kommen dort zwischen 300 und 500 Jungtiere auf die Welt. Auf der Höhe des Quermarkenfeuers von Amrum liegt im Meer der **Jungnamensand,** die einzige Sandbank im Nationalpark Schleswig-Holsteinisches Wattenmeer, auf dem ganzjährig Kegelrobben leben und ihren Nachwuchs bekommen. Kommt es im Winter zur Überflutung der Sandbank, gelangen die Jungtiere manchmal auf den Kniepsand.

Woher der **Schweinswal,** die einzige im Wattenmeer vorkommende Walart, seinen Namen hat, ist unbekannt. Schweinswale gehören zu den **wandernden Tierarten** und kommen nur auf der Nordhalbkugel der Erde vor. Meist wandern sie im Frühjahr an die Küste und ziehen im Herbst in tiefere Bereiche der Nordsee. Die besten Zeiten zur Walbeobachtung sind zwischen März und Mai, aber man braucht Geduld und Glück, um die kleinen Meeressäuger zu sichten. Schweinswale leben allein oder in kleinen Gruppen bis zu zehn Tieren. Westlich vor den Inseln Amrum und Sylt, wo es im Sommer große Vorkommen der Schweinswale gibt, wurde eine eigene **Walschutzzone** eingerichtet, die sich als schmaler Streifen hinunter bis zur Elbmündung zieht. Der streng geschützte Meeresbereich darf deshalb nicht kommerziell genutzt werden. Die Nordsee ist die Kinderstube der Schweinswale, von denen dort geschätzt zwischen 15.000 und 55.000 Exemplare leben. Leider sind die Bestände seit vielen Jahren rückläufig, was in Zusammenhang mit der Verschmutzung der Nordsee und dem vie-

▷ Diese Wiese am Wattenmeer wird mehrmals pro Jahr vollständig überschwemmt; wegen des hohen Salzgehalts wachsen hier auf diese Lebensbedingungen spezialisierte Pflanzen

len Lärm unter Wasser gebracht wird. Der Lärm macht es den Tieren schwer, sich mithilfe der Echoortung unter Wasser zu orientieren. **Der Schweinswal ist vom Aussterben bedroht** und steht auf der Roten Liste der gefährdeten Tiere.

Tiere in den Salzwiesen

In diesem extremen Lebensraum leben viele, zum Teil hochspezialisierte Tiere und Pflanzen. Darunter sind allein **400 Insektenarten** auf nur 25 Salzwiesenpflanzen zu finden. Hier leben zum Beispiel Salz-, Gall-, Lauf-, Weinbeerblatt- oder Strandfliederrüsselkäfer, aber auch Wiesenschaumzikaden, Dickkopffalter, Schwebfliegen, Siebenpunkte und viele Schmetterlingsarten wie Admiral und Wickler. Gegen die **Überflutungen** haben die Tiere eine Menge Überlebenstricks entwickelt. Die Larven von vielen Salzwieseninsekten leben im Pflanzeninneren, während Käfer häufig im Boden Schutz suchen oder sich mit wasserabweisenden Haaren schützen. So überleben sie auch bei zeitweiliger Überflutung. In den Salzwiesen ernähren sich Enten, Gänse und Watvögel, typische Brutvögel sind Rotschenkel, Wiesenpieper, Seeschwalben und Möwen. Im Frühjahr und Herbst rasten hier große Schwärme von Zugvögeln.

Wild- und Nutztiere im Inselinneren

In den Dünen und auch im Wald finden **Fasane** und **Kaninchen** viele Verstecke. Beide Arten sieht man häufig. Das Vorkommen von Wildkaninchen auf Amrum wurde schon vor über 800 Jahren erstmals beschrieben. Besonders im Frühsommer hört man die Fasane laut rufen und trifft sie auf Spaziergängen in

am2019_079 mna

den Dünen und der Heide häufig an. Mit ihrem prächtigen bunt schillernden Federkleid sind die Männchen auch kaum zu übersehen.

Gelegentlich wird erzählt, es gebe auf Amrum **Rehe.** Die leben zwar auf der Nachbarinsel Föhr, aber bis nach Amrum hat sich noch keines verirrt. Und wenn, wäre das für den Wald nicht gut, weil sich Rehe gern von jungen Baumschösslingen ernähren. Da der Amrumer Wald in den letzten Jahren bei Winterorkanen mehrfach in Mitleidenschaft gezogen wurde, finden immer noch Anpflanzungsmaßnahmen statt. Diese jungen Bäume müssten dann extra gegen Wildfraß gesichert werden, was hohe Kosten verursachen würde. Also sind die Amrumer mit der Situation ohne Rotwild recht zufrieden.

In den offenen Heidelandschaften und im Wald leben verschiedene **Insektenarten** und **Spinnen.** Auf den Weiden und Wiesen grasen **landwirtschaftliche Nutztiere** wie Schafe, Pferde, Ponys, Esel und Kühe. Besonders ins Auge stechen dabei die Schottischen Hochlandrinder, **Galloways.** Mit ihrem dicken und zottigen Fell stehen sie ganzjährig auf den Weiden. Ihre gebogenen Hörner erinnern an die Hörner von Wikingerhelmen.

Die Tierwelt im Sand und im Watt

Wer glaubt, dass es sich bei Sand um einen Ort ohne Leben handelt, wird jetzt staunen, denn hier leben die sogenannten **Sandlückentierchen.** Das sind mikroskopisch kleine Lebewesen. In der Sandlückenfauna sind Tiere aus fast allen Stämmen vertreten, die oft bizarre Formen aufweisen: Bärtierchen, schalenlose Schnecken und Seescheiden, die

am2019_080 nf

Vorläufer der Wirbeltiere. Die Pflanzenfresser unter den Sandlückenbewohnern ernähren sich von Bakterien und Mikroalgen, sie selbst sind Futter für andere Arten. Dieser Naturkreislauf im Kleinen hat eine schöne Nebenwirkung: Er reinigt den Strand. Im Watt leben Tiere, die sich auf die jeweilige Wattart spezialisiert haben – oft in einer enormen Dichte. Das ist nur aufgrund ihrer Größe möglich, die allermeisten lassen sich nur im Mikroskop als einzelne Tiere identifizieren.

Das **Schlickwatt** ist quasi der Weidegrund für die winzigen Wattschnecken, die sich von Mikroalgen ernähren. Im **Mischwatt** fühlen sich Strandschnecken, Herz-, Platt- und Pfeffermuscheln wohl. Sie graben sich im Boden ein und saugen die Algen mit einem langen Saugrohr – *Sipho* genannt – ab. Die Herzmuschel beispielsweise filtert so 2,5 Liter Wasser in einer Stunde. In etwa 30 Zentimetern Tiefe leben dann die „Sandfresser" wie Watt- und Bäumchenröhrenwurm. Wo Wattwürmer aktiv sind, lässt sich leicht erkennen. Sie leben in einer U-förmigen Wohnröhre, an deren einem Ende der Wurm das Sediment frisst, die Nährstoffe herausfiltert und am anderen Ende als sauberen Sand wieder ausscheidet. Am Anfang der Röhre entsteht dadurch ein kleiner Trichter, am Ende ein Haufen „Sandspaghetti". Beim Bäumchenröhrenwurm ragt der Filterapparat für die Nährstoffe wie ein kleiner Baum aus dem Watt ins Wasser.

In den etwas tieferen Bereichen des Watts und im Wattenmeer leben die gräulich und unauffällig aussehenden

[<] Wattwurm auf der Hand des Wattführers

Biodiversität im Watt – die Bevölkerungsdichte auf einem Quadratmeter

- bis zu 1000 Wattwürmer
- bis zu 2000 Herzmuscheln
- bis zu 4000 Schlickkrebse
- bis zu 100.000 Wattschnecken
- bis zu 2.500.000 Sandlückentiere

Multimar Wattforum

Fast alle Amrum-Urlauber fahren auf ihrem Weg mit dem Auto nach Norden auf der B5 an **Tönning** vorbei. Dort befindet sich das sehenswerte **„Multimar Wattforum"**, das – am besten schon auf dem Hinweg – einen Zwischenstopp wert ist. Dort lernen nicht nur Kinder, sondern auch Erwachsene viel über das **Leben im Wattenmeer.** Dort wird gezeigt, wie die Gezeiten entstehen, wie sich das Wattenmeer anfühlt, wie groß ein Schweinswal ist, welche Fischfangmethoden es gibt und vieles mehr. Auf den Ausstellungswänden gibt es viele Hintergrundinformationen für Erwachsene, und darunter wird alles Wissenswerte kindgerecht auf Kindernasenhöhe erklärt. Ein lebensgroßes **Pottwalskelett** ist die Attraktion im sogenannten Walhaus. Besonders schön aber ist der Blick durch die sechs mal sechs Meter große Panoramascheibe des **Großaquariums.** Es gibt ein Restaurant, einen Kinderspielplatz und einen Shop mit Büchern und Souvenirs.

- **Multimar Wattforum:** Dithmarscher Straße 6a, 25832 Tönning, Tel. 04681 926200, www.multimar-wattforum.de (Erw. 9 €/Kinder bis 15 J. 6 €/Familien 25 €)

Krabbe oder Garnele?

Die Nordseekrabben heißen eigentlich **Langschwanzgarnelen,** als *Krabben* bezeichnet man die rundlichen Kurzschwanzkrebse mit den kräftigen Scheren. An der Nordseeküste sind letztere oft Wollhandkrabben, die Anfang des 20. Jahrhunderts nach Europa eingeschleppt wurden und in Ostasien als Delikatesse gelten. Dennoch hat sich in der Umgangssprache *Krabbe* für die Nordseegarnele durchgesetzt.

Die kleine Garnele ist ein typischer Bewohner des Wattenmeers. Sie zieht sich bei Ebbe ins Meer zurück und kommt mit der Flut wieder ins flache Wattenmeer. Hauptfangzeit sind fast alle Monate, die auf „r" enden, also Oktober bis Januar. Im allgemeinen Sprachgebrauch sind *Krabben, Garnelen* und *Shrimps* dasselbe. Meist werden sie geschält verkauft. Sie sind auch an der niedersächsischen Nordseeküste zu finden und werden dort ebenfalls als *Krabben* oder *Porren* und *Granat* bezeichnet.

Die Garnelen werden direkt nach dem Fang noch an Bord der typischen Spezial-Fischkutter mit seitlichen Auslegenetzen gekocht, erst dadurch bekommen sie ihre charakteristische Rotfärbung. Man kann frische Garnelen fertig gepult oder mit Schale kaufen (1 kg ergibt gepult etwa 350 g Krabbenfleisch). Das Pulen macht zwar etwas Arbeit, aber danach hat man sich seine eiweißreiche Mahlzeit auch wirklich verdient. Um beim Pulen nicht zu viel Arbeit zu haben, ist die sogenannte **A-Sortierung** die beste Wahl.

Mit etwas Übung hat man auch schnell den Bogen raus: Zum Pulen nimmt man den Garne-

am2019_081 mna

lenkopf zwischen Daumen und Zeigefinger der einen Hand und den Schwanz mit der anderen Hand. Dann werden beide Enden wie beim Auswickeln eines Bonbons vorsichtig gegeneinander gedreht, bis ein leises Knacken signalisiert, dass der Panzer gebrochen ist. Das ist der Zeitpunkt, um mit Gefühl eine Schalenhälfte abzuziehen. Die andere Hälfte lässt sich dann vorsichtig leicht aus dem Rest des Panzers herausziehen.

Nordseekrabben sind eine **gesunde Mahlzeit** und ein richtiger **Fitmacher** mit hochwertigem Eiweiß, Aminosäuren sowie lebenswichtigen Vitaminen und Mineralstoffen. Zudem haben sie wenig Fett und einen geringen Fettsäuregehalt. Mit knapp 100 Kalorien pro 100 Gramm (gepult) sorgen sie trotzdem für ein schnelles Sättigungsgefühl. Oft wird das Krabbenfleisch im **Fischimbiss** auf Brötchen angeboten. In Restaurants kommen sie zum Fisch hinzu oder mit Rührei zur Geltung. Als Salat mit Mayonnaise, wie man ihn in den Supermärkten bekommt, verlieren sie aber an Geschmack. Besser macht man den Salat selbst mit einer Joghurtsoße, einer Marinade oder mit einem Spritzer Zitronensaft an, denn dann schmeckt man die feinen, leicht süßlichen Geschmacksnuancen viel besser heraus. Die ausgekochten Schalen ergeben eine sehr feine Basis für eine Fischsuppe. Dafür den Sud einfach durch ein Sieb und danach durch ein Küchenhandtuch gießen und auffangen.

[<] Romantischer Anblick und schwere Arbeit zugleich – Krabbenkutter im nordfriesischen Wattenmeer

Nordseegarnelen. Ihre typische rosa Farbe erhalten sie erst durch das Kochen (siehe Exkurs „Krabbe oder Garnele?"). Häufig sind **Strandkrabben,** deren gehäutete Panzer oder ihre Überreste zu sehen. Sie sind eine beliebte Beute von Vögeln und Fischen. Strandkrabben bewegen sich im Seitwärtsgang. Ob man ein männliches oder weibliches Exemplar vor sich hat, lässt sich durch das am Bauch befindliche Dreieck erkennen: Bei Weibchen ist es rundlich, beim anderen Geschlecht spitz. In den Flachwasserbereichen rund um die Insel wachsen die kleinen Fische auf, hier sind besonders häufig **kleine Plattfische** zu finden.

Gut zu wissen: Auch wenn es verschiedene Einschätzungen zum Klimawandel gibt, belegen Langzeitdatenreihen, dass sich die Nordsee deutlich stärker erwärmt als die Weltozeane im Mittel. Sie ist in den vergangenen 50 Jahren um 1,7 °C wärmer geworden. Damit ist die Deutsche Bucht eines der sich am schnellsten erwärmenden Küstenmeere überhaupt. Die Folge ist, dass sich auch Flora und Fauna verändern. Kälte liebende Arten werden seltener oder verschwinden ganz, aus wärmeren Gefilden wandern Arten ein, die bisher nicht in der Nordsee lebten. Im Dezember 2017 wurde in Sylt am Strand südlich von Rantum ein toter **Blauhai** gefunden. Blauhaie leben normalerweise in Gewässern mit Temperaturen von 12 bis 21 °C und nicht in der kalten Nordsee. Im November und Dezember werden in der Nordsee immer wieder südliche Fischarten wie Schwert-, Mond- und Thunfische gefunden, weil sie von der Winterkälte überrascht werden und nicht mehr rechtzeitig in den Süden zurückschwimmen können.

Umweltschutz im Urlaub und im Alltag

Dass drei Viertel des Mülls im Meer aus **Plastik** besteht, ist weitgehend bekannt, der größte Teil sind Einwegverpackungen. Die Erkenntnis, dass sein Umfang immer größer wird und auch uns Menschen gefährdet, ist inzwischen ebenfalls bei vielen Verbrauchern angekommen. Das Hauptproblem ist, dass das Plastik erst nach **350 bis 450 Jahren** zersetzt ist, Fischernetze sogar erst nach 650 Jahren. Davor zerfällt es in immer kleinere Teile. Sind sie kleiner als fünf Millimeter, spricht man von **Mikroplastik.** Viele Plastikteilchen sind so klein, dass man sie mit bloßem Auge nicht mehr erkennen kann.

Gerade im Meer sind diese kleinen Partikel ein besonderes Problem, denn das Mikroplastik gelangt in die **Nahrungskette,** wie sich in Muscheln und Meerestieren wie Fischen, Garnelen und Krebsen nachweisen lässt und sich dort sogar anreichert. Da wir diese Tiere ebenfalls essen, gelangt es auch in den menschlichen Körper. Für mehr als eine Million Seevögel und 100.000 andere Meerestiere ist der Plastikmüll **tödlich,** weil sie sich darin verheddern oder ihn schlucken. Noch sind die Auswirkungen nicht vollständig erforscht, aber sicher ist, dass die im Plastik enthaltenen **Weichmacher** und **Flammschutzmittel giftig** sind. Beim Müll im Meer handelt es sich um unterschiedlichste Stoffe wie Plastiktüten, -flaschen, Teile von Fischernetzen und deren Abrieb, Plastikwannen, Fender und vieles mehr. Er kommt mit der Flut oder im Sturm an Küstenufer. Im Sommer wird er von den Kurverwaltungen morgens weggeräumt, damit der Strand sauber ist, aber wer im Herbst oder Winter nach einem Sturm am Strand entlanggeht, kann den Plastikmüll meist säckewei-

Adobe Stock ©Richard Carey

se einsammeln. Auch andere Gifte landen in den Ozeanen. Jeder Einzelne kann auch im Kleinen einen Beitrag zum Schutz der Umwelt beitragen. Hier ein paar Beispiele:

■ **Vernünftig Einkaufen:** Das wichtigste ist es, Plastikverpackungen zu vermeiden und sie gar nicht erst in die Umwelt gelangen zu lassen. Ein Stoffbeutel oder Einkaufskorb ist wiederverwendbar und leistet nicht nur während der Ferien gute Dienste. Am besten unverpackte, lose Ware einkaufen.

■ **Einmalverpackungen vermeiden:** Coffee-to-go mag morgens eine bequeme Sache sein, aber der Müll braucht lange Jahre (Dosen sind erst nach 200 Jahren zersetzt und Plastikflaschen benötigen 450 Jahre!), bis er sich zersetzt hat. Es ist also viel besser, seinen eigenen Coffee-to-go-Becher einfach mitzubringen. Die Umwelt freut es, und ein gutes Gewissen darf man auch haben.

■ **Sondermüll fachgerecht entsorgen:** Chemikalien gehören weder in den Müll noch in den Garten. Oft gibt es pflanzliche Alternativen zur Schädlingsbekämpfung. Lösungsmittel und Lacke können bei den örtlichen Abfallwirtschaftsbetrieben fachgerecht entsorgt werden. Dort gibt es **Sondermüll-Sammelstellen.** Auch Holz lässt sich in vielen Fällen mit umweltfreundlichen Alternativen schützen.

■ **Biologische Produkte verwenden:** Wer Bioprodukte kauft, vermeidet Umweltgifte. Die strengen Biosiegel wie *Demeter* oder *Bioland* geben eine hilfreiche Orientierung bei den Nahrungsmitteln, der *Blaue Engel* hilft bei Produkten wie Papier, Lacken und Pflanzenschutzmitteln. Leider sind Bio-Produkte im Supermarkt oft in Plastik verpackt, irrsinnigerweise, damit sie nicht von anderen Lebensmitteln „vergiftet" werden. Daher ist **unverpackte Ware** aus dem Bioladen die bessere Wahl.

■ **Saubere Wäsche und ein gutes Gewissen:** In vielen Waschmitteln ist wasserschädliches Phosphat enthalten, und vor allem Weichspüler ist sehr umweltschädlich. Es gibt inzwischen sehr gute **phosphatfreie Waschmittel,** auf den schädlichen Weichspüler lässt sich ebenfalls gut verzichten.

■ **Das Auto gelegentlich stehen lassen:** Das geht im Urlaub natürlich besonders gut, wenn man das Fahrrad benutzt, zu Fuß geht oder die Amrumer Busse nutzt. Und vielleicht tut die Bewegung auch so gut, dass nach dem Urlaub zu Hause das Auto des Öfteren in der Garage bleibt und stattdessen der Drahtesel zum Einsatz kommt.

■ **Müll am Strand einsammeln:** Beim Spaziergang am Spülsaum wird besonders im Winter, wenn nicht täglich der Strand gesäubert wird, das Müllproblem jedem sofort ins Auge springen. Einfach eine Tüte mitnehmen und ein paar Teile aufsammeln, die man fachgerecht im Müll entsorgen kann. Wenn jeder auch nur etwas mitnimmt, ist schon viel getan.

[<] Die Verschmutzung der Weltmeere betrifft jeden Menschen

am2019_082 aöh

4

Insel-geschichte Amrum

Amrums Geschichte ist sehr lang, seit etwa 4000 v. Chr. wohnen Menschen auf dem Eiland. Es gab Einwanderungswellen und Auswanderungsphasen, wirtschaftlich gute und schlechte Zeiten. Heute ist der Tourismus ein wichtiger Wirtschaftszweig.

< Friesin in der Landwirtschaft

Der Name Amrum

Zur wörtlichen Bedeutung des Inselnamens gibt es die neuere Theorie, dass der vorgelagerte **Kniepsand** dabei eine Rolle spielte: „Am rem“ bedeutet so viel wie „sandiger Rand“. Da dieser aber erst seit den letzten 200 Jahren der Inselgeschichte existiert, ist es wahrscheinlicher, dass der einst hier siedelnde germanische Stammesverband der *Ambronen* im Namen verewigt ist. Die Wortendung „um“ steht im friesischen für „Heim“, und die früheste schriftliche Erwähnung der Insel findet sich im Erdbuch des dänischen Königs *Waldemar II.* aus dem Jahr 1231: Ambrum – vermutlich das Heim der Ambronen.

Küste im Wandel

Die durch den nacheiszeitlichen Meeresspiegelanstieg vordringende Nordsee erreichte erstmals um 6500 v. Chr. den Bereich der heutigen Nordfriesischen Inseln. Dort traf das Wasser auf Sandablagerungen, die nach der letzten Eiszeit entstanden waren – die sogenannten **Geestrücken.** Die drei Geestinseln Amrum, Sylt und Föhr waren damals noch Teil der Festlandsgeest. Gegen Ende der Jungsteinzeit lag der mittlere Meeresspiegel an der nordfriesischen Küste etwa drei Meter tiefer als heute. Vor rund 5000 Jahren begann dann die Formung der nordfriesischen Küste zu ihrer heutigen Form. Die Nordsee aber überflutete einige Bereiche des heutigen Nordfrieslands regelmäßig. So lagerten sich zwischen der Geest der heutigen Inseln und der Geest des Festlands Sande und Tone ab. Dazwischen bildeten sich Moore. Auf diesen lagerten sich weitere Sedimente ab. Bruchwälder konnten wachsen, Hochmoore entstanden.

Frühe Besiedelung

Seit dem 4. Jahrtausend v. Chr. hielten sich Menschen in den Küstengebieten der Nordsee auf, sie lebten vorwiegend vom Fischfang und von der Jagd auf Vögel und andere Tiere. Einzelfunde von Pfeilspitzen, Sicheln und anderen Steingeräten belegen das. Die ältesten menschlichen Spuren auf Amrum stammen aus der **Jungsteinzeit.** In den Dünen etwa 500 Meter westlich der Vogelkoje Meeram befindet sich das **Hünenbett von Nebel,** eine Grabanlage mit zwei Kammern. Der Prähistoriker *Karl Kersten* (1909–1992) entdeckte dort in den 1950er-Jahren mehrere Knochen und Schädel, reich verzierte Keramiken, Flintsteinbeile und andere Grabbeigaben. In einem der Schädel befindet sich eine kreisrunde Operationsöffnung. Sie zeigt, dass schon in der Steinzeit die Menschen in der Lage waren, schwierige Operationen durchzuführen – gelegentlich mit Erfolg. Auch aus der Bronzezeit (ca. 2000–500 v. Chr.) bezeugen hauptsächlich Grabstätten die Besiedelung Amrums. Fast **140 Grabhügel** sind dokumentiert, die bezeugen, dass hier zeitweilig zahlreiche Menschen lebten. Neben einem zentralen Grab fanden später häufig weitere Bestattungen in Steinsärgen oder Urnen statt. Der **Esenhugh** (oder Eesenhuuch) bei Steenodde ist der größte Amrumer Grabhügel und stammt aus der Bronzezeit. In unmittelbarer Nähe befindet sich auch der **Dolmen Steenodde,** ein weiteres Hünengrab. Neben

am2019_083 wcv (vanellus)

der jungsteinzeitlichen Grabanlage im Dünengebiet befinden sich auch die Reste eines **eisenzeitlichen Dorfs.** Mehrere Wohnstallhäuser und einige Hütten waren um die Zeit von Christi Geburt bewohnt. Dennoch fand wenige Generationen später eine Abwanderungsbewegung statt. Die Grundrisse einiger dieser Häuser in den Dünen sind teilweise sichtbar gemacht worden. Um die Spuren der Vergangenheit besser verstehen zu können, wurde dort 2014 der Nachbau eines eisenzeitlichen Hauses errichtet, der jederzeit besucht werden kann.

Antike und Nordsee

Ob Nordfriesland zur Zeit der Antike von Griechen oder Römern besucht wurde, ist völlig unklar. Dass der Hellene *Pytheas von Massila* (etwa 380–310 v. Chr.) bei seinen Seereisen das Wattenmeer der Nordsee erreichte, ist bis heute

⌃ Grabhügel Esenhugh bei Steenodde – auf Amrum gibt es einige dieser imposanten Zeugen der Vergangenheit

nicht zu beweisen. Aus seinen Berichten geht aber hervor, dass an den Stränden der **Insel Abalus** Bernstein angespült wurde. *Pytheas* beschrieb das „Gold des Nordens“ erstmals zutreffend als **fossiles Baumharz.** Mit *Abalus* (oder Abalon) könnte Helgoland gemeint sein. Die späteren römischen Berichte entstanden in der Zeit um die Geburt Christi und beziehen sich auf die Eroberungsversuche der Römer im nördlichen Germanien. Dass jedoch die Feldherren *Drusus* und *Tiberius* weiter als bis zur Wesermündung kamen, ist ziemlich unwahrscheinlich. Denn mit den gefährlichen Fahrwassern im Wattenmeer hatten die römischen Eroberer ihre Probleme. So berichtet *Cassius Dio:* „Als *Drusus* dann in das Land der Chauken eingefallen war, geriet er in eine gefährliche Lage, da seine Schiffe in Folge der Ebbe des Ozeans auf dem Trockenen sitzen blieben.“

Die Friesen kommen

Der germanische Stamm der Friesen lebte schon seit der Antike nördlich der Rheinmündung, das Kerngebiet ist die heutige niederländische Provinz **Friesland.** Die Friesen flohen vor der Expansion des fränkischen Reichs unter Karl dem Großen im siebten und achten Jahrhundert nach Christi Geburt. Münzfunde auf den Nordfriesischen Inseln und ein bei Wyk gefundenes Tongefäß belegen eine Verbindung zu friesischen Händlern aus dem Niederrheingebiet. Die Friesen machten hier aber oft nur Zwischenstation auf ihrem Weg zur Ostsee. **Haithabu an der Schlei** war damals ein bedeutendes Handelszentrum und über die Eidermündung gut zu erreichen. Dennoch besiedelte der Stamm der Friesen auch die nordfriesischen Geestinseln, heute spricht man von der ersten friesischen Einwanderungswelle.

Wikingerzeit

Spuren auf Amrum hinterließen auch die Wikinger, Relikte wie Wohn- und Feuerstätten wurden an mehreren Stellen der Insel entdeckt. Der Erdwall **Krümwal** zwischen den Orten Nebel und Steenodde stammt vermutlich aus der Wikingerzeit gegen Ende des ersten Jahrtausends n. Chr. Die Bedeutung der rund 1800 Meter langen Anlage ist nicht bekannt, sie ist aber als Bodendenkmal eingetragen. Auf dem östlich von Norddorf am Wattenmeer gelegenen Hügel **Borag** wird eine **Turmburg aus der Wikingerzeit** vermutet. Heute steht dort ein einzelnes Haus. Die Wikingerzeit ist der Zeitabschnitt von 800 bis 1050 n. Chr., in denen die skandinavischen Seefahrer aus dem Norden ihre Beutezüge unternahmen. Gerühmt wurden die Nordmänner für ihre Tapferkeit und ihre Ausdauer, gefürchtet war oft schon der Anblick ihrer Langschiffe.

[>] Amrumer Inselfriesinnen in Festtagstracht, links in der klassischen Variante mit weißer Schürze, rechts etwas moderner mit bunter Schürze und passendem Tuch

am2019_084 mna

Weitere Friesen kommen

In einer zweiten Siedlungswelle um etwa 1100 n. Chr. besiedelten die Friesen die bis dahin weitgehend menschenleeren Marschengebiete des heutigen Festlands. Da die Region kein eigenes Zentrum hatte, unterstand sie dem **Königreich Dänemark.** Für die der Nordsee zugewandten Gebiete setzte sich der Begriff **„Uthlande“** durch, erstmals im 12. Jahrhundert wurde er in einem Dokument erwähnt. Wörtlich übersetzt bedeutet das soviel wie „Außenlande“. Noch im 13. Jahrhundert war es Überlieferungen zufolge möglich, dieses Gebiet trockenen Fußes zu durchwandern, obwohl es auch damals schon schmale Meeresarme zwischen den Landflächen gab. Das wichtigste Wirtschaftsgut der Uthlande waren **Fisch** und **Salz.** Die Friesen gewannen es durch Torfverbrennung, durchdringender Rauch lag damals weitflächig über der Küstenlandschaft. Um an den Torf zu gelangen, musste zuvor die Kleischicht entfernt werden. So war der salzhaltige Torf Fluch und Segen zugleich: Das flache Marschland senkte sich durch den Torfabbau mit der Zeit und so erhöhte sich die Gefahr von Überflutungen und Landverlusten bei Sturmfluten. Den Abbau der salzhaltigen Bodenschichten gab es auch im Bereich der heutigen Nordfriesischen Inseln. Die Bewohner der Marschen begannen im 11. oder 12. Jahrhundert mit dem Bau erster einfacher Deiche, sie sollten die Felder vor Meerwasser schützen. Im Laufe der Zeit lernte der Mensch immer mehr, sich in der Nordseemarsch zu behaupten.

[>] Der Salztorfabbau im Mittelalter war anstrengend, erbrachte aber mit dem „Weißen Gold“, das die Salzsieder daraus machten, ein begehrtes Handelsgut zur Haltbarmachung von Speisen durch Einpökeln

Zugehörigkeit zu Dänemark

Das 1231 entstandene **Erdbuch** des dänischen Königs *Waldemar II.* erwähnt viele Orte und dänische Verwaltungsbezirke zum ersten Mal. Dort erfasste das Königreich Dänemark die Steuereinkünfte und Besitzungen des Herrschers. Im Waldemar-Erdbuch finden sich auch „Silt“, „Ambrum“ und „Foehr“, die heutigen Inseln waren der See am nächsten. Aber zwischen ihnen und dem jetzigen Festland gab es im 13. Jahrhundert noch viele weitere Harden, wie man die Verwaltungsbezirke nannte. Im Mittelalter gelang es den Friesen dennoch, weitgehend eigenverantwortlich zu bleiben. Die unter *Waldemar II.* in Kraft getretene Gesetzesverordnung „Jyske Lov“ galt nämlich nicht für die Friesen der Uthlande. Selbst das Eintreiben der Steuern gelang so weit entfernt vom jütländischen Festland nur unregelmäßig. Auch hier im Norden bezog man sich auf die an der südlichen Nordseeküste ausgerufenen **„Friesischen Freiheit“,** denn die freien Friesen mochten keinem fremden Herrn unterworfen sein.

De Grote Mandränke

In dieser Zeit wurden die Uthlande immer wieder von **Sturmfluten** bedroht. Die „Erste Marcellusflut" am 16. Januar 1219 führte zu schweren Schäden an der Nordseeküste. Sie hatte aber stärkere Auswirkungen im südlichen Bereich, so soll sie beispielsweise für die Entstehung des Jadebusens verantwortlich sein. Die „Zweite Marcellusflut" wütete vom 15. bis 17. Januar 1362 und zerriss die nordfriesischen Uthlande. Bei dieser „Groten Mandränke" soll die Flut laut späterer Chronisten in den Uthlanden **21 Deichbrüche** verursacht haben, sofern es überhaupt Deiche gab. Die Meeresfluten durchstießen die Marschen – teilweise bis zum Rand der Festlandsgeest. Allein im Bereich der damaligen Insel Strand ging der legendäre Ort **Rungholt** zusammen mit sieben weiteren Kirchspielen unter. So bekamen die Uthlande ungefähr die heute bekannten Umrisse – zwischen dem übrig gebliebenen Land bildete sich das Wattenmeer. Wohl mehr als 100.000 Menschen fanden alten Chroniken zufolge den Tod im „nassen Grab", darum wurde die Flut **„das große Ertrinken"** genannt. Aber diese Zahl gilt heute als übertrieben. Da die Deiche nach der Katastrophe nicht schnell genug wieder gesichert und stabilisiert werden konnten, ging in den folgenden Jahren weiteres Land verloren. Amrum, Föhr und Sylt waren nun endgültig zu Inseln geworden. Amrum soll sogar von der verheerenden Flut profitiert haben, denn dabei wurden **große Sandmengen** auf die Insel geschoben.

am2019_085 chf

Zweite Grote Mandränke

Die große **Insel Strand,** auch Alt-Nordstrand genannt, bestand aus Resten des ehemaligen Festlands. Sie war von einer Vielzahl von Halligen und kleinen unbefestigten Inseln umgeben. Auch in den folgenden Jahrhunderten wurde Strand von den Fluten der Nordsee bedroht, immer wieder gab es Landverluste. So auch bei der **Allerheiligenflut** im Jahr **1532.** Damals brachen die Deiche an über 40 Stellen. Dennoch waren die Böden der Insel fruchtbar und die Bewohner recht wohlhabend, sie nahmen den Kampf gegen die Nordsee auf. Aber in der Nacht vom 11. auf den 12. Oktober **1634** kam es erneut zur Katastrophe. Die **Burchardiflut** brach die 220 Quadratkilometer große Insel Strand in Stücke. Die Wassermassen schossen quer über die Insel, mehr als zwei Drittel der Einwohner, rund 6400 Menschen, ertranken. Hinzu kam eine unbekannte Zahl von Erntehelfern, die dort gerade ihr Geld verdienten. 50.000 Stück Vieh wurden fortgeschwemmt, mehr als 1300 Häuser, 28 Windmühlen und sechs Glockentürme versanken in den Fluten der See.

Die Folgen waren entsetzlich: Die Insel Strand gab es nicht mehr. Nur im Westen gelang es, die **Restinsel Pellworm** durch neu errichtete Deiche zu schützen und dauerhaft zu befestigen. Aber **Neu-Nordstrand** konnte lange nicht gesichert werden, und so kam es dort zu weiteren Landverlusten. Der vom Moor geprägte Norden der einst so großen Insel verschwand fast vollkommen im Meer, nur die **Hallig Nordstrandischmoor** hatte die Zweite Grote Mandränke überdauert. Auf Amrum schuf man 1634 für die St.-Clemens-Kirche den dreiteiligen Altaraufsatz aus Dankbarkeit dafür, dass man die verheerende Flut überstanden hatte. In seiner Mitte zeigt er ein großes Abendmahlsbild, Inschriften auf der Rückseite des Triptychons geben das „Vater Unser" wieder.

Bau St.-Clemens-Kirche

Die beiden **ältesten Dörfer** der Insel Amrum sind **Norddorf** und **Süddorf.** Die Legende besagt, dass sie sich nicht einigen konnten, wo die geplante Kirche gebaut werden sollte. Angeblich band man einen Ochsen vor einen Karren und wollte dort, wo der Ochse stehen blieb und sich wohlfühlte, das Gotteshaus bauen. Der Ochsenkarren hatte leider einen Radbruch und so blieb der Karren zwischen beiden Orten stehen, allerdings näher an Süddorf.

Die St.-Clemens-Kirche wurde um 1240 auf der Amrumer Geest errichtet. Ursprünglich war sie nur eine Nebenkirche der St.-Johannis-Gemeinde auf Föhr. Der damalige einfache Holzbau lag in der Nähe des Wattenmeeres, hier konnten die von Föhr kommenden Geistlichen anlanden. Später wurde der Holzbau durch ein Kirchenschiff aus Feld- und Backsteinen ersetzt. Dessen Wände waren verputzt und weiß gestrichen, das Gebäude bedeckte ein Reetdach. Nur zögerlich entstanden neue einfache Hütten und Häuser in unmittelbarer Nachbarschaft der St.-Clemens-Kirche. Von einem **neuen Dorf** spricht man auf Amrum erst seit etwa 1550. Der Name **Nebel** leitet sich von den Worten „nei" und „boli" ab, die übersetzt „neu" und „Sied-

am2019_086 clj

lung" bedeuten. Im Jahr 1524 erreichte die Reformation auch Amrum, die Kirchengemeinde wurde **evangelisch.** Die St.-Clemens-Kirche hat zwei Gemeindehäuser, eines in Nebel und eines in Norddorf.

Einfaches Leben auf der Insel

Während die große Mehrheit der Bevölkerung auf dem Festland von den Erzeugnissen der Landwirtschaft leben konnte, traf das auf die Menschen der Geestinseln weniger zu. In zeitgenössischen Berichten ist die Rede von **bitterer Armut** und **wirtschaftlicher Not.** Es konnte nur eine kleine Menge an Nutztieren gehalten werden weil es wenig Futter für sie gab. Die Felder auf den sandigen Böden brachten nicht genug Ernte ein, um die Insulaner zu ernähren. Ergänzt wurde das karge Nahrungsangebot mit allem, was das Meer und die Natur noch so hergaben. Fischfang für den Eigenbedarf fand im Wattenmeer zwischen Amrum und Föhr statt. Dazu benötigte man nicht unbedingt Schiffe oder Boote, oft genügte es, **Netze und Reusen** in die Priele zu stellen. Egal ob Tag oder Nacht, bei jedem Niedrigwasser mussten die Fischreusen geleert werden. Damals waren die Fischbestände noch viel üppiger als heute. Für den Fang von **Krabben** benutzte man die **Glieb,** ein an einem Holzstab befestigtes Netz. Der Fang wurde in Weidekörben auf die Insel gebracht und gekocht. Der

Das Ölgemälde zeigt die St.-Clemens-Kirche in Nebel noch ohne Turm, der wurde erst 1908 gebaut

wichtigste Nutzfisch der Insulaner war die **Scholle.** Sie diente in getrockneter Form als Nahrungsvorrat für den Winter. Aber auch Eier von Möwen wurden verspeist und Vögel gefangen, denn fruchtbares Land gab es kaum. Um 1629 wütete auf Amrum dann noch der „Schwarze Tod", zwei Drittel der Insulaner starben damals an der **Pest.**

Walfang und Robbenschlag

Ende des 16. Jahrhunderts entdeckten niederländische Seefahrer großen Reichtum an **Walen und Robben** im Europäischen Nordmeer. Die vorwiegend von niederländischen Kaufleuten ausgerüsteten Schiffe benötigten **erfahrene Seeleute,** die starke Nachfrage erreichte auch die Inselfriesen. Amrums seetüchtige Männer waren wegen ihrer Kenntnisse äußerst begehrt und heuerten auf Walfangschiffen unter dänischer, niederländischer und deutscher Flagge an. Wegen ihrer guten Ausbildung werden sie oft auch in jungen Jahren schon als Kapitän oder Kommandeur eingesetzt.

Das fundierte Wissen hatte einen Grund: Von 1626 bis 1678 erteilte der Föhrer Pastor *Richardus Petri* seinen Schülern auch **Unterricht in Navigationskunde.** Eigentlich stammte er aus der Familie *Rickwartsen,* aber es war damals „en vogue", sich einen lateinisch klingenden Namen zu geben. Von *Petris* Wissen in den Bereichen Mathematik, Nautik und Astronomie profitierten auch zahlreiche Amrumer Seefahrer. *Richardus Petri,* der in der St.-Laurentii-Kirche in Süderende Pastor war, bot den Unterricht kostenlos an unter der Bedingung, dass jeder seiner Schüler im Gegenzug sein erworbenes Wissen frei **an zwei weitere Personen der folgenden Generationen** weitergab. So kam es zu einer langen Reihe an gut ausgebildeten jungen Seeleuten, die wegen ihrer hervorragenden Navigationskenntnisse auf Walfangschiffen anheuerten. In der Regel begannen sie als Schiffjungen, mit zwölf Jahren fuhren die meisten Knaben unter der Obhut von männlichen Ver-

▷ Mit mehreren Schaluppen, kleinen Holzbooten, verfolgten die früheren Walfänger die Meeressäuger unter Lebensgefahr

wandten erstmals zur See und sammelten praktische Erfahrungen. Sie bildeten sich den Winter über in der **Föhrer Navigationsschule** weiter. Mit dem Walfang brach für die Nordfriesischen Inseln eine **Zeit des relativen Wohlstands** an.

Aber die sogenannten **Grönlandfahrten** waren lang und gefährlich. Im April liefen die Schiffe Richtung Spitzbergen aus, die Fangplätze lagen an der um die Inselgruppe Svålbard mit der Hauptinsel Spitzbergen verlaufende Packeisgrenze. Nur in den Sommermonaten Juli, August und September befand sich der Wal in der Arktis und es konnte Jagd auf ihn gemacht werden. Begehrt war sein **Tran,** der als Lampenöl geschätzt war. Das Fleisch war jedoch beinahe ungenießbar. Aus den **Walbarten** – den Zahnkämmen zum Filtern des Wassers, um an die Walnahrung Krill zu kommen – wurden Schmuckstücke und Gebrauchsgegenstände wie Broschen und Kämme geschnitzt. Und die **Knochen** erhielten die Kapitäne. Da auf den Inseln damals noch keine Bäume wuchsen, bekamen die Knochen eine neue Bestimmung: Sie wurden zum Beispiel auf Borkum und der dänischen Insel Rømø als Sandfangzäune vor die Häuser gesetzt. Heute sind nur noch zwei alte Walknochenzäune

am2019_087 smn

auf der Ostfriesischen Insel **Borkum** nahezu vollständig erhalten. Fragmente gibt es auf dänischen Insel Romø. Auf der Insel Föhr stehen die Kieferknochen eines Wals als Nachbildung am Eingangstor auf dem Gelände zum Dr. Carl Häberlin Friesenmuseum. Auf Borkum steht ein ähnliches Objekt vor dem Heimatmuseum Dykhus.

Die Schiffsbesatzung erhielt meist **keine feste Heuer,** sondern einen Anteil von Fang und Erlös. Wer keinen Erfolg hatte, musste mit wenig auskommen. Wer viel Erfolg hatte, kam **reich** zurück. Mindestens fünf Wale mussten als Beute erlegt werden, damit eine Fangfahrt Gewinn brachte.

Wurden die Walfangschiffe vom **Packeis** eingeschlossen, bedeutete das meistens den Tod der Besatzung. Auch das Erlegen der Wale barg viele Gefahren. Wenn vom höchsten Mast aus ein Wal gesichtet wurde, sprang die alarmierte Mannschaft rasch in kleine Boote, die sogenannten **Schaluppen.** Von dort aus mussten die Harpuniere ihre Waffen in die Fettschicht der Beute werfen. Das getroffene Tier tauchte meist sofort in die Tiefe des Ozeans hinab. Dann war Reaktionsgeschwindigkeit gefragt, das Seil musste flink verlängert oder schlimmstenfalls gekappt werden. Leine um Leine wurde miteinander verbunden, damit der Wal die Boote nicht unter Wasser zog. Wenn der Wal wieder auftauchte, wiederholte sich dieser Vorgang, bis mehrere Schaluppen mit dem Wal verbunden waren. Erst wenn das Tier nach oft stundenlangem Kampf ermüdet war, konnte es getötet werden. Danach wurden die Wale ihrer Speckschick beraubt, damit diese zu Tran ver-

am2019_088 chf

kocht werden konnte. Auch die Arbeit der **Speckschneider** auf dem glitschigen Beutetier war gefährlich. Während sie mit Spezialmessern die Fettschicht in handliche Blöcke schnitten, trugen sie eine Art **Steigeisen,** um überhaupt auf dem Fett Halt zu finden. Schließlich wurde diese Tätigkeit in kalter und windiger See von einem schwankendem Schiff aus vorgenommen. Die Speckblöcke wurden in Tranöfen erhitzt, so entstand das begehrte Öl bereits vor Ort. Es wurde zum späteren Verkauf in Fässer eingelagert und am Ende der Fangsaison in die Heimat transportiert. Viele Walfangfahrer stürzten in die See, wurden zerquetscht, erfroren oder ertranken; auf den Inseln gab es zu dieser Zeit viele **Witwen,** die meist in großer Armut leben mussten, weil der Ernährer den Tod gefunden hatte.

Vom Walfang zum Handel

Lukrativ aber waren erfolgreiche Fangfahrten **Richtung Spitzbergen.** In den besten Jahren machten die Grönlandfahrer während der Saison **reichlich Beute.** Den Inselbewohnern auf Amrum brachte der Walfang damals einen bescheidenen Wohlstand. Die **„Erzählenden Grabsteine“** auf dem Friedhof von Nebel zeugen davon. Gefertigt von einheimischen Steinmetzen, geben sie Auskunft über den Rang des Bestatteten und seine Lebensgeschichte, aber auch über seinen Beruf, seine Erfolge und über seine Familie.

⊏ Walfang in schäumender See

Der **Raubbau** im eisigen Nordmeer machte sich um 1770 herum bemerkbar, als der **Bestand der Wale spürbar zurückging.** Damit sich die Fahrten nach Spitzbergen weiter lohnten, wurden zunehmend **Robben** geschlagen. Auch deren Fett wurde zu Tran zerkocht, und die Robbenfelle ließen sich ebenfalls verwerten. Dennoch ging die Zeit des Walfangs dem Ende entgegen, die Seefahrer verlegten sich zunehmend darauf, **Handel** zu treiben. Ab dem 19. Jahrhundert waren die Amrumer Seefahrer fast ausschließlich in der **Handelsschifffahrt** tätig. König *Christian VI.* erließ 1735 eine Verordnung, die es den Seeleuten der Inseln und Halligen ermöglichte, ungehindert zur See zu fahren. Nur im Kriegsfall mussten sie zum Dienst in der Flotte antreten. So kam es aber leider dazu, dass die Handelsschifffahrt während des **Dänisch-Britischen Kriegs** zwischen 1807 bis 1814 zum Erliegen kam.

Generell war die Seefahrt damals ein **gefährliches Geschäft.** So manch Amrumer, egal ob Kommandeur oder Schiffsjunge, kam nicht mehr zurück. Und auch wenn die Fahrten erfolgreich waren, mussten die Männer für viele Monate weit entfernt von ihrer Heimatinsel und ihren Familien leben, manchmal sogar für Jahre. So nahmen die **Amrumer Frauen** eine besondere Rolle ein, vieles mussten sie **allein entscheiden.** Das Leben auf der Insel organisierten sie meist ohne ihre Männer. Wenn sie unter den harten Lebensbedingungen bestehen wollten, mussten sie das mit Arbeitskraft, Fleiß, Selbstbewusstsein und Durchsetzungsfähigkeit beweisen – und nebenbei ihre Kinder erziehen. Wurden sie zu Witwen, waren tiefe Not und Hunger die Regel.

Wohlhabende Händler zur See brachten aber Möbel, Uhren und Stoffe mit in die Heimat. Besonders erwähnenswert sind die **niederländischen Fliesen,** mit denen sie ihre Wohnstuben schmückten. Das Blau wurde aus **gemahlenem Lapislazuli** hergestellt und ist bis heute entsprechend teuer. Die Schmackfischer brachten die Fliesen auf dem Rückweg aus Holland als Ballast mit. Viele Motive der kleinen Kunstwerke haben mit der Seefahrt zu tun, manchmal ließ sich ein Käpitän sogar sein Schiff auf diese Art verewigen. Ein schönes Beispiel ist im **Öömrang Hüs** in Nebel zu sehen. Aber es gab auch Motive aus dem Alltag, die Ackerbau und Fischfang zeigten oder die Tierwelt wie Hasen und Enten. Am kostbarsten waren die sogenannten **„Bibelfliesen"** mit hohem Blauanteil. Sie stellen in Bildern wichtige Szenen der Heiligen Schrift dar – die Mehrheit konnte damals in der Regel noch nicht lesen und schreiben. Aber über die Bilder ließen sich die Bibelgeschichten von Generation zu Generation weitergeben.

Schiff auf Strand

Bis zum 20. Jahrhundert dominierten **Segelschiffe** die Seefahrt. Stürme forderten ihren Tribut, es gab im unmittelbaren Küstenbereich von Nordfriesland zahlreiche **Schiffsunglücke und -strandungen.** Seit dem späten Mittelalter bestand die Regel, dass das Bergungsgut gedrittelt wurde. Ein Drittel bekam der Landesherr, ein Drittel ging an die Berger und nur ein Drittel erhielten die Eigentümer von Schiff und Ladung zurück. Erst ab 1803 gab König *Christian VII.* kund, „daß wir den bisher in unsere Kasse geflossenen Anteil nachlassen". Auf Amrum wurde von 1820 bis 1901 auch die **St.-Clemens-Gemeinde** mit fünf Prozent an den Erlösen beteiligt. Die Schiffsbergungen wurden meistens von **Strandvögten** geleitet und überwacht. Und obwohl auf Strandräuberei harte Strafen standen, galt sie bei den Küstenbewohnern nicht als unehrenhaft. Der Strandvogt wurde deshalb nicht immer sofort informiert, wenn ein

am2019_089 aöh

Schiff gestrandet oder Strandgut gefunden worden war. Häufiger fehlten nach Schiffsunglücken zahlreiche Güter, manchmal kam es sogar zu Plünderungen. Auch für die Bestrafung der Täter bei Missachtung der Regeln war der Strandvogt verantwortlich. Einige Strandräuber kamen als mahnendes Beispiel sogar ins Zuchthaus. Das Amt des Strandvogts war heikel und erforderte viel Fingerspitzengefühl. Er durfte es sich mit der armen Bevölkerung nicht verscherzen, gleichzeitig aber musste er mit einem Teil des Bergungsguts für das Auskommen seines Dienstherren sorgen und seine Autorität behaupten.

Oft war die **Strandräuberei** Ausdruck der großen Armut, in der sich Teile der Inselbevölkerung befand. Nachweislich sind im Bereich der nordfriesischen Küste, besonders vor Sylt und Amrum, seit dem 17. Jahrhundert mehr als 400 Schiffe gesunken oder gestrandet. Oft setzte die Inselbevölkerung bei Rettungsversuchen der in Not Geratenen ihr Leben aufs Spiel. Aber erst im späten 19. Jahrhundert schuf man eine zusammenhängende Küstensicherung mit Leuchtfeuern und Seezeichen. So wurde die Navigation bei schlechter Sicht und Dunkelheit erleichtert. Der **Amrumer Leuchtturm** wurde am 1. Januar **1875** offiziell in Betrieb genommen und trägt seitdem wesentlich zur Sicherung der gefährlichen Gewässer um die Insel bei. Die Zahl der Strandungen nahm danach deutlich ab. Zur Küstensicherung trug auch die 1865 gegründete **Deutsche Gesellschaft zur Rettung Schiffbrüchiger** (DGzRS) bei (s. Exkurs „Die Seenotretter" im Kapitel „Nordsee"). Die Rettungsboote mussten damals aber noch mit Muskelkraft oder der Hilfe von Pferden in die schäumende See gezogen werden.

Scharfes Strandgut

Seit dem 13. Jahrhundert etwa sollten Strandfunde aus Schiffsladungen, die auf Amrum antrieben oder von gestrandeten Schiffen stammten, durch den Strandvogt geborgen und registriert werden. Mit der **illegalen Mitnahme von Strandgut** bei Nacht-und-Nebel-Aktionen hatte die Strandräuberei aber auf der Insel eine ebenso lange Tradition und der Strandvogt verlor so des Öfteren die eigentlich ihm zustehenden Einkünfte. 1926 trieben sechs Kisten mit **Tausenden von Rasierklingen** an, die sowohl Strandvogt als auch Einwohner in Bewegung setzten. Um an die Ware der Strandräuber zu kommen, wurden sogar Zoll und Polizei eingesetzt. Doch erfolglos – noch heute sollen sie irgendwo versteckt sein.

Politik und Auswanderung

Auch wenn die große Politik wenig Einfluss auf das Amrumer Inselleben hatte, fanden dennoch gelegentlich **kriegerische Auseinandersetzungen** statt. 1810 kam es zu einem Scharmützel um eine Schiffsladung Kaffee. Nachdem eine mit Kaffee beladene englische Brigg vor der Insel strandete, beschlagnahmten Amrumer die Ladung. Zwei Dutzend Mann auf einem britischen Kreuzer wollten den Kaffee wieder in ihren Besitz bringen. Aber den Amrumern gelang die Festnahme der Briten, sie wurden der

☒ Gemälde der Viermastbark Kurt

dänischen Militärbehörde übergeben. Der sogenannte **„Amrumer Kaffeekrieg“** war also nur eine kurze Episode. 1848 kam es in ganz Europa zu politischen Unruhen. Während der **„Schleswig-Holsteinischen Erhebung“** gab es Bestrebungen, sich den Staaten des Deutschen Bundes anzuschließen. Von den kriegerischen Auseinandersetzungen gegen das Königreich Dänemark bekam man allerdings auf den Inseln nur wenig mit. 1864 kam es zum **Deutsch-Dänischen Krieg,** bei dem es erneut um die Staatszugehörigkeit der Herzogtümer Schleswig und Holstein ging. Die dänischen Kriegsgegner waren Preußen und Österreich. Dänemark unterlag, in der Folge wurde Amrum von der **österreichischen Kriegsmarine** besetzt. Im kurz darauf folgenden **Deutschen Krieg** besiegten die Preußen und ihre Verbündeten im Jahr 1866 Österreich jedoch und gründeten den **„Norddeutschen Bund“.** Amrum wurde 1867 Teil der preußischen Provinz **Schleswig-Holstein,** die einst von Dänemark erhaltenen Privilegien bestanden nun aber nicht mehr. Durch die neuen politischen Verhältnisse beschleunigte sich der wirtschaftliche Niedergang Amrums, die Bevölkerung verarmte zusehends.

Die **Suche nach einem besseren Leben** spielte deshalb auf Amrum stets eine große Rolle. Ähnlich wie auf der Nachbarinsel Föhr kam es nach 1864 zu einer verstärkten **Auswanderung** der Insulaner. Mehr als ein Viertel der Amrumer Bevölkerung verließ im späten 19. Jahrhundert die Insel. Auf diese Weise konnte sich die männliche Bevölkerung auch der preußischen Wehrpflicht entziehen. Vor allem aber sahen die Auswanderer im „gelobten Land Amerika“ bessere Chancen für ihre Zukunft, den überwiegenden Teil zog es in die **Vereinigten Staaten von Amerika.** Die Überfahrt in einem der großen Passagierdampfer von Hamburg nach New York dauerte zu dieser Zeit mehr als 20 Tage. Viele blieben danach gleich an dem Ort, an dem sie das Schiff verließen. Über mehrere Generationen ist in **New York** eine stattliche Gemeinde von Amrumern und Föhrern sesshaft geworden. Einige Familien hatten jedoch zu großes Heimweh und kamen wieder zurück. Bis heute werden die Verbindungen zwischen den Insulanern und den Amerikanern hiesigen Ursprungs von den Amrumern gut gepflegt, es findet ein regelmäßiger Austausch statt.

Die Entdeckung des Badebetriebs

Der britische Arzt *Richard Russell* (1687–1759) stellte die Theorie auf, dass **Meerwasser zu Therapiezwecken** eingesetzt der Gesundheit förderlich sei. In Brighton setzte er seine Theorien in die Praxis um, und so begann die Seebäderkultur in England. *Russell* trug maßgeblich dazu bei, dass Aufenthalte an der See in der zweiten Hälfte des 18. Jahrhunderts beliebt wurden. Es wurde kaum bezweifelt, dass Meeresheilkunde und Thalassotherapie in Verbindung mit pollenarmer Luft den menschlichen Atemwegen zugute kommt.

Dieses Wissen verbreitete sich auch in Deutschland. **1793** wurde das **erste See-**

> Strandleben in Norddorf (um 1900)

bad in Heiligendamm an der Ostsee errichtet, an der Nordsee war **Norderney** der Vorreiter. Bereits 1797 bekam die Ostfriesische Insel den Status als Seebad, kurz darauf im Jahr 1819 erhielt auch Wyk auf Föhr den Seebad-Status. Auf Amrum tat man sich in Sachen Badebetrieb lange Zeit schwer. Daran änderte sich auch nichts durch die Besuche des dänischen Königs *Christian VIII.*, der von 1842 bis 1847 seine Ferien auf Föhr verbrachte. Dort hatte er seine Sommerresidenz, was zahlreiche weitere Badegäste anzog. Vor allem zur **Jagd** kam der König damals auch nach Amrum. Einmal begleitete ihn auf der Jagd sogar der bekannte Märchendichter *Hans Christian Andersen*. Doch der Badebetrieb blieb den Amrumern weiterhin suspekt.

Der Architekt *Ludolf Schulze* aus Waldhausen bei Hannover entdeckte die Insel schließlich für den **Fremdenverkehr.** Der Hobbymaler machte zahlreiche Tagesausflüge von Wyk auf Föhr nach Amrum und entdeckte dabei die Schönheit der Insel. Am 1. September 1885 wandte er sich an die Gemeindevertreter der Insel und stellte den **Antrag auf eine Badekonzession.** Er plante den Aufbau eines Badeortes an der damals unbewohnten Südspitze von Amrum. Dort gab es zu jener Zeit einen schönen Strand und weiße Dünen, die den geplanten Logierhäusern Schutz vor dem Wind boten. Aber die Konzession wurde ihm nicht erteilt. Die Vertreter der drei Inseldörfer Norddorf, Nebel und Süddorf fürchteten den **Verderb der guten Sitten.** Darüber hinaus dachte man, dass nur die Unternehmer und Finanziers mögliche Gewinne abschöpfen würden und der Badebetrieb den Inselbewohnern eher Armut als Wohlstand brächte. So blieben die Amrumer vorerst noch unter sich.

am2019_090 aöh

Das Seebad Amrum in alter Zeit

Der **Fremdenverkehr,** der gegen Ende des 19. Jahrhunderts auf Amrum begann, veränderte das Gesicht der Insel wie kein Ereignis zuvor. Erst am 29. Mai 1888, also knapp 100 Jahre nach der Gründung des ersten deutschen Seebads an der Nordseeküste, legte eine „Badekommission" die Preise fest und markierte damit den noch inoffiziellen **Beginn des Badetourismus auf Amrum.** Vorher kamen meist Tagesgäste aus Wyk auf Föhr zu Besuch. Doch das Badeleben nahm an Fahrt auf und entwickelte sich schnell zum gesellschaftlichen Ereignis besonders der höheren Gesellschaftsschicht, die in den Hotels in Wittdün logierte. Damals war es üblich, dass die Herren im feinen Anzug mit Prinz-Heinrich-Mütze und die Damen bekleidet mit langen Röcken, Rüschenblusen und breitkrempigen Hüten herumliefen. Für die Amrumer, die häufig in einfachen Verhältnissen lebten, waren die *Baaselidj,* also die Badeleute, ein zunächst befremdlicher Anblick.

In Norddorf hatte Pastor *Friedrich von Bodelschwingh* mit Bedacht auf die guten Sitten ab 1890 eine Reihe von **Seehospizen** gebaut, die auf eine ganz andere Klientel abzielte. Fern vom hochherrschaftlichen Gesellschaftsleben in Wittdün wandte er sich mit seinen Gästehäusern an **Naturliebhaber** und hatte damit großen Erfolg. In seinen Prospekten warb er sogar damit, dass in Norddorf **keine Kurkapelle** die Ruhe störe. Bei den Insulanern setzte sich jedoch nach und nach die Erkenntnis durch, dass Kurgäste einträglicher seien als Kühe, und so versuchten viele, sich ein Stück vom Kuchen zu sichern. Die meisten der traditionellen Inselhäuser waren jedoch zu klein, um Fremdenzimmer einzurichten. So war es noch bis in die 1970er-Jahre in vielen Familien üblich, im Sommer in Schuppen, Garagen oder Ställe umzuziehen und die eigenen Gemächer an Gäste zu vermieten.

Ende des 19. Jahrhunderts war das Badeleben nach **strengen Moralvorschriften** geregelt, es gab Damen- und Männerbäder, die laut Vorschrift mindestens 150, besser noch 500 Meter auseinander liegen sollten. Jungen über acht Jahren durften nicht mehr mit ihrer Mutter zum Baden gehen, sondern wurden der Obhut des Vaters oder eines Badewärters übergeben. Auch das Baden selbst war genauestens geregelt, und Strandwärter achteten darauf, dass die Regeln eingehalten wurden. Üblich waren damals die sogenannten **Badekarren,** eine Art hölzerne Umkleidekabine auf Rädern. Hatte man sich seine Badekleidung übergestreift, wurde der Karren mit einem Pferd so weit wie möglich hinaus ins Wasser gezogen. Pferd und Badewärter kehrten an den Strand zurück. Durch die zur Seeseite gewandte Tür des Badekarrens konnte der Badegast, durch ein kleines Zelt vor neugierigen Blicken geschützt, ein paar Mal ins knietiefe Wasser tauchen. War er nach dem Bad wieder fertig umgezogen, hisste er eine kleine Fahne und der Badewärter kam herangeeilt, um den Badekarren samt Badegast wieder zurückzubringen. Doch kurz nach der Wende zum 20. Jahrhundert lockerten sich die Sitten etwas und **Strandkörbe** verdrängten die Badekarren zunehmend. Aber das Tragen von weiten Badeanzügen war weiterhin Pflicht. Es sollte damit verhindert werden, dass beim Baden geschlechtsspezifische Körperformen erkennbar waren. Erst ab 1925 wurde in Wittdün das erste **Familienbad** gegründet, während Norddorf noch bis 1938 ein eigenes Damenbad hatte.

Zur **Unterhaltung der Inselgäste** tat sich vor allem Wittdün mit einem abwechslungsreichen Veranstaltungsprogramm hervor. Es gab Bälle,

Feste, Sandburgenwettbewerbe und einen Musikpavillon für die 16-köpfige Blaskapelle. Auch wurden **Fahrten zu den Seehundsbänken,** zu den benachbarten Inseln und Halligen angeboten. Die Ausflugsschiffe wurden **„Lustkutter"** genannt, waren aber eher unbequeme offene Segelboote ohne Unterstand. Einige Landwirte legten sich **Kutschen** zu, um Kurgäste über das Watt nach Föhr zu bringen. Die Norddorfer Hospizgäste hingegen freuten sich auf die sogenannten **Dünenkaffees**. Dafür trafen sich Gäste und das Personal in einem Dünental zu Kaffee und Kuchen – mit vertauschten Rollen, denn die Gäste bedienten das Hauspersonal.

Vom **Naturschutz** war damals noch keine Rede, und so war es Mode, dass Badegäste auf die Jagd gingen. In Massen wurden Seevögel geschossen, auch unter den Damen war das mit leichten Flinten durchaus üblich. Man zeigte sich modisch auf der Höhe und steckte sich gern **Seevogelfedern** an den Hut. Damals gab es sehr viel weniger Seevögel auf Amrum als heute. Bei den Männern war auch die **Seehundjagd** äußerst beliebt, Einheimische fuhren diese eigens dafür zu den Seehundbänken. Da in den 1960er-Jahren der Bestand an Seehunden dramatisch zurückging, wurde die Jagd 1973 in Schleswig-Holstein verboten. Die Seehundpopulation hat sich seitdem wieder erholt.

☑ Wittdün war bei den Badegästen sehr beliebt – nicht nur wegen des Kniepsands, sondern auch wegen des Unterhaltungsprogramms

am2019_091 aöh

Der Beginn des Badebetriebs

Aber die Idee war geboren und steckte von nun an in den Köpfen vieler Insulaner. Die Ablehnung des Gesuchs von *Ludolf Schulze* führte deshalb nicht zur Beendigung des Themas, sondern sie setzte eine stürmische Entwicklung in Gang. Im März 1885 wurde die **Wyker Dampfschiffs-Reederei** (W.D.R.) auf Föhr gegründet, das versprach bessere Schiffsverbindungen. Auch der **Königliche Landvogt** in Wyk übte Druck auf die Gemeindevertreter Amrums aus, er **befürwortete einen Badebetrieb** auf der Nachbarinsel. Ein erstes Umdenken ließ die Amrumer 1886 beschließen, dass sie einen zukünftigen Badebetrieb selbst in die Hand nehmen wollten. *Ludolf Schulze* logierte bei seinen zahlreichen Inselaufenthalten stets in Steenodde im Gasthaus „Zum lustigen Seehund". Er kaufte es kurzerhand auf und lud alle am Badebetrieb interessierten Amrumer zu einer Versammlung ein. Gemeinsam wurde eine **Badekommision** gegründet, die zunächst die mögliche Preisgestaltung festlegte. Damit war der inoffizielle Anfang für den Seebädertourismus auf Amrum gemacht.

Natürlich spielte auch damals schon der Gedanke an hohe Gewinne eine Rolle bei der Gesinnungsänderung der Amrumer Gemeindevertreter. Sandiges Dünengebiet galt damals jedoch als wertloses Land, nur Möweneier und Kaninchen waren dort zu holen. Spekulanten aus Hamburg oder Berlin stellten **Anträge auf Landkauf,** das große Geld lockte. So wurden vor allem an der Südspitze der Insel viele Grundstücke verkauft. Das stieß bei den Insulanern aber nicht nur auf Zustimmung.

Der damalige Inselpastor *Wilhelm Tamsen* wollte die christlichen Sitten gegen die Gefahren eines modernen Badelebens schützen. Deshalb holte er seinen Kollegen *Friedrich von Bodelschwingh* zu Hilfe. Dieser kam im August 1888 nach Amrum, damals war das noch eine beschwerliche Reise. Von Hamburg ging es mit dem Dampfer über Helgoland nach Wyk auf Föhr. Von dort stieg man auf das W.D.R.-Schiff „Nordfriesland" um und fuhr nach Steenodde. Da es keine Brücke zum Anlegen gab, mussten die Passagiere dort ausgebootet und **an Land getragen werden.** Pastor *Bodelschwingh* erwarb ein Grundstück in den Norddorfer Dünen und errichtete hier sein **erstes christliches Seehospiz.** Die Bauten waren Fertighäuser aus Norwegen, die von norwegischen und einheimischen Zimmerleuten aufgestellt wurden. Beinahe zur gleichen Zeit strebte der Norddorfer *Heinrich Hüttmann* einen **weltlichen Hotelbetrieb** an und erwarb 1892 zu diesem Zweck das alte Schulhaus (siehe Exkurs „Hotel Hüttmann – Zukunft braucht Vergangenheit"). Mit dieser bescheidenen Immobilie gründete er seinen bis heute bestehenden Familien-Hotelbetrieb. 1907 entstand das heute noch existierende „Balkonhaus" des Hotel Hüttmann im Ortskern von Norddorf.

> Luftbild der Südspitze Amrums um 1930

Aus ‚weißen Dünen' wird Wittdün

Auf Amrums Südspitze errichteten ab 1889 indes zwei Kapitäne die ersten Hotels, der Amrumer Strandvogt *Volkert Quedens* und der Helgoländer *Paul Janssen Köhn.* Die beiden gelten heute als Gründer des **Seebads Wittdün.** Die Erteilung der Badekonzession war jedoch mit einer Auflage verbunden: In Wittdün musste ein **neuer Schiffsanleger** gebaut werden. Der aus Tondern stammende Hotelier *Heinrich Andresen* kam 1891 erstmals nach Amrum und sah eine zukunftsträchtige Entwicklung voraus. Er gründete die **Aktiengesellschaft Wittdün-Amrum** und kaufte den Herren *Quedens* und *Köhn* ihre Hotels gleich wieder ab. Bereits 1892 eröffnete *Andresen* zwei große Hotels, das **Hotel Kaiserhof** und auf Wittdüns Südspitze das mächtige **Kurhaus,** und er wurde zum Direktor des jungen Badeorts. Hinzu kamen noch weitere Logierhäuser und Villen. **Vier Schiffslinien** fuhren während der Saison den aufstrebenden neuen Badeort vom Festland aus an. Darunter auch eine, die *Andresen* einrichtete, um einen Anschluss an den täglich aus Berlin über Hamburg bis zur Husumer Schleuse kommenden „Badezug" zu haben und so weitere Gäste nach Amrum zu locken.

Eine Attraktion für die Badegäste war die **Inselbahn auf Amrum** (siehe Exkurs „Amrums Dünenexpress"). Weil unter den Wittdüner Hotels schon damals der Wellenschlag der Nordsee nicht sehr kräftig war, verlegte man 1893 Gleise für eine **dampfbetriebene Schmalspurbahn** auf den Kniepsand. Leider war die etwa vier Kilometer lange Strecke schon

am2019_092 aöh

Amrums Dünenexpress

Was tun, wenn sich Wittdüns Badeanlagen weit entfernt auf dem Kniepsand befinden? Der gerade gegründete Badeort baute bereits 1893 eine **dampfbetriebene Schmalspurbahn** dorthin. Für 20 Pfennig konnten die Inselgäste damals die gut drei Kilometer zur Strandhalle in der Nähe der Badestelle auf den Kniepsand fahren. Ab und zu wurden die Zugfahrten von der Blasmusik des 16-köpfigen Kurorchesters begleitet, das an der Strandhalle für Badegäste aufspielte. Aber die **Gleise waren buchstäblich auf Sand gebaut** und mussten nach Herbststürmen und Hochwassern mehrfach ausgebessert oder neu gebaut werden. Bereits 1894 verschlangen die Reparaturen 120.000 Mark. Die teure Fehlplanung der Strecke wurde zu Beginn

des 20. Jahrhunderts mehrfach korrigiert, die Gleise wurden in den Schutz des Dünengürtels verlegt. Etwa am Leuchtturm gab es seinerzeit einen Abzweiger der Bahnstrecke durch die Dünen am Wriakhörn auf den Kniepsand, damit die Badegäste nicht zu Fuß laufen mussten. 1901 wurde die Strecke bis nach Nebel verlängert, und 1902 kam auch Norddorf in den Genuss eines Gleisanschlusses.

Die hohen Kosten von 480.000 Mark für den Bau des Dünenexpresses standen allerdings in keinem Verhältnis zu den geringen Einnahmen. Amrums Kurbetrieb florierte dennoch, die Inseldörfer profitierten von der Eisenbahnverbindung. Doch 1907 musste die Aktiengesellschaft Wittdün-Amrum **Konkurs** anmelden. 1908 wurde die Verbindung auf den Kniepsand abgebaut, die Badegäste mussten die Strecke fortan **zu Fuß** auf einem Bohlenweg zurücklegen. Noch häufig sollten die Besitzer der Amrumer Bahnanlagen wechseln. 1909 stellte der damaliger Betreiber, Elektrizitätswerke Düsseldorf, die Strecke auf elektrischen Betrieb um und legte sogar wieder ein Gleis zum Kniepsand. Aber bereits im Folgejahr beendete ein Brand im Kraftwerk die kurze Phase des elektrischen Betriebs und die Bahn fuhr wieder unter Dampf. 1912 übernahm die Hamburg-Amerikanische Packetfahrt-Actien-Gesellschaft **HAPAG** Amrums marode Inselbahn. Aber wer sich auch versuchte, 1920 war es die **Amrumer Inselbahn AG** und ab 1931 die **W.D.R.** – die Bahn hatte nach wie vor mit widrigen Bedingungen zu kämpfen. *„Es rüttelt und schüttelt und kommt nicht voran, das ist die Amrumer Inselbahn“* lautete der bissige Kommentar von Insulanern und Badegästen. Geringe Geschwindigkeit und zahlreiche Entgleisungen machten die Anlage zum Gespött. 1938 baute man eine befestigte Straße nach Norddorf und am **31. Oktober 1939** fuhr der **letzte Zug** über die Insel. 1940 wurden die Gleisanlagen demontiert.

Fans können sich auch heute auf die Suche nach den wenigen verbliebenen Spuren und Artefakten machen, zum Beispiel lässt sich nördlich von Nebel ein kurzes Stück des ehemaligen Bahndamms erkennen.

am2019_093 aöh

◁ Inselbahn mit Dampflok in den Dünen

nach den ersten Herbststürmen so stark beschädigt, dass im Folgejahr neue Schienen verlegt werden mussten. Zu Beginn des 20. Jahrhunderts wurde die Bahnstrecke über Nebel Richtung Norden verlängert, Norddorf war ab 1902 mit der Inselbahn erreichbar. Das war eine wichtige Maßnahme, schließlich gab es damals zwischen den Dörfern noch **keine befestigte Straße.** Die hohen Kosten für die dampfbetriebene Amrumer Inselbahn trieb die von *Heinrich Andresen* gegründete Aktiengesellschaft Wittdün-Amrum 1907 in den Konkurs. Damit stellte auch die Dampferlinie zwischen Husum und Wittdün ihren Betrieb ein.

Der beginnende Badetourismus wurde nicht von allen Insulanern wohlwollend betrachtet. Der Ort **Wittdün** war für die Alteingesessenen ein **Fremdkörper** auf der Insel, er wurde fast ausschließlich von Einwanderern aus dem Deutschen Reich bevölkert. Auch die Architektur und die Mode der Badegäste wirkte auf viele Inselbewohner befremdlich. So mancher Amrumer vermisste in den modernen Zeiten die über Jahrhunderte bestehende Abgeschiedenheit. Dennoch sah man von Beginn an die Möglichkeit für ein besseres Leben. Nicht wenige Insulaner strebte Nebenverdienste an.

Das am Wattenmeer liegende Dorf **Nebel** hatte zu Beginn des Badebetriebs nur vereinzelt Urlauber. Westlich der Ortschaft wurde in den 1890er-Jahren das **Kurhaus Satteldüne** errichtet, es sprach in erster Linie die Oberschicht der Gesellschaft an. Nahe der St.-Clemens-Kirche baute man in Nebel 1905 ein **Sanatorium.** Eine Konzession zur Nutzung eines eigenen Strandabschnitts gab es aber erst 1938. In **Norddorf** hingegen war man Fremden gegenüber aufgeschlossener. Durch die Seehospize von Pastor *Bodelschwingh* – 1905 wurde bereits das vierte Haus eröffnet – und dem Engagement des Hotelpioniers *Hüttmann* hatte man schon früh Badegäste im Ort. Ab 1902 kam dann mit der Inselbahn eine viel größere Anzahl von Besuchern in den Norden der Insel, weitere Hoteliers folgten *Hüttmanns* Beispiel. In einem Priel gab es auf dem Kniepsand damals bei Norddorf sogar einen kleinen Hafen. Von diesem **Kniephafen** aus gab es einen regen Schiffsverkehr zur Nachbarinsel Sylt nach Hörnum.

Schwierige Zeiten

Trotz des Konkurses von *Andresens* Aktiengesellschaft wuchs der Ort Wittdün zunächst weiter. Der Kurdirektor *Robert Wolff* übernahm die Geschäfte. 1912 wurde der Badeort Wittdün zur **selbstständigen Gemeinde** und *Wolff* zum ersten Bürgermeister. Nach und nach entstanden in der ehemaligen Dünenlandschaft zahlreiche neue Gebäude. Um die Südspitze herum bekam Wittdün eine erste hölzerne Strandpromenade, **Wandelbahn** genannt. Im November 1911 zerstörte eine Orkanflut die Konstruktion und riss rund 150 Meter von Amrums äußerster Südspitze in die See. Daraufhin wurde eine stabile **Uferschutzmauer** um die Südspitze gebaut und die Wandelbahn in das Küstenschutzbauwerk integriert. Im Sommer 1914 fand die glanzvolle Eröffnung der neuen Strandpromenade statt.

Kurz darauf brach das Unheil über Amrum, das Deutsche Reich und

Europa herein, als am 1. August das Deutsche Reich in den **Ersten Weltkrieg** eintrat. Der Badebetrieb wurde dadurch komplett lahmgelegt, Wittdüns einzige Einnahmequelle versiegte. Mehr als vier Jahre standen die Nobelhotels und das Kurhaus leer, manch Pleite drohte und folgte. Einige Soldaten bildeten die Inselwache, ansonsten war aber von unmittelbaren Kriegshandlungen auf Amrum nicht viel mitzubekommen. Aufgrund der Kriegsbegeisterung im Reich zogen auch zahlreiche Insulaner euphorisch in die Schlachten, viele kehrten nicht mehr zurück. Ein Denkmal auf dem Friedhof in Nebel erinnert an die Opfer des Ersten Weltkriegs.

Nach Deutschlands Niederlage im Großen Krieg wurde im Versailler Vertrag die Möglichkeit einer Volksabstimmung über den Verbleib im Deutschen Reich festgeschrieben. Die Bewohner Schleswigs führten daraufhin eine solche durch, die Amrumer entschieden sich wie die Bewohner der Nachbarinseln Sylt und Föhr klar dafür, **deutsch bleiben zu wollen.** Große Gebiete Nordschleswigs mit Teilen des Kreises Tondern hingegen wurden dänisch. Fremdenverkehr und Badebetrieb kamen in den 1920er-Jahren erst langsam wieder in Gang. Teilweise musste man sich umorientieren, die Gesellschaftsstruktur Deutschlands hatte sich verändert. 1923 wurde das ehemals mondäne Kurhaus Satteldüne zur **Kinderklinik.** Norddorf löste sich 1925 aus der Gemeinde Amrum und wurde eigenständig. Im Sommer des gleichen Jahres brach im 1911 erbauten großen **Ambronenhaus** ein Feuer aus. Schnell sprangen die Flammen auf andere Gebäude über, die meisten waren mit schnell entflammbaren Reetdächern ausgestattet. Bei diesem verheerenden Brand im August 1925 wurden schlussendlich große Teile des historischen Ortskerns von Norddorf zerstört. Dieses **Großfeuer** begründet das bis heute andere Ortsbild Norddorfs, der Charakter eines nordfriesischen Dorfs ist anders als beispielsweise in Nebel nur an wenigen Stellen zu erahnen. Nach dem Brand wurde der Ortskern zügig neu errichtet, auch ein neues Ambronenhaus gehörte dazu. Reetdächer verwendete man allerdings aus gutem Grund nicht mehr. 1929 wurde in Norddorf ein großzügiges **Gemeindehaus** für die Kirchengemeinde eingeweiht. Es dient heute als Veranstaltungszentrum.

Schon wieder Krieg

1933 übernahm die NSDAP die politischen Geschicke im Deutschen Reich. Die Organisation **Kraft durch Freude** (KdF) sollte die Freizeitgestaltung der Bevölkerung im Sinne der neuen Machthaber lenken. Der größte Geschäftszweig war die Organisation von Ausflügen und Reisen. Die Badeorte an den Nord- und Ostseeküsten profitierten davon, **auch Amrum** hatte dadurch einen **kräftigen Aufschwung** im Badebetrieb zu verzeichnen. 1935 wurde ein Deich zwischen Wittdün und Steenodde gebaut. Die Länge der Küstenschutzmaßnahme betrug 1,6 Kilometer. Der Schutz des Marschlandes wurde mit Hilfe des Reichsarbeitsdienstes ausgeführt. Die dafür erforderlichen Sandmassen beförderten kleine Lorenzüge aus den Dünen zur Baustelle am Wattenmeer. 1938 begann der **Bau einer befestigten Straße** zwischen Wittdün und Norddorf. Die

Hotel Hüttmann – Zukunft braucht Vergangenheit

1890 begründete Pastor *Friedrich von Bodelschwingh* den **Badebetrieb** in Amrums Norden. Er eröffnete in Norddorf 1890 ein gut besuchtes Seehospiz. Zu seinen Gästen gehörte auch der aus Hamburg-Altona stammende *Heinrich Hüttmann.* Der Eisenbahnsekretär war zur Kur auf Föhr, aber erst der Aufenthalt auf Amrum verbesserte seine Gesundheit erheblich. So beschloss er, mit seiner Familie nach Amrum zu ziehen. Über einen Mittelsmann ersteigerte er für 1500 Mark das gerade leer gewordene alte **Norddorfer Schulhaus** und eröffnete ein **Seepensionat mit vier Zimmern** – nicht zur Freude von Pastor *Bodelschwingh.* Zwischen den beiden brach ein jahrelanger Konkurrenzkampf aus, in dem einer dem anderen nichts schenkte und der auch nach dem Tod des Pastors 1910 durch dessen Nachfolger heftig weiter ausgetragen wurde.

Heinrich Hüttmann litt aber immer noch an seinem Bronchialleiden und war häufig krank. Das nutzten die Verwalter des Seehospizes aus und führten 1906 sogar Übernahmeverhandlungen, die aber erfolglos blieben. Das **„Hotel Hüttmann“,** wie es inzwischen hieß, wurde im Laufe der Jahre baulich immer wieder erweitert und hinsichtlich des Komforts an die Bedürfnisse der Gäste angepasst. Einen markanten Blick-

fang erhielt es 1907 mit dem Bau des **„Balkonhauses"**. Als die Westfälische Diakonissenanstalt, die das Seehospiz betrieb, 1910 den Bau des großen **„Ambronenhauses"** mit einem riesigen Speisesaal plante, reagierte *Heinrich Hüttmann* mit finanzieller Unterstützung seines Freundes und Nachbarn *Ernst Schult* prompt. Dieser war nach dem Tod seines Schwiegervaters im Jahr 1905 unerwartet zu Reichtum gekommen, als seine Familie in einer Kiste mit doppeltem Boden 35.000 Goldmark entdeckt hatte. *Hüttmanns* Antwort auf die Pläne der Diakonissenanstalt war der **Bau einer großen Dependance des Hotels** gegenüber des ehemaligen Schulhäuschens. Stolz verkündete er in der Familienchronik, dass diese 1911 sogar um einige Monate früher fertig geworden war als das Ambronenhaus.

Durch den **Ersten Weltkrieg** brach der Gästestrom ein, ein harter, aber erfolgreicher Überlebenskampf des Hotels folgte. Als *Heinrich Hüttmann* 1925 starb, wurde der Staffelstab an die nächste Generation weitergereicht. Tochter *Anna Reese* und ihr Mann *Max* führten das Hotel für 40 weitere Jahre durch gute und schlechte Zeiten, wie den **Zweiten Weltkrieg,** bevor sie es an ihre Tochter *Lena Kossmann* und deren Mann *Erich* übergaben. 1985 übernahm mit *Peter Kossmann* und seiner Frau *Barbara* die vierte Generation den Familienbetrieb mit mehr als 100 Betten. *Peter Kossmann* war dafür bestens ausgebildet worden. Er hatte Koch gelernt, nach mehreren beruflichen Stationen in der Schweiz, Berlin und am Bodensee die Hotelfachschule in Heidelberg besucht. Nach mehreren Führungspositionen übernahm er 1982 die Leitung der **„Burg Hornberg"**, einem Vier-Sterne-Hotelbetrieb im Neckartal. Drei Jahre später kehrte er nach Norddorf auf Amrum zurück.

Barbara und *Peter Kossmann* führen im Hotel Hüttmann seit Beginn ihrer Leitung mit viel Fingerspitzengefühl bauliche Maßnahmen durch. Ihnen liegt am Herzen, die Geschichte zu bewahren, gleichzeitig aber die Wünsche der Gäste nach modernem Komfort zu erfüllen. Bisher ist Ihnen das gut gelungen. Als 1997 die fast 90 Jahre alte „Dependance" abgerissen werden musste, entstand beispielsweise ein originalgetreuer Neubau, in dem bis heute der größte Teil der Mitarbeiter wohnt. Das Hotel Hüttmann kann inzwischen auf eine mehr als **125-jährige Tradition** zurückblicken. Es zählt mit Vier-Sterne-Komfort nach wie vor zu den besten Unterkünften auf Amrum.

am2019_095 ahh

Hotel Hüttmann in Norddorf mit gleichnamiger Wiese um die Jahrhundertwende

am2019_096 afq

schwer zu betreibende und teure Amrumer Inselbahn stellte daraufhin am 31. Oktober 1939 ihren Betrieb ein.

Der Ausbruch des **Zweiten Weltkriegs** am 1. September 1939 leerte erneut die Hotelbetten auf der Insel, der Badebetrieb wurde abermals eingestellt. Wieder zogen zahlreiche Insulaner in den Krieg, viele Amrumer waren bei der Marine beschäftigt. Marinesoldaten wurden als Inselwache im Norddorfer Seehopiz untergebracht. Und wie gut 20 Jahre zuvor starben viele von ihnen. Die Fähren der Wyker Dampfschiffreederei wurden mehrfach von feindlichen Fliegern angegriffen.

Über dem Amrumer Quermarkenfeuer wurde am 13. November 1943 ein amerikanischer Bomber von deutschen Jagdflugzeugen abgeschossen. Brennend stürzte das Flugzeug ins Meer beim Seezeichen, die zehn Besatzungsmitglider kamen ums Leben. Da nur sieben Leichen geborgen wurden, galt das Wrack lange als Kriegsgrab. Von weiteren Kriegshandlungen blieb die Insel Amrum verschont.

⌃ Brand des Ambronenhauses in Norddorf 1925

Wiederaufbau und Wirtschaftswunder

Wie überall in Deutschland war die unmittelbare Nachkriegszeit auch auf Amrum eine **Phase der Neuordnung.** Flüchtlinge aus den ehemals deutschen Ostgebieten kamen zwischenzeitlich im Norddorfer Ambronenhaus unter. Das Militär verließ die Insel, die Flüchtlinge wurden auf ganz Deutschland verteilt. Langsam begannen wieder Renovierungen und Verschönerungen, Amrum putzte sich für erhoffte neue Gäste heraus. 1949 wurde die **Bundesrepublik Deutschland** gegründet, das beginnende Wirtschaftswunder machte sich bald auch an der Küste bemerkbar. Der 1951 veröffentlichte Schlager „Pack die Badehose ein", den Kinderstar Cornelia Froboess sang, passte in die Zeit. Wo sonst konnten die Deutschen dunkle Kriegsereignisse besser verarbeiten als an der See?

So kam es in den folgenden Jahren zu **starker Bautätigkeit auf Amrum.** Günstig veräußertes Bauland ließ im Westen von Nebel am Rand des Walds die neue **Siedlung Westerheide** entstehen. Durch die neuen Bauten wandelte sich nun auch hier die Einstellung zum Tourismus, das bäuerliche Friesendorf Nebel öffnete sich nun gegenüber dem Fremdenverkehr. 1956 wurde **Norddorf** mit der Einrichtung eines Kurmittelhauses zum **Seeheilbad.** Auch hier wurde der Ort vergrößert und munter gebaut. Im Süden des Dorfs und im westlich gelegenen Dünengebiet entstanden neue Siedlungen. Häufig kamen die Bauherren aber nicht von der Insel. Zum Erstaunen der Insulaner errichteten gerade diese Fremden ihre Gebäude häufig im **Friesenstil.** Wittdün legte 1954 dem Campingtrend folgend in den Dünen westlich der Ortschaft einen **Campingplatz** an. 1959 folgte der **FKK-Campingplatz** zwischen dem Amrumer Leuchtturm und Wriakhörn. Auch Wittdün baute 1955 ein Kurmittelhaus und erhielt somit ebenfalls den Status eines Nordseeheilbades. In den 1960er-Jahren gestalteten die Wittdüner ihr Zentrum neu. So entstand hier das neue Gebäude der Post, wegen seiner Verkleidung aus viereckigen Platten im Volksmund „Keksdose" genannt. Der ohnehin wegen seiner unharmonischen Architektur wenig geliebte Ort Wittdün bekam damit einen neuen und negativen Höhepunkt.

Strandleben und Tourismus

Bauwerke ganz anderer Art entstanden auf dem unendlichen **Kniepsand** bei Nebel. Der Künstler und Wahl-Amrumer *Otfried Schwarz,* „Panscho" genannt, sammelte schon in den 1960er-Jahren **Treibgut** und errichtete damit burgähnliche Bauwerke am Strand. Panschos originelle **Strandburg** wurde jahrzehntelang von den Badegästen bestaunt und fotografiert. In den aus Treibholz, Fischernetzen und Fendern gebauten Räumlichkeiten wurden Sonnenuntergänge genossen und Partys gefeiert. Nur als Schlafplatz durften sie nicht dienen. Mit den Jahren gab es auch zahlreiche Nachahmer. So entstanden mit **Onkel Tin's Hütte,** der **Piratenkajüte** und anderen Strandgebilden zeitweise viele weitere Attraktionen auf dem Kniepsand. Die Badegäste begannen, eigene Fundstücke zu integrieren, so entstanden Gemeinschaftskunstwerke. Im Herbst wurde das Baumaterial an gekennzeichneter Stelle vergraben. Denn die Stürme und Sturmfluten des Winterhalbjahres konnte eine Strandburg nicht unbeschadet überstehen. Wenn im kommenden Frühjahr das Baumaterial des vorherigen Jahres wieder ausgegraben wurde, konstruierten *Panscho* und andere Baumeister eine neue Strandinstallation. Aber die Naturschutzbehörden prangerten die wilden Bautätigkeiten zusehends an. Die für Amrum typischen Bauwerke wurden nicht mehr geduldet. Auch Panschos legendäre Strandburg fiel schließlich dem „Blanken Hans" zum Opfer.

In den 1970er-Jahren entstanden in Wittdün **Apartmenthäuser mit Eigentumswohnungen,** viele Auswärtige gönnten sich damals ihr ganz persönliches Stück Amrum. Die Amrumer versuchten es auch mit Schwimmbädern, in der ersten Hälfte der 1970er-Jahre eröffnete sowohl Norddorf als auch Wittdün ein Meerwasserfreibad. Beide Anlagen wurden aber über Jahre defizitär betrieben, fraßen große Teile der Kurabgaben und wurden wenig genutzt. Inzwischen sind beide Freibäder wieder verschwunden. In Wittdün eröffnete man 1997 das **AmrumBadeland,** ein ganzjährig betriebenes Meerwasserschwimmbad in der Halle. Damals zeichnete sich bereits ab, dass Wittdüns Badestrand in den Sandmassen des Kniepsandes verschwinden würde, das AmrumBadeland bietet eine Alternative. Das zum Freibad gehörende Norddorfer Hallenbad wird nun für Ausstellungszwecke und das Naturzentrum genutzt. Dort wird daran gearbeitet, ein riesiges präpariertes **Pottwalskelett** auszustellen. Im Januar 2016 waren einige Pottwale an der Deutschen Nordseeküste gestrandet und verende-

am2019_126 sst

ten. Die Außenbecken des ehemaligen Freibads sind zugeschüttet und die Bereiche in den Dünen renaturiert worden.

Das 1892 errichtete **große Kurhaus** dominierte lange Zeit die Wittdüner Südspitze, 1974 wurde es abgebrochen. Das Gelände blieb in Gemeindebesitz und wurde danach mit Häusern für Insulaner bebaut. 1971 führte die W.D.R. den **tideunabhängigen Schiffsverkehr** ein, die Gäste konnten ihren Inselaufenthalt nun besser planen. Auch die Anzahl an mitgenommenen Fahrzeugen stieg mit Einführung neuer Fähren. Am Wittdüner Hafen wurde deshalb 1974 die bis dahin hölzerne Schiffsbrücke durch einen größeren Fähranleger aus Beton ersetzt. Ein Rekordjahr der W.D.R. war 1992, wegen der **Deutschen Einheit** nutzen 2,25 Millionen Passagiere die Fähren des Unternehmens. Die Menschen der ehemaligen DDR entdeckten die Nordseeküste damals für sich.

Der Badetourismus im 21. Jahrhundert

Die drei Gemeinden mit den fünf Inseldörfern gehören seit 2007 zum **Amt Föhr-Amrum.** Sitz der Amtsverwaltung ist Wyk auf Föhr, auf Amrum gibt es in Nebel eine Nebenstelle. Wie an der ganzen Küste zu beobachten ist, profitiert auch Amrum seit etwa 2015 von einem **Boom.** Die Deutschen verbringen ihren Urlaub wieder gern in heimischen Gefilden. Das hat mit unsicheren politischen Entwicklungen im Ausland zu tun, aber auch mit einem verbesserten Angebot in der Heimat. **Wellness, Thalasso oder Spa** sind keine Fremdworte mehr, Themenangebote und spezielle Arrangements machen inzwischen auch die Wintermonate attraktiv. So hat Amrum die Marke von 1,3 Millionen Übernachtungen im Jahr geknackt. Im Sommer kommen etwa 12.000 Badegäste auf die Insel.

Unter **Umweltaspekten** dürften die Grenzen langsam erreicht sein. Aber in Sachen Komfort und Qualität ist sicher noch mehr möglich. Denn die Amrum-Urlauber sind in der Regel Amrum-Liebhaber. Es ist eine bewusste Entscheidung der Amrumer, dass es keinen Flugplatz auf der Insel gibt. Jeder Gast muss den umständlichen Weg über das Wasser wählen. So aber wird **Partytourismus ferngehalten,** und die Insel bietet für ihre Gäste nach wie vor Urlaub zum Wohlfühlen. Im Detail arbeitet die Kurverwaltung an ständigen Verbesserungen und optimiert ihr Angebot. So sind in den letzten Jahren verstärkt **namhafte** und attraktive **Künstler** im Veranstaltungsprogramm aufgetreten. Weil Amrum vor allem aber mit seiner vielschichtigen **Natur** punktet, gibt es auch ein **starkes Umweltbewusstsein.** So wäre es durchaus wünschenswert, wenn das Auto öfter mal auf dem Festland bliebe. Der friesische Inselbewohner hat sich mit den zahlreich kommenden Badegästen inzwischen arrangiert. Das soziale Miteinander der Amrumer Bevölkerung hat sich heute in die Wintermonate verlagert, im Sommer ist man für die Gäste da, im Winter gern unter sich. Dann haben **Vereinsleben** und **alte Traditionen** Vorrang vor dem sommerlichen Run auf den Urlaub.

[<] Eine von Panschos Strandburgen hat es als Kunstinstallation bis ins Museum Hamburg-Altona geschafft

5

Die Nordsee

Wissenswertes und Nützliches zu den Themen Nordsee, Klima und Wetter, Gezeiten, Gesundheit und Sicherheit sind hier zu erfahren. Eine Tabelle zeigt die erweiterte Beaufort-Skala und kann gut zur ungefähren Einschätzung der Windgeschwindigkeiten genutzt werden.

< Untergehende Sonne über der Nordsee

Land und Meer

Die Geschichte der Nordsee begann im Erdmittelalter **Mesozoikum,** also vor rund 250 Millionen Jahren. In dieser Zeit fanden die wichtigsten gesteinsbildenden Prozesse statt. Heute ist es kaum noch vorstellbar, aber in dieser Zeit lebten im Bereich der heutigen Nordsee viele Tiere wie Dinosaurier, alles war dicht bewachsen, und es herrschte ein für Verwitterungsprozesse ideales tropisches und subtropisches Klima.

Während der drei Eiszeiten im Quartär – dem vor 2,1 Millionen Jahren beginnenden jüngsten Zeitabschnitt der Erdgeschichte – lag das Gebiet der heutigen Nordsee **oberhalb des Meeresspiegels.** Durch die Bildung kontinentaler Eismassen und Gletscher wurde den Ozeanen viel Wasser entzogen. Deswegen lag der Meeresspiegel in der Vergangenheit um mehr als 100 Meter tiefer als heute. Damals erstreckten sich **große Eismassen** über die Arktis und Antarktis, und auf der nördlichen Halbkugel bildeten sich auch auf den kontinentalen Landmassen weite Eisschilde. Durch die Erwärmung des Erdklimas tauten die Eismassen nach der Eiszeit in Schüben wieder ab und der Meeresspiegel stieg.

Auf dem Höhepunkt der Weichseleiszeit in der Zeitspanne vor etwa 60.000 bis 15.000 Jahren – es war die letzte im nördlichen Mitteleuropa – lag das Ni-

> Weg über Dünen zum Nordstrand

veau des Meeresspiegels weltweit rund 120 Meter niedriger als heute. Durch das Schmelzen der mächtigen Eispanzer stieg er in den letzten 10.000 Jahren gewaltig an. Die riesigen Schuttmassen, die die Gletscher mit sich führten, blieben nach dem Auftauen als **Moränen** aus Sand, Lehm und Gesteinsschutt zurück. Diese Ablagerungen bilden heute die **Geestrücken** der Landschaft in Norddeutschland, im Gegensatz zum Schwemmland der Marsch liegt die Geest höher. Oft sind die Böden sandig und unfruchtbar.

am2019_098 mna

Bernstein – die Tränen der Sonnentöchter

... so nannte der römische Dichter *Ovid* (43 v. Chr.–17 n. Chr.) den Bernstein, der auch **„Gold des Nordens"** genannt wird. Die Römer bezeichneten Bernstein als „Saft" *(succinum)*, daraus leitet sich der wissenschaftliche Begriff für *Bernstein Succinit* ab. Er ist kein richtiger Stein, wie man angesichts des Namens vermuten könnte, sondern **fossiles Baumharz.** Die deutsche Bezeichnung „Bernstein" geht auf das mittelniederdeutsche *bernen* (brennen) zurück, denn das Harz ist leicht entzündbar.

Früher fand man Bernstein aufgrund dieser Eigenschaft **zum Feuermachen** nützlicher als zur Schmuckherstellung. Damals erreichten die Brocken nicht selten Brikettgröße und waren somit alles andere als rar. Das tat ihrer Beliebtheit in verarbeiteter Form jedoch keinen Abbruch. Vor allem die Mittelmeervölker waren geradezu versessen auf das „Gold des Nordens" und zahlten hohe Preise. Für ein Schmuckstück aus Bernstein bekam man im alten Rom so viel Geld, dass man davon sogar einen Sklaven kaufen konnte.

Vor Jahrmillionen trat das Harz aus den Wunden von vorwiegend subtropischen Bäumen aus und härtete an der Luft schnell aus. Bernstein gibt es auf der ganzen Welt und nicht nur, wie wir Deutschen meistens annehmen, an der Nord- und Ostsee. Bei geologischen Veränderungen wurde das Harz mit Wasser überspült und gelangte durch Überlagerungen in tiefere Sedimentschichten. Unter Luftabschluss und Druck entstand in 40 bis 50 Millionen Jahren Bernstein. Als **Einschlüsse** gibt es häufig **Fossilien von Pflanzenteilen** oder **kleine Tiere,** die man bei vielen Schmuckstücken gut sehen kann. In der Fußgängerzone in Wyk auf Föhr lässt sich der größte **„Bernstein Zoo"** der Welt besichtigen: 400 verschiedene Figuren von 200

am2019_099 mna

Arten. Mehr dazu unter www.uwebernstein.de.

Der bei uns gefundene Bernstein gelangte durch die **Gletscher der Eiszeiten** aus der baltischen Region hierher. In flachen Schichten lagerte er sich ab, aus denen die Nordsee besonders an den Stränden der Nordseeinseln immer wieder individuelle Stücke antreibt. Bernstein wird in vielen unterschiedlichen Größen gefunden, die meisten Stücke sind etwa so groß wie ein Kieselstein, größere Funde sind heute selten geworden. Das Material ist nur geringfügig dichter als Wasser und sehr viel leichter als Mineralien oder Gestein. Deshalb geht Bernstein in Süßwasser unter, während er in salzhaltigem Wasser schwimmt.

Ob man einen echten Bernstein gefunden hat, lässt sich einfach nachprüfen: Glatter, trockener Bernstein **lädt sich elektrostatisch auf,** und er zieht wie ein Magnet Papierschnipsel und Wollfussel an. Ein anderer Weg ist, einen Teelöffel Salz in einem Glas Wasser aufzulösen. Schwimmt der Stein darin, handelt es sich um einen echten Bernstein. Die Amrumerin *Petra Dettmering* hat bisher etwa **9000 Bernsteine** gefunden. Sie schätzt ihr Hobby, weil sie oft rausgehen und lange an der frischen Luft unterwegs sein kann. Die beste Zeit ist kurz vor Niedrigwasser am Strand, danach folgt ein drei- bis vierstündiger Gang am Spülsaum, um nach Bernsteinen Ausschau zu halten. Je kälter es ist, umso besser schwimmt Bernstein. Am Schmuck-Geschäft hat sie kein Interesse, sondern bewahrt ihre Sammlung in mehreren wassergefüllten Gefäßen auf, um sich an deren Anblick zu erfreuen. Manchmal verschenkt sie auch eines ihrer Fundstücke.

[<] Halskette mit Bernstein

Das **Wasser des Atlantischen Ozeans** drang durch den Anstieg des Meeresspiegels immer weiter nach Süden vor und überspülte große Landmassen, so entstand die Nordsee. Dabei verschob sich die Küstenlinie mehrere hundert Kilometer landeinwärts. Die ursprüngliche **Landbrücke nach England** ging verloren, als vor etwa 9000 Jahren der **Ärmelkanal** entstand. Zwischen 7000 v. Chr. und 5000 v. Chr. verlangsamte sich der Anstieg des Meeresspiegels wieder. Vor etwa 5000 Jahren entwickelte sich im Großen und Ganzen die Küstenlinie der Nordsee so, wie wir sie heute kennen: mit ihren Watten, Marschen und oft bewaldeten Geestkuppen. Die Gezeiten und Strömungen transportierten Sedimente und lagerten diese an Untiefen und Sandbänken ab. Nach und nach wuchsen diese zur Kette der vorgelagerten Ostfriesischen Inseln heran.

Die Nordfriesischen Inseln sind anderen Ursprungs. **Amrum** beispielsweise hat einen **Geestkern,** während **Föhr** zum einen Teil auf **Geest** basiert, zum anderen auf **Marschen.** Die Nordfriesischen Inseln gehörten ursprünglich zum Festland und wurden erst durch heftige Sturmfluten im Mittelalter zu Inseln und Halligen. Sie verändern sich auch heute noch ständig, denn das sie umgebende **Wattenmeer** ist eines der **dynamischsten Systeme der Welt.**

Auch der momentane Anstieg des Meeresspiegels durch die Erwärmung des Klimas trägt seinen Teil dazu bei. Langzeitdatenreihen belegen, dass sich die **Nordsee deutlich stärker erwärmt** als die Weltozeane im Mittel. Sie ist in den vergangenen 50 Jahren um 1,7 °C wärmer geworden. Damit ist die Deutsche Bucht eines der sich am schnellsten erwärmenden Küstenmeere überhaupt. Das verändert auch Flora und Fauna. Kälte liebende Arten verringern sich oder verschwinden, Meeresströmungen werden beeinflusst und neue Arten aus wärmeren Gefilden wandern ein.

Küstenschutz ist Inselschutz – im Falle von Amrum ist Küstenschutz in erster Linie **Dünenschutz.** Es ist verboten, die Dünen außerhalb der bezeichneten Übergänge und Wege zu betreten, wobei sich leider nicht alle an diese Verbote halten. Vielleicht liegt ein Grund darin, dass vielfach in den Urlaubsbroschüren mit Bildern vom netten Picknick oder Sundowner in den Dünen geworben wird. So fehlt bei vielen Besuchern das Bewusstsein dafür, dass mit jedem Schritt außerhalb der Wege der Bewuchs zerstört wird. Er befestigt den Sand und die Dünen, schützt vor Verwehungen. Und wo Schritte zu finden sind, fühlen sich andere leider dazu eingeladen, ihnen zu folgen. Ist die Vegetation erst zerstört, haben Wind und Wetter einen guten Angriffspunkt für ihre zerstörerische Wirkung. Die **Dünen Amrums** dienen nicht nur Tausenden von Vögeln als **Nistplatz,** sondern sie sind als natürlicher Deich gleichzeitig **Hochwasserschutz.** Wie auch die Inseln und Halligen – und zwar für das dahinter liegende Festland. Um die gefährdetsten Dünen besser zu schützen, wurden nördlich von Norddorf rund 60.000 Quadratmeter große **Anpflanzungen von Dünengras** und etwa sechs Kilometer **Sandfangzäune** angelegt sowie eine Reihe von Schildern mit der Aufschrift „Dünenschutz ist Inselschutz!“ aufgestellt. Es wird sich erst in der Zukunft zeigen, ob diese Maßnahmen langfristig Wirkung zeigen und die Dünenkette nach den schweren Sturmfluten der vergangenen Jahre wieder stabilisieren können.

am2019_100 mna

Wind und Wetter

Amrum liegt in der **Westwindzone der gemäßigten Breiten,** die durch den Golfstrom beeinflusst sind. Der besonders milde **Golfstrom** ist eine der größten und schnellsten Meeresströmungen der Erde. Er führt Wärme heran, lässt aber auch Tiefdruckgebiete mit überwiegend westlichen Starkwinden entstehen. Bei uns ist es deshalb im Durchschnitt 5 bis 10 °C wärmer oder, andersherum gesagt, es wäre 5 bis 10 °C kälter, wenn es ihn nicht geben würde. So herrscht auf Amrum ein ausgeprägt **maritimes Klima** mit mehr Sonnenstunden als auf dem Festland. Besonders im Frühjahr gibt es regelmäßig mehr davon, weil das kühle Meerwasser die Bildung von Wolken unterdrückt. Im Herbst kann das Pendel umschlagen, und es bilden sich unter Umständen mehr Wolken als über dem Festland. Auf Amrum herrscht ein **warm- und feuchtgemäßigtes Klima** mit warmen Sommern. Die Temperatur des Meerwassers verändert sich nicht so schnell wie die der Luft, deshalb sind die Temperaturunterschiede auf den Nordseeinseln generell geringer, dafür ist aber die Luftfeuchtigkeit höher. Weil die Nordsee wie ein Wärmespeicher funktioniert, herrscht auf Amrum eine **mittlere Jahrestemperatur von 8,5 °C** (8,2 °C in Deutschland), im Winter fällt das Thermometer selten unter 0 °C – und wenn, dann im Januar oder Februar. Die Luftfeuchtigkeit beträgt durchschnittlich 82,5 Prozent, trockenster Monat ist der Juni mit 76 Prozent, feuchtester der Januar mit 90 Prozent. Mit einer Durchschnittstemperatur von 2 °C ist der Februar kältester Monat (in Deutschland -0,5 °C). Wärmste Monate sind Juli und August mit durchschnittlich 18 °C (16,5 °C in Deutschland). Die mittlere **Jahresniederschlagsmenge** auf Amrum liegt zwischen 800 und 850 Millilitern und ist damit höher als die durchschnittliche in Deutschland mit 789 Millilitern, monatlich sind es im Mittel 85,3 Milliliter. Die Sichtweite im Juli beträgt durchschnittlich elf Kilometer, sie sinkt im Februar auf acht Kilometer. Im Februar bläst der Wind mit durchschnittlich 23 Stundenkilometern über die Insel, und dieser Wert sinkt auch im August nur leicht auf 21 Stundenkilometer. Übers ganze Jahr betrachtet scheint auf Amrum **4,7 Stunden pro Tag die Sonne** und an monatlich elf Tagen regnet es. Die **Wassertemperatur** liegt im Jahresmittel bei 9,7 °C. Am wärmsten ist das Wasser im August mit 17 °C, am kältesten mit 3 °C im Februar.

◁ Sandfangzaun aus Reisig in den Dünen

Klimatische Bedingungen

Deutschland liegt in einer **Zone wechselhaften Wetters.** Die mit dem Klimawandel verbundene Erderwärmung führt auch an der Nordsee zu extremeren Situationen. Im Verlauf des Golfstroms steigt erhitzte Luft auf, wird durch die Erdrotation in drehende Bewegung versetzt und **Tiefdruckgebiete** entstehen. Auf dem Rücken eines mächtigen Azorenhochs gelangen sie nach Nordeuropa, und manche erreichen erst hier vor der Küste ihre volle Kraft. Je län-

Deutsche Gesellschaft zur Rettung Schiffbrüchiger – die Seenotretter

Die Schifffahrtswege durch die Nordsee waren schon immer **gefährlich,** und die Deutsche Bucht ist heute eines der weltweit am stärksten befahrenen Seegebiete. Entlang der gesamten deutschen Küste und auf fast allen Inseln entlang der Nordseeküste gibt es leistungsstarke Rettungseinheiten der **Deutschen Gesellschaft zur Rettung Schiffbrüchiger (DGzRS).** An der schleswig-holsteinischen Nordseeküste existieren fünf Stationen mit Seenotrettungskreuzern. Sie sind dort fest stationiert, in Büsum liegt die „Theodor Storm“, auf Nordstrand die „Eiswette“, in List auf Sylt die „Pidder Lüng“ , auf Amrum die „Ernst Meier-Hedde“ und auf Helgoland die „Hermann Marwede“. Seenotrettungskreuzer haben zusätzlich ein motorisiertes Tochter- oder Arbeitsboot huckepack dabei, die Mannschaft besteht aus festangestellten Seenotrettern. Im Gegensatz dazu setzt sich die Besatzung der **Seenotrettungsboote** aus Freiwilligen zusammen. Die Flotte der Seenotrettungskreuzer wird in Schleswig-Holstein durch drei Seenotrettungsboote ergänzt, die in drei weiteren Häfen für den Notfall stationiert sind.

Sturmtiefs, meist aus nordwestlicher Richtung, haben früher viele Segelschiffe stranden lassen. Mitte des 19. Jahrhunderts verunglückten vor der deutschen Nordseeküste jährlich ca. 50 Stück. Oft hatte die Besatzung keine Chance, lebend an Land zu kommen. Daher wurden verschiedene Techniken entwickelt, um den Seeleuten von Land und auch auf der See helfen zu können, zum Beispiel die **„Hosenbojen“**, das sind Rettungsringe mit angenähten Hosen.

1861 gründeten sich unter anderem in Hamburg, Bremerhaven und Emden die ersten **Rettungsvereine,** um Menschen in Seenot zu helfen. Aus deren Zusammenschluss entstand 1865, also bereits vier Jahre später, die DGzRS. Maßgeblichen Anteil daran hatte der Redakteur des Bremer Handelsblatts *Dr. Arwed Emminghaus,* der statt einer Vielzahl einzelner örtlicher Vereine die Seenotrettung in einer Gesellschaft vereinen wollte. Noch im Gründungsjahr stationierte die DGzRS ihr **erstes eigenes Rettungsboot auf Amrum.** Anfangs eilten die Seenotretter noch **in offenen Ruderrettungsbooten** zu Hilfe, ab 1911 kamen die ersten Motorrettungsboote zum Einsatz – heute umfasst die Flotte rund **60 Seenotrettungskreuzer und -boote.**

Auf der Station Amrum ist seit 2015 der 28-Meter-Seenotrettungskreuzer „Ernst Meier-Hedde“ stationiert. Er wurde bei der Fassmer-Werft in Berne-Motzen gebaut. Sein Tiefgang beträgt 1,95 Meter. Mit zwei Propellern, von denen jeder 1958 PS stark ist, kommt er auf eine Geschwindigkeit von 24 Knoten. Der Seenotrettungskreuzer ist nach dem Reeder *Ernst Meier-Hedde* (1913–1994) benannt, dem Mitbegründer der Bremer-Schlüssel-Reederei für Massengutschiffe. Von 1980 bis 1990 war er elf Jahre lang ehrenamtlicher Vorsitzer der DGzRS. Das Tochterboot „Lotte“ trägt den Namen seiner Frau. Zur Stammbesatzung des Seenotrettungskreuzers gehören neun Rettungsmänner, von denen jeweils vier „auf Wache“ sind. Sie leben und arbeiten rund um die Uhr an Bord. Bei Bedarf springen die zwölf Freiwilligen ein und ergänzen die gerade Dienst habende Mannschaft.

Vor Amrum liegen zahlreiche **Sandbänke und Untiefen,** die Schiffen leicht zum Verhängnis werden können. Im Juli 1964 lief auf dem Rüttergatt das Frachtschiff **„Pella“** auf Grund. Die Hoffnung des Kapitäns, das Schiff wieder frei zu bekommen, erfüllte sich leider nicht. In der Nacht zum 2. August brach der 135 Meter lange

Rumpf. Damals war auf Amrum der Seenotrettungskreuzer „Bremen“ stationiert. Unter schwersten Bedingungen retteten Vormann *Harry Tadsen* und seine Mannschaft die 25-köpfige Besatzung. Das zeigt vor allem eins: Wenn andere längst im sicheren Hafen sind, fahren die Seenotretter raus, rund um die Uhr und bei jedem Wetter. Oftmals, um unter eigener Lebensgefahr Menschenleben zu retten. **2017** fanden **386 Einsätze bei Windstärke 7** und mehr statt. Dafür gebührt den festangestellten Besatzungen und den vielen freiwilligen Seenotrettern tiefer Respekt. Die DGzRS wird aber auch um Hilfe gebeten, wenn Verletzte oder Kranke ins Krankenhaus nach Föhr oder aufs Festland gebracht werden müssen.

Die DGzRS ist zuständig für den **maritimen Such- und Rettungsdienst** in den deutschen Gebieten von Nord- und Ostsee. 2017 hatten die Seenotretter in der Nordsee 882 Einsätze, retteten 14 Menschen aus Seenot und befreiten 111 weitere Personen aus Gefahrensituationen. Schirmherr der DGzRS ist der jeweils amtierende **Bundespräsident.** Zudem werben Prominente als „Bootschafter“ für die Seenotretter, beispielsweise die NDR-Moderatoren *Yared Dibaba, Bettina Tietjen* und *Heike Götz* sowie der Schauspieler *Till Demtrøder.* Überall an der Küste und auf den Inseln sind in vielen Einrichtungen die typischen **Sammelschiffchen der Seenotretter** zu finden. Sie warten darauf, mit Geld „gefüttert“ zu werden, denn die DGzRS finanziert sich als gemeinnützige Hilfsorganisation ausschließlich aus **Spenden.** Zum 125-jährigen Jubiläum im Jahr 1990 zierte das Sammelschiffchen sogar eine Sonderbriefmarke der Deutschen Post. Mehr Informationen auch zu regelmäßigen Spendenmöglichkeiten gibt es im Internet auf www.seenotretter.de.

am2019_101 mna

[>] Einer von fünf Seenotrettungskreuzern in Schleswig-Holstein ist die Ernst Meier-Hedde. Die Kreuzer haben zusätzlich motorisierte Tochter- bzw. Arbeitsboote an Bord

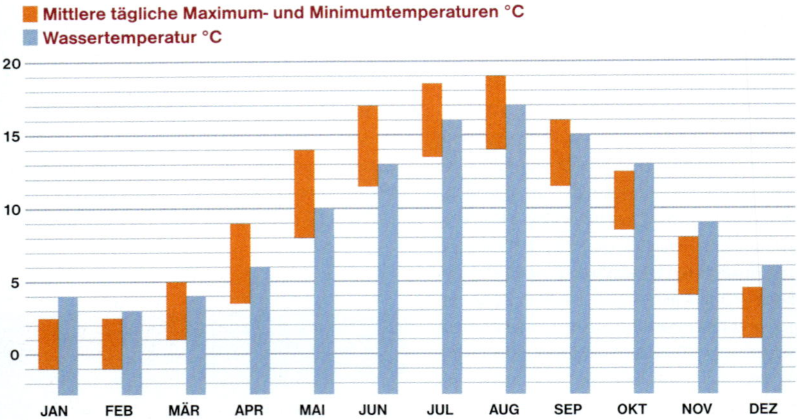

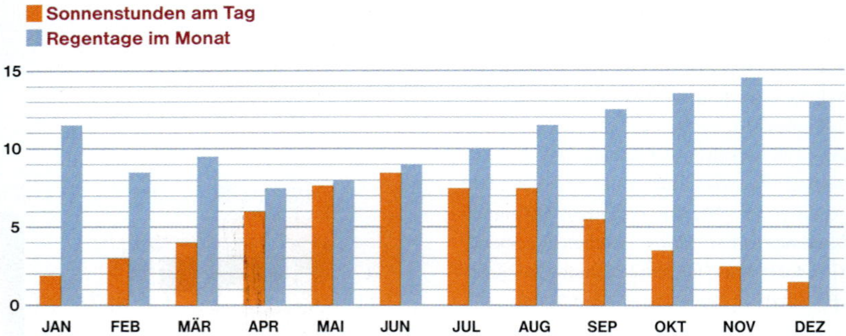

ger ihr Weg über dem Wasser ist, desto stärker werden sie. Die **Stürme** der Nordsee haben immer wieder die Küstengeografie verändert, und sie tun es noch heute. Amrum liegt an der Nordwestküste Deutschlands und ist den meist aus Westen kommenden Stürmen deshalb besonders ausgesetzt. Die Insel hat nur, im Gegensatz zu Sylt, das Glück, dass sich der **Kniepsand,** eine riesige Sandbank, in weiten Teilen vor die Westseite gelegt hat. Nur an der nördlichen Westseite fehlt sein schützender Sand und das Wasser kann insbesondere während der Herbst- und Winterstürme die schützenden Dünen direkt angreifen. In fast allen anderen Bereichen der Insel läuft sich die Kraft auf dem bis zu 1,5 Kilometer breiten Kniepsand ab, es kommt dort nur selten zu Schäden an den Dünen. Ausgeschlossen ist es aber nicht, zu groß ist die Macht der Wellen bei Sturmfluten. Es ist zu vermuten, dass die Wetterextreme zukünftig weiter zunehmen, sofern die Klimaerwärmung nicht verlangsamt oder gestoppt werden kann.

Das zumindest ist die heutige Einschätzung der meisten Experten.

Wetterabfolge

In der Deutschen Bucht gibt es **selten Windstille.** Meist kommt der Wind aus westlicher Richtung. Herrscht Tiefdruck, dreht sich der Wind auf der Nordhalbkugel gegen den Uhrzeigersinn. Jedem Amrumer ist bekannt, dass Wind aus südlichen bis südwestlichen Richtungen schlechtes Wetter bringt. Denn ein Tief bewegt sich dann auf den Nordseebereich zu, und bald bekommt man auch dessen Ausläufer zu spüren: mehr oder minder satter Regen von einer Warmfront. Dann, nach einem wahrscheinlichen Windsprung auf westliche Richtungen, Schauer und manchmal auch Gewitter im Gefolge einer Kaltfront. Danach weht es normalerweise kräftiger als zuvor aus Nordwest bis Nord – es ist das typische **Rückseitenwetter der Nordsee.** Mit Wetterglück läutet der Nordwind ein nachfolgendes Hoch ein, um das sich der Wind im Uhrzeigersinn dreht und schönes Wetter mitbringt.

Es ist empfehlenswert, sich bei einem Inselaufenthalt mit seiner Kleidung darauf einzustellen. In der Regel ist es an der Wasserkante auch deutlich windiger als im Binnenland oder auf dem Festland. **Windfeste Kleidung** und eine **Regenjacke** sollten deshalb immer mit dabei sein. Auch die Sonnenstrahlung ist hier intensiver, weil das Licht vom Wasser reflektiert und dadurch verstärkt wird. Deshalb sind **Sonnenschutzmaßnahmen** wie Sonnencreme und Kopfbedeckung auch bei bedecktem Himmel ganzjährig zu empfehlen.

Unser Tipp: Durch den sogenannten **Windchill-Faktor** fühlen sich am Strand die Temperaturen immer ein paar Grad kühler an als im Inselinneren. Besonders bewährt hat sich in allen Jahreszeiten bei der Kleidung das sogenannte **„Zwiebelprinzip“,** bei dem man mehrere Schichten verschiedener Kleidung übereinander trägt. Beispielsweise beginnt man mit dünner Unterbekleidung wie T-Shirt und „Zipp-of-Hose“, bei der sich der untere Teil der Hose mittels Reißverschluss abmachen lässt. Darüber kommt eine windfeste wärmere Kleidungsschicht. Den Abschluss bildet die dritte Schicht aus regenfester Jacke und Hose. Ein Rundschal rundet das ganze ab, er kann flexibel als Mütze oder Schal getragen werden, und schon ist man auf alle Wetter bestens vorbereitet.

Kräftige Stürme

Die **Beaufort-Skala,** die nach einem britischen Admiral benannt ist (siehe Info-Kasten „Sturm und Wellen"), beschrieb ursprünglich die Windstärken in einer Skala von ein bis zwölf Beaufort (Bft) und wurde später um fünf weitere Stufen nach oben erweitert. Sie ist eine praktische Messlatte, um die **Windverhältnisse vor Ort** auch ohne Windmesser annähernd einschätzen zu können und hat deshalb auch im Computer-Zeitalter weiterhin Bestand. Obwohl es als zeitgemäß gilt, den Wind heutzutage in km/h anzugeben, ist die metrische Methode weitaus weniger aussagefähig. Wer kann sich schon vorstellen, wie die See bei 50 km/h aussieht? Man erhält über die Angabe 7 Bft und die dazugehörige visuelle Beschreibung dagegen einen guten Ein-

druck, was diese Geschwindigkeit, die einem im Auto ziemlich langsam vorkommt, bereits anzurichten vermag.

Bei **Ostwind** wird vor Dagebüll das Wasser Richtung offene See gedrückt, dann fallen die Fähren manchmal aus, weil die Fahrrinne zu wenig Wasser führt. Unter diesen Umständen besteht die Gefahr, dass die Fähre aufsetzt. Ist der Wind **stärker als 8 Bft,** was besonders im Winterhalbjahr passieren kann, werden viele Schiffsverbindungen eingestellt. Die Verletzungsgefahr für Passagiere an Bord ist durch die heftigen Wellenbewegungen einfach zu groß. Aber eigentlich ist nicht die Fahrt, sondern das **Anlegen** der gefährliche Moment. Einen Passus über Ausfälle wegen höherer Gewalt enthalten nahezu alle Transportverträge. In solchen Momenten soll-

am2019_102 mna

te man Verständnis für die Situation haben, auch wenn vielleicht die Urlaubsplanung durcheinandergerät (siehe dazu auch Kasten S. 65). Die **Sicherheit der Gäste** besitzt stets **Priorität,** und das sollte auch im eigenen Sinn sein. Bei **Sturmvorhersage,** die in der Hauptsaison selten vorkommt, ist es ratsam, Kontakt mit der Reederei zu halten und sich auf der Website oder am Kundentelefon über die Lage vor Ort zu informieren. So lässt sich vielleicht eine nutzlose Fahrt an die Küste vermeiden. Aber die Sturmsaison in den Herbst- und Wintermonaten für eine Reise völlig auszuschließen,

Sturmflut bei Norddorf – Dünenabbrüche gefährden dann den Inselschutz

Sturm und Wellen

Im Folgenden werden die Windstärken nach der erweiterten **Beaufort-Skala** (1–17) mit den jeweils charakteristischen Bewegungen der See aufgelistet. Sie ist nach dem irischen Hydrografen *Sir Francis Beaufort* benannt, aber erfunden hat dieser sie nicht. Der englische Ingenieur *John Smaeton* veröffentlichte 1759 erstmals eine Tabelle mit elf Windstärken. Es gibt keine verbindliche Version, sondern sie wird in verschiedenen Varianten verwendet.

Bft	km/h	Wind	Zustand der See
0	< 1	Stille	Spiegelglatt
1	1–5	Leichter Zug	Leichte Kräuselwellen
2	6–11	Leichte Brise	Kleine, kurze Wellen mit glasigen Kämmen
3	12–19	Schwache Brise	Anfänge der Schaumbildung
4	20–28	Mäßige Brise	Kleine, länger werdende Wellen, überall Schaumköpfe
5	29–38	Frische Brise/Wind	Mäßige Wellen von großer Länge, überall Schaumköpfe
6	39–49	Starker Wind	Größere Wellen mit brechenden Köpfen, überall weiße Schaumflecken
7	50–61	Steifer Wind	Weißer Schaum von den brechenden Wellenköpfen legt sich in Schaumstreifen in die Windrichtung
8	62–74	Stürmischer Wind	Ziemlich hohe Wellenberge, deren Köpfe verweht werden, überall Schaumstreifen
9	75–88	Sturm	Hohe Wellen mit verwehter Gischt, es beginnen sich Brecher zu bilden
10	89–102	Schwerer Sturm	Sehr hohe Wellen, weiße Flecken auf dem Wasser, lange und überbrechende Kämme, schwere Brecher
11	103–117	Orkanartiger Sturm	Brüllende See, Wasser wird waagerecht weggeweht, starke Sichtverminderung
12	118–133	Orkan	See vollkommen weiß, Luft mit Schaum und Gischt angefüllt, keine Sicht mehr
13	134–149	Wirbelsturm	erweiterte Beaufort-Skala nach *Peter Petersen*
14	134–149	Wirbelsturm	s.o.
15	167–183	Wirbelsturm	s.o.
16	184–201	Super-Wirbelsturm	s.o.
17	>201	Hyper-Wirbelsturm	s.o.

wäre der falsche Ansatz. Denn an Sturmtagen zeigen Küste, Wattenmeer, Halligen und Inseln eine ihrer faszinierendsten Seiten. Prächtige Panoramen unter dramatisch bewölktem Himmel und schäumender See bieten ein großartiges Naturerlebnis. **Wetterfeste Kleidung** sollte dann allerdings dabei sein.

Wetterdienst

Um sich über die Wetterentwicklung zu informieren, gibt es heutzutage jede Menge darauf spezialisierte Webseiten und Apps fürs Mobilgeräte. Auf Amrum hängt die Wettervorhersage für die nächsten Tage auch an vielen Stellen aus.

- Die Insel selbst informiert auf ihrer Homepage unter **www.amrum.de/wetter/** über das aktuelle Wetter bzw. die Prognose.
- Hilfreich ist auch **www.dwd.de** mit punktgenauen Angaben für den Standort Amrum.
- Segler und Surfer finden auf **www.windfinder.com/forecast/Amrum** Informationen zur Windprognose.
- Die kostenpflichtige Wetterapp **WeatherPro** bietet umfangreiche und detaillierte Inhalte zur Wettervorhersage.

Ebbe und Flut

Die **Gezeiten** bestimmen den Rhythmus des Insellebens und sind neben Sturm und Wellen die treibenden Kräfte der stetigen Veränderung aller Nordseeinseln, auch der Amrums. Zweimal täglich fließen große Gezeitenströme durch unzählige große und kleine Priele auf und anschließend wieder ab. Sie fallen abhängig von der Position der Gestirne, Windrichtung und Seegang sehr unterschiedlich aus. Die Gezeiten des Meeres, **Tiden** genannt, setzen sich aus dem ablaufenden Wasser (Ebbe) und dem auflaufenden Wasser (Flut) zusammen. Die Wechselpunkte zwischen Ebbe und Flut nennt man **Niedrigwasser** bzw. **Hochwasser.** Die Gezeiten werden von den Anziehungskräften des Mondes und der Sonne bestimmt. Stehen Sonne und Mond im rechten Winkel zueinander, gibt es eine **Nipptide,** der Höchststand des Wassers fällt dann niedriger als gewöhnlich aus. Stehen Sonne und Mond auf einer Linie, entsteht das Gegenteil, eine **Springtide,** weil ihre gemeinsame Kraft am Flutberg zieht. Nipptiden gibt es nur bei Halbmond, Springtiden nur bei Neu- und Vollmond.

Je nach geografischer Konstellation verändert sich der **Tidenhub** zusätzlich, das ist die Differenz der Wasserhöhe zwischen Niedrig- und Hochwasser. Der Tidenhub fällt auf der ganzen Welt sehr unterschiedlich aus. In der Nordsee wird er von den **Schwingungswellen der Gezeitenströme** im Atlantik bestimmt. In den Flussmündungen an der deutschen Nordseeküste kann er bis zu vier Meter betragen. Auf Amrum fällt der mittlere Tidenhub mit 2,6 Meter deutlich niedriger aus als zum Beispiel in Wilhelmshaven, wo er bei 3,7 Metern liegt. In den trichterförmigen Buchten der Flussmündungen ist er viel höher, weil sich hier das Wasser aufstaut. Das Mittelmeer ist annähernd gezeitenfrei, um so gewaltiger ist im Vergleich dazu der Tidenhub am Atlantik. Im englischen **Bristol** und im französischen **St. Malo** beträgt er durchschnittlich 12 Meter, bei Spring-

Ein Schiffswrack vor Amrum

Um eine Ölpest zu verursachen, muss kein Tanker verunglücken. Es reicht durchaus, wenn ein Holzfrachter in Seenot gerät – das zeigt das Beispiel der **„Pallas".** Das Wrack ist bei starkem Niedrigwasser manchmal noch etwa elf Kilometer südwestlich von Amrum entfernt auf einer Untiefe zu sehen.

Am 24. Oktober 1998 brach auf der Pallas vermutlich durch ein defektes Elektrokabel ein **Brand** aus. Die dänischen Behörden verweigerten ein Einlaufen nach Esbjerg, weil angeblich das Fahrwasser zu schmal war und eine Schiffsstrandung befürchtet wurde. Daraufhin trieb die Pallas **manövrierunfähig** südwärts und erreichte einen Tag später deutsches Gewässer. Durch eine Verkettung verschiedener unglücklicher Umstände und mangelnde Zuständigkeiten scheiterten mehrere Rettungsversuche, lediglich die Mannschaft konnte bis auf eine Person gerettet werden. Das Schiff trieb auf Amrum zu und lief am 29. Oktober 1998 schließlich auf Grund. **60 Tonnen Schweröl,** der Treibstoff der Pallas, traten aus, rund 660 Kubikmeter befanden sich zu diesem Zeitpunkt noch in den Tanks. Eine holländische Firma wurde damit beauftragt, das Schweröl aus der Pallas abzupumpen, aber es stellte sich kurze Zeit später heraus, dass schlecht gearbeitet worden war. Erneut mussten Entsorgungsschiffe im Frühjahr 1999 weitere 70 Kubikmeter Schweröl aus dem Wrack pumpen. Außerdem wurden weitere Gefahrstoffe entfernt und die Pallas „optisch beseitigt". Insgesamt beliefen sich die Kosten der Havarie auf rund 28 Millionen D-Mark.

Das ausgetretene Schweröl der Pallas verschmutzte die Insel- und Halligstrände und verursachte eine **Umweltkatastrophe.** An den Folgen starben rund 16.000 Seevögel, 10.000 wurden verölt und hatten damit eine nur sehr geringe Überlebenswahrscheinlichkeit. Dass nicht noch mehr Tiere in Mitleidenschaft gezogen wurden, ist einzig dem Umstand zu verdanken, dass sich die meisten Seevögel Ende Oktober bereits auf dem Weg in ihre Winterquartiere befanden und sich ein Großteil der Seehunde von den Sandbänken im Wattenmeer wieder in andere Nordseebereiche begeben hatten.

Um die Pallas-Havarie entstand ein **Politspektakel,** das Wrack wurde zur Attraktion und von den Ausflugsschiffen von Amrum, Föhr, Sylt und den Halligen aus angefahren. Bezüglich der bisher noch unklaren Verantwortlichkeiten bei Schiffsunglücken in der Deutschen Bucht gibt es nach wie vor keine eindeutigen Regeln und Zuständigkeiten. Auch existiert eine vereinigte schlagkräftige Küstenwache noch immer nicht. Allerdings führte das Unglück der Pallas zur **Gründung des Havariekommandos,** einem Unfallmanagement der fünf deutschen Bundesländer an der Küste. Dennoch möchte man sich lieber nicht vorstellen, was passieren kann, wenn ein Öltanker oder ein Schiff mit gefährlichen Chemikalien, womöglich im Frühsommer, wenn viele Tiere dort ihren Nachwuchs bekommen, an der deutschen Nordseeküste in Seenot gerät, was nicht unwahrscheinlich wäre, denn die Deutsche Bucht gehört zu den meistbefahrenen Gewässern der Welt.

tiden kann er auch noch höher ausfallen. An der kanadischen **Bay of Fundy** ist er mit 15 Metern am höchsten, dort sind die Gezeitenunterschiede weltweit am stärksten ausgeprägt. Übrigens sind auch die Ozeane außerhalb des Atlantiks von den Gezeitenwellen nicht ausgenommen.

Da, wie bereits erwähnt, die Tide abhängig von der geografischen Lage an der Nordseeküste von Ort zu Ort unterschiedlich ist, gibt es viele **Tidenkalender** bzw. **Gezeitentabellen,** so auch für Amrum. Diese lässt sich auch auf der Website des Bundesamtes für Seeschifffahrt und Hydrografie einsehen unter **www.bsh.de.** Die Vorausberechnungen sind nötig, weil sich die Tiden nicht ständig zur selben Zeit wiederholen, sondern pro Tag um etwa 50 Minuten versetzt sind. Von einem Hochwasser bis zum nächsten ergibt sich mithin zweimal am Tag eine **Verschiebung von 25 Minuten;** eine Tide (oder Gezeit) dauert also **sechs Stunden und 12 ½ Minuten.** Der Tidenkalender für Amrum wird an verschiedenen Stellen ausgehängt und ist auch in der Helgoland Touristik erhältlich bzw. über die Website www.amrum.de. Während der Badesaison sind die tagesaktuellen Zeiten für Hoch- und Niedrigwasser auch an den Badestränden zu finden, meist auf Tafeln oder im Aushang.

Aufzeichnungen über die Wasserstände der Nordsee gibt es seit 1840. Erst ab 1880, nach der Einführung automatischer Pegelschreiber, wurden sie systematisch aufgezeichnet. Man spricht von einer **Sturmflut,** wenn das Wasser den mittleren Hochwasserstand um mehr als 1,50 Meter übersteigt. Ab 2,50 Meter darüber bezeichnet man sie als **schwere Sturmflut** und ab 3,50 Meter als **sehr schwere Sturmflut.** Bei ihrer Entstehung spielen sowohl die Stärke als auch die Dauer des Sturms eine Rolle. Wenn arktische Kaltluftströme auf subtropische Warmluftmassen treffen, entstehen Sturmwirbel über der Nordsee. Besonders im Winterhalbjahr zwischen November und Januar treten Sturmfluten häufig auf, dann sind sie in der Regel auch am höchsten. Durch diese Ereignisse werden die Inseln häufig arg in Mitleidenschaft gezogen, es kann zu schweren **Dünenabbrüchen** und **Landverlusten** führen. Auf Amrum wird besonders das Gebiet im Norden um die Odde regelmäßig in Mitleidenschaft gezogen. In den letzten Jahren kam es hier bei Sturmfluten zu schweren Dünenabbrüchen, und das Meer fraß sich vor allem vor dem Schullandheim Ban Horn tief in den schützenden Dünengürtel hinein.

Gefahren beim Baden

Beim Baden unabsichtlich in Gefahr zu geraten, ist leider ziemlich leicht. Denn das Meer mit seinen **Strömungen** wird gern unterschätzt. Auch wenn das Wasser ruhig erscheint, tut sich unter der Oberfläche eine Menge. Deshalb ist es wichtig, die **aktuellen Tidezeiten** zu kennen, die aus diesem Grund auch überall an den Badestränden aushängen. Es ist (überlebens)wichtig, die örtlichen Verhältnisse genau abschätzen zu können, um gar nicht erst in eine Gefahrensituation zu kommen. Schwimmt man zu weit raus und kommt in den **Sog der Gezeiten,** ist es bereits zu spät, denn gegen die starken Strömungen lässt sich nicht mehr anschwimmen. Man wird

am2019_103 mna

unweigerlich mitgetragen und kann weit auf das offene Meer gelangen. Dort ist die Überlebenschance gering, selbst an warmen Tagen beträgt die Überlebenszeit maximal sechs bis zwölf Stunden.

Schwimmen geht der Urlauber am besten an einem der **bewachten Abschnitte der Badestrände.** Die Rettungsschwimmer der **DLRG** halten während der Saison Wache, beobachten die Badenden und nutzen zur Ansprache auch das Megaphon, um auf Gefahrensituationen aufmerksam zu machen. Diese Ansagen sollten unter allen Umständen ernst genommen werden.

Ein weitere Gefahr sind **Krämpfe** im Fuß oder im Bein, die einen überall und in jedem Moment ereilen können. Das beste Mittel in einer solchen Situation ist die **Rückenlage,** aus der versucht werden kann, das betroffene Bein auszustrecken und durchzudrücken. Wenn man es schafft, die Zehen mit den Fingern in Richtung Kopf heranzuziehen, ist der Krampf schnell vorbei. Falls das nicht gelingt, hilft nur Winken und Rufen, um auf sich aufmerksam zu machen und Hilfe zu holen.

Auch in der Nordsee gibt es **Quallen.** Einige von ihnen verursachen juckende Ausschläge, sofern man mit ihren Nesselfäden in Berührung kommt. Diese

⌃ Auch eine vermeintlich ruhige See kann Gefahren in sich bergen. Vor dem Schwimmen sollte man sich über die aktuellen Tidenzeiten informieren

sind im Wasser kaum zu sehen, und selbst wenn die Quallen tot am Strand liegen, können sie bei der Berührung noch einen **brennenden Hautausschlag** auslösen. Deshalb sollte am besten jeder Hautkontakt vermieden werden. Besonders aggressiv reagiert die Haut auf das Sekret der Gelben und Blauen Haarqualle, auch **Nesselqualle** genannt, sowie der **Kompassqualle.** Die Quallen haben einen Durchmesser von 30 bis 50 Zentimetern, aber ihre Nesselfäden sind deutlich länger. Also besser um Quallen einen weiten Bogen machen und Abstand halten!

Unser Tipp: Kommt es doch einmal zu einer schmerzlichen Begegnung, gilt es, umgehend das Wasser zu verlassen und die Stelle mit **reichlich nassem Sand abzureiben,** dann passiert meist nicht so viel. Notfalls lässt sich Seewasser nehmen, um den Sand nass zu machen, jedoch keinesfalls Süßwasser. Ausgezeichnete Abhilfe schafft **Essig,** ein Fläschchen im Strandgepäck schadet nicht, ansonsten findet sich hoffentlich eines bei der Badeaufsicht. Wenn nichts anderes zur Hand ist, lässt sich im Notfall auch **Urin** einsetzen. Wer vorbeugen will, kann auch **Rasierschaum** im Badegepäck mit sich tragen. Dick auf die betroffene Stelle aufgetragen, hilft er dabei, die Schmerzen zu lindern.

Ein zu langer Aufenthalt im Wasser kühlt aus – erkennbar ist das an blauen Lippen. Aber auch ein langer Winterspaziergang bei Minustemperaturen oder viel Wind kann zur **Auskühlung** führen. Dagegen hilft nur, sich in eine warme Decke zu kuscheln und Wärme von innen zu erzeugen. Alkohol ist in diesen Momenten kein gutes Rezept. Beim Trinken wird zwar ein wärmendes Gefühl erzeugt, der Schein trügt jedoch. Durch den Alkoholgenuss öffnen sich die Hautporen, was zu weiteren Wärmeverlusten führt. Innere Wärme wird am besten mit einem **Heißgetränk** erzielt.

Meer und Gesundheit

Durch die besonderen klimatischen Bedingungen in Verbindung von Sonne, Salzwasser und Wind entsteht ein das Immunsystem anregendes **Reizklima.** Bei einem Spaziergang in der Brandungszone des Meeres ist die Luft voller **Aerosole,** das sind mikroskopisch kleine Meerwassertröpfchen, die reichlich Jod, Magnesium und Salz enthalten. Die Gischt wirkt wie eine **Inhalation,** die Atemwege werden frei, und man kann richtig tief durchatmen. Viele Erkrankungen, besonders im Bereich der Atemwege und der Haut, lassen sich durch einen Aufenthalt auf Amrum spürbar lindern. Aber natürlich wissen auch andere Gäste dieses spezielle Klima an der Nordsee sehr zu schätzen.

Die Luft ist pollenarm und aerosolhaltig. Dank des ständigen Seewinds und der Inselposition ist Amrums Luft reiner als die des Festlands und besonders für **Pollenallergiker** gesund. Auch der rhythmische Wechsel von Aktivität im Freien und Ruhephasen hilft erschöpften Menschen dabei, wieder mehr Kraft für den Alltag zu bekommen. Der positive Einfluss der Seeluft kann zur **Steigerung der Leistungsfähigkeit** beitragen. Meist ist der Nachtschlaf durch das gesunde Klima und den fehlenden Großstadtlärm auch besser und länger. Die gesundheitsfördernden Aspekte sind durch entsprechende Studien belegt.

Die richtige Ausrüstung zum Wattwandern

Es sollte nicht vergessen werden, ggf. das Handy und Fotoapparate in eine Tüte oder ein wasserdichtes Behältnis zu packen, z. B. eine Frühstücksdose aus Plastik oder einen Zipp-Lock-Tiefkühlbeutel. Gute Dienste können unterwegs auch ein Regenponcho aus Plastik leisten und ein paar Müllbeutel für nasse Sachen oder sandige Schuhe. Folgendes sollte man bei sich haben:

- Oberbekleidung: **im Sommer** Windstopper-Kleidung und Regenjacke, im offenen Wattenmeer weht gern eine „steife Brise", und manchmal wird man auch von einem Regenschauer überrascht; **im Winter:** wasserdichte warme Jacke, ggf. Warnweste
- **Im Sommer:** Shorts, Bermudas oder ¾ lange Hosen zum Aufkrempeln, lange Hosen sind ungeeignet; **im Winter:** Wathosen (Fischerei-/Anglerbedarf); bei den Winterwattwanderungen mit Dark Blome werden Wathosen leihweise zur Verfügung gestellt.
- **Im Sommer** Kopfbedeckung wie Kappe oder Tuch, besonders bei Sonnenschein; im Winter Schal, Mütze und Handschuhe nicht vergessen; ggf. wasserdichte Arbeitshandschuhe mit dünnen Unterziehhandschuhen.
- **Sonnenmilch** und ggf. **Lippenschutzstift** mit hohem Lichtschutzfaktor zum Schutz vor Sonnenbrand besonders im Sommer, die Strahlung ist aufgrund des reflektierenden Wassers im Watt besonders intensiv; im Winter ggf. Cold-Creme und Fettstift für die Lippen.
- **Sonnenbrille.**
- Ausreichend **Getränke,** besonders im Sommer.
- **Fotoapparat** (wasserdicht verpackt); Akkus im Winter am Körper tragen, dann hält die Ladung länger.
- **An den Füßen:** im Sommer ggf. Surf-, Bade- oder Tauchschuhe, alternativ zwei übereinander angezogene Paar Tennissocken; im Winter Wathosen.
- **Sonstiges:** Brillenputztuch für Brille oder Fotoapparat, Taschentücher, kleines Handtuch.

Wer sein **Auto** nicht unbedingt braucht, sollte es gar nicht erst mit nach Amrum bringen oder es nach der Ankunft stehen lassen. Denn wenn die Insel autofrei wäre, hätte die Luft dort eine noch bessere Qualität. Auf Amrum gibt es nur eine Straße als direkte und schnelle Verbindung zwischen Norddorf und Wittdün, und der **Bus** fährt auch im Winter den ganzen Tag über in regelmäßigen Abständen nach einem festen Fahrplan. In den Hauptorten gibt es genügend Einkaufsmöglichkeiten, sodass nicht zwingend ein Auto benötigt wird. Bewegung an der frischen Luft, sei es zu Fuß oder mit dem Fahrrad, ist noch ein weiteres Argument dafür und hat darüber hinaus noch einen gesundheitsfördernden Aspekt.

Neben dem Angebot in Kurkliniken gibt es weitere Möglichkeiten, die Kraft aus dem Meer als natürliches Heilmittel zu nutzen. Die Klimatherapeuten im **AmrumBadeland** beispielsweise beraten die Gäste gern dabei, individuelle Anwendungen zu finden. Die **Thalasso-Therapie** basiert auf der Annahme, dass Meerwasser und Blut einen ähnlichen Salzgehalt aufweisen. Das soll dem menschlichen Körper erlauben, die heilenden Stoffe des Meerwassers besonders leicht aufzunehmen. Hauptanwendungsbereiche sind Atemwegserkrankungen, Hautkrankheiten und Herz-Kreislauf-Probleme. Die Behandlungstherapie erfolgt mit kaltem oder warmen Meerwasser, Meerluft, Sonnenlicht, Algen- und Schlickpackungen oder Sand-Peelings.

Keine Experimente im Watt!

Das UNESCO-Weltnaturerbe Wattenmeer lädt zwar zu Erkundungen ein, aber **Wattwanderungen** sollte man auf gar keinen Fall auf eigene Faust unternehmen. Zu groß ist die Gefahr, bei auflaufendem Wasser oder Seenebel die Orientierung zu verlieren. Die Gefahr wird leicht unterschätzt, denn die großen Wattflächen sehen besonders im Sonnenschein friedlich und harmlos aus. Dennoch kann auf dem Rückweg der vormals flache Priel wegen des auflaufenden Hochwassers unpassierbar geworden sein. Es besteht also immer die Gefahr, **vom Wasser eingeschlossen zu werden.** Wer einmal erlebt hat, wie unglaublich schnell sich dichter Seenebel entwickeln kann, weiß, dass dann keine Orientierung mehr möglich ist. Deshalb bitte nur mit **ausgebildeten und ortskundigen Wattführern** in den Schlick wandern. Die geführten Wattwanderungen bieten zusätzlich viele interessante Informationen, die sehr nützlich für das bessere Verständnis eines der artenreichsten Lebensräume der Welt sind. Ob man auf einer Wattwanderung Surf- bzw. Tauchschuhe oder Gummistiefel anzieht, ist abhängig von der Bodenbeschaffenheit. Darüber sollte man sich bei der Anmeldung beim Wattführer informieren. Schuhe und Stiefel können sich im Schlick regelrecht festsaugen und bleiben dann stecken. **Barfuß** geht es immer, aber Vorsicht ist vor scharfkantigen Muscheln und Austernschalen geboten – wobei die Wattführer ihre Touren so aussuchen, dass sie solche Gebiete möglichst umgehen. Auf der Wattwanderung nach Föhr geht es aber durch einen Bereich, wo sie häufiger vorkommen. Eine simple Lösung ist es, einfach **zwei Paar Tennissocken übereinander** anzuziehen.

Unser Tipp: Wattwanderungen finden in der Regel **nur von Ostern bis Oktober** statt. Auf Amrum aber führt *Dark Blome* die Gäste auch im Winter nach Föhr oder von Föhr nach Amrum, die Rück- oder Hinfahrt erfolgt dann jeweils mit der Fähre. Für den Gang durchs winterliche Watt bekommt jeder Gast eine Wathose mit angeschweißten Gummistiefeln, sodass nasse Füße ausgeschlossen sind. Im Winter herrscht eine ganz andere Stimmung als im Sommer und gerade für solche Menschen, die bereits während der Saison eine Wattwanderung mitgemacht haben, ist eine Winterwattwanderung ein ganz besonderes Erlebnis.

- **Informationen, Termine und Anmeldung** über *Dark Blome*, Tidenweg 2, 25946 Wittdün auf Amrum, mobil: 0176 94 47 11 23, E-Mail darkblome@ gmx.de, www.der-inselläufer.de.

Das Silber der Meere

Besonders an der Küste ist **Matjes** nicht wegzudenken und wird überall angeboten, ob im Lokal oder im Brötchen am Imbiss. Für viele gehört er zum Urlaub einfach mit dazu. In Deutschland werden jährlich rund **eine Million Filets** verzehrt. Doch was ist Matjes überhaupt?

Um Matjes herzustellen, benötigt man **frischen Hering,** der noch nicht geschlechtsreif ist, also bis maximal drei Jahre alt. Er wird im Mai/Juni gefangen, die Fische müssen sich mit tierischem Plankton das nötige Fett angefressen haben, dann ist das Fischfleisch an den Bauchseiten rötlich gefärbt. Wann der richtige Zeitpunkt ist, entscheiden das Wetter und Probefänge. Ist es kalt, beginnt die Fangsaison später. Noch an Bord werden die Heringe eingesalzen und für fünf Tage eingelegt. Die Enzyme der Bauchspeicheldrüse und das Salz setzen einen **Fermentierungsprozess** in Gang, der Fisch „reift" für fünf Tage und wird dann tiefgefroren nach Holland verschifft.

In den dortigen Fischfabriken werden die Heringe filetiert, Köpfe, Organe und die Haut entfernt. Anschließend erfolgt die Portionierung und das Verpacken der Ware. Die anschließende Weiterverarbeitung macht der Fischhändler oder der Konservenproduzent nach eigenen Rezepten. Es gibt unzählige Zubereitungsmethoden. **Im Restaurant** gibt es Matjes meinst „nach Hausfrauenart", also in einer Apfel-Zwiebel-Gurken-Sahne-Marinade mit Kartoffeln, oder „klassisch" als warme Mahlzeit mit Speck-

am2019_122 mna

bohnen, Kartoffeln und Zwiebelmatjes. Besonders lecker dazu sind Kartoffeln der Sorte „Allians", der Nachfolgerin der „Linda" und „Belana". Wer es lieber kalt mag, genießt ihn auf Schwarzbrot mit Zwiebeln, im Brötchen pur mit Zwiebeln oder mit eingelegtem Sherry- oder Kräutermatjes. **Im Fischfeinkostgeschäft** gibt es jede Menge Matjessalate, fast jeder Betrieb hat sein eigenes „Geheim"-Rezept. Einfach mal selbst herumexperimentieren. Weil der Fisch einen guten Grundgeschmack hat, lässt sich nicht viel falsch machen, wenn der Matjes kleingeschnitten mit Roten Beten, Zwiebeln und Mayonnaise oder mit Tomaten-, Gewürzgurken- und Zwiebelwürfeln in Essig-Öl-Marinade angemacht wird.

Der Matjes in Zahlen

- Nur etwa **0,1 % der Heringslarven** wachsen heran, bei 50.000 Eiern eines Weibchens pro Saison sind das gerade mal 5000.
- **14 %** des jährlichen Pro-Kopf-Verbrauchs in Deutschland entfallen auf **Heringskonserven und marinierte Heringe,** das sind etwa zwei Kilogramm pro Person.
- **15–20 % Fettgehalt** muss der Hering für den Matjes enthalten.
- **90 %** der deutschen Hering-Quote wird mit **Schiffen aus Bremerhaven** gefangen.

< Ausgenommene Heringe unter und auf Eis

Licht und Schatten

Wer an die See fährt, will in den meisten Fällen **Sonne tanken.** Natürlich lassen sich auch bei sonnenlosem Wetter schöne Inselferien machen. Aber mehr Spaß macht es schon, wenn die Sonne lacht und nicht der Himmel weint. Es ist kein Geheimnis, dass das **UV-Licht** die Haut altern lässt. Das ist bei notorischen Sonnenanbetern gut zu erkennen, aber auch bei Menschen, die täglich im Freien schwere Arbeit verrichten. Früher sprach man von „vornehmer Blässe" bei Personen, die nicht im Freien arbeiten mussten. Schon ein schlichter Sonnenbrand bewirkt innerhalb von drei Tagen eine Alterung der Haut um ein halbes Jahr. Wer sich regelmäßig zu viel Sonne aussetzt, hat auch ein höheres Risiko, an Hautkrebs zu erkranken. Besonders **Sonnenbrand** ist ein echter Risikofaktor. Für die Haut ist es besser, sich häufiger, aber nur kurz in der Sonne aufzuhalten, als über einen längeren Zeitraum hinweg. Insbesondere Kinder und junge Menschen haben oftmals eine sehr empfindliche Haut, die UV-Strahlen stärker durchlässt und sie dadurch langfristig schädigt.

Auch wenn die Freude am Sonnenschein bei vielen Menschen groß ist, raten Mediziner dazu, das **Sonnenbaden behutsam anzugehen,** damit sich die Haut an das Licht gewöhnen kann. Besonders in den ersten Tagen des Sommerurlaubs ist es empfehlenswert, sich nur **vor 11 und nach 15 Uhr** in der Sonne zu tummeln. Am frühen Vor- und späten Nachmittag ist die Strahlung der schädlichsten UV-Variante nämlich wegen des längeren Wegs durch die Erdatmosphäre entscheidend geschwächt. Die

übrige Zeit sollte man möglichst im Schatten verbringen. Schatten ist überhaupt das beste prophylaktische Mittel. Ein bedeckter Himmel reicht allerdings nicht aus: Er lässt trotz Wolkenschicht immer noch bis zu 80 Prozent der UV-Strahlung durch.

Sonnenschutzmittel mit möglichst hohem Lichtschutzfaktor (LSF) sind ein guter Schutz, sofern sie eine halbe bis dreiviertel Stunde vor dem Sonnenbad gründlich aufgetragen wurden. An ihnen sollte nicht gespart werden. Beim Eincremen sollten auch die besonders exponierten Ohren und der Haaransatz nicht vergessen werden. Nach einer Empfehlung der EU werden für den richtigen Schutz von Kopf bis Fuß etwa **36 Gramm** benötigt. Mit anderen Worten braucht eine vierköpfige Familie pro Strandtag **fast eine ganze Flasche Sonnenschutzcreme.** Wasserfeste Sonnenmilch gibt es sogar noch mit LSF 50. Allerdings sollte diese nach dem Baden oder starkem Schwitzen erneut aufgetragen werden, denn auch wenn „wasserfest“ auf der Packung steht, verschwindet durch die Feuchtigkeit ein Teil des Schutzes. Interessant ist, dass der LSF nicht linear, sondern exponentiell mit

der Auftragsmenge abnimmt. Wer also nur die Hälfte der empfohlenen Menge verwendet, ist nicht etwa halb so gut geschützt, wie auf der Packung steht, sondern deutlich schlechter. Die **Sonnencreme dick aufzutragen,** lohnt sich also, selbst nach acht Stunden ist der Schutz noch zu gut 40 Prozent gewährleistet. Für die **Lippen** gibt es zusätzlich spezielle Pflegestifte mit Sonnenschutz, ebenso **Schutzsprays für die Haare,** damit diese nicht austrocknen. Will man den ganzen Tag draußen verbringen, kann es je nach Sonnenintensität sinnvoll sein, **passende Kleidung** – die gibt es inzwischen sogar mit Sonnenschutzfaktor – und eine **Kopfbedeckung** zu tragen, um einem Sonnenbrand oder einem Sonnenstich vorzubeugen. Und das gilt nicht nur für Glatzenträger. Die UV-Strahlen sind nämlich am und im Wasser durch die Reflektion deutlich stärker als anderswo.

Sollte dennoch einmal ein Sonnenbrand entstanden sein, hilft es am besten, die betroffenen Hautpartien zu kühlen. Ein **leichter Sonnenbrand** lässt sich gut selbst behandeln, zum Beispiel mit kühlenden Umschlägen wie **Quarkwickeln,** feuchtigkeitsspendenden **Lotionen** und **Kompressen** mit kaltem Wasser. Die Sonne sollte jedoch dann erst einmal für längere Zeit gemieden werden. Ein **starker Sonnenbrand** muss auf jeden Fall vom **Arzt** behandelt werden. Kommt es nach einem Aufenthalt im Freien zu Symptomen wie Kopfschmerzen, Schwindelgefühlen, Übelkeit oder Erbrechen, könnte es sich auch um einen Sonnenstich handeln. Darum ist es ratsam, dass besonders Menschen mit wenig, keinem und dunklem Haupthaar zur Vorbeugung in der Sonne eine Kopfbedeckung tragen.

Nach den letzten Absätzen sollte der Leser sich jedoch nicht so fühlen wie nach dem Lesen des Beipackzettels mit Risiken und Nebenwirkungen in der Medikamentenschachtel. Wenn die Tipps zum Schutz vor der Sonne berücksichtigt werden, steht einem **entspannten und sonnigen Urlaub auf Amrum** nichts im Weg.

< Das abfließende Wasser zeichnet wunderschöne Bilder in den Sand

am2019_105 ahh

6

Menschen und Kultur

Warum sind Insulaner ein besonderer Menschenschlag? Welche teilweise jahrhundertealten Traditionen und Bräuche werden gepflegt und was hat es mit diesen auf sich? Was wird gekocht und getrunken? Welche Sprache wid gesprochen? Diese Fragen beantworten die nachfolgenden Seiten.

< Bärtiger Inselfischer mit Südwester

Das Wappen der Nordfriesen

Krone, Grütztopf, halber Adler: Diese Gegenstände zieren das nordfriesische Wappen, das so gar nicht den heraldischen Regeln entspricht und auch keinen historischen Hintergrund hat. Es wurde erstmals am **10. Juni 1844** zum Volksfest der Nordfriesen in Bredstedt gezeigt. Wer es erfunden hat, ist unbekannt.

Weil Nordfriesland nie eine geschlossene politische Einheit bildete, gibt es für die Region kein historisches Wappen. Vielmehr hatten nur einige *Harden,* das sind kleine Verwaltungsbezirke, und wenige Familien auf dem Festland oder auf Alt-Nordstrand regionale Wappen und Siegel. Es spricht einiges dafür, dass das Wappen aus dem Umkreis des Pastors und friesischen Vordenkers *Christian Feddersen* (1786–1874) stammt. Er setzte sich stark für eine **eigene friesische Identität** ohne nationalen Hochmut ein.

Der im Wappen gezeigte **halbe Adler** bezieht sich vermutlich auf die vom deutschen Kaiser Karl dem Großen verbürgte **„Friesische Freiheit“.** Die friesischen Volksrechte wurden in den Jahren 802 bis 803 in der „Lex Frisionum“ aufgezeichnet. Es ist anzunehmen, dass die Krone den dänischen König symbolisiert – vom Mittelalter bis 1864 stand Amrum unter dänischer Herrschaft. Für das Element **Grütztopf** und **Löffel** gibt es ebenfalls mehrere Deutungen. Zum einen könnte es sich um ein Symbol der **Brüderlichkeit** handeln, für die *Christian Feddersen* eintrat. Eine andere Geschichte besagt, dass die nordfriesischen

am2019_106 mna

Frauen ihre Männer im Kampf gegen die „Unterirdischen" unterstützten, indem sie diese mit **heißem Grützbrei** bewarfen und so in die Flucht schlugen. Der Sylter Chronist *Christian Peter Hansen* verwandelte in seiner Version die „Unterirdischen" in Dänen, und in dieser Form wird die Geschichte bis heute überliefert.

In der Regel ist das Wappen mit dem Spruch *„Leewer duad üs Slaaw"* (Lieber tot als Sklave) abgebildet. Auch dieser Spruch kann auf *Christian Feddersens* Vorstellungen zurückgeführt werden, die er 1842 in der Schrift „Fünf Worte an die Nordfriesen" veröffentlichte. Er wollte damit jedoch nicht zum Widerstand aufrufen, sondern ausdrücken, dass niemand eines Menschen Knecht sein und auch nicht zum Knecht seiner eigenen Begierden werden solle, sondern sich mäßigen müsse. Der Spruch wurde aufgrund des deutsch-dänischen Konflikts in der Mitte des 19. Jahrhunderts aber schnell als antidänische Parole gedeutet. Populär wurde sie durch die Ballade „Pidder Lyng" von *Detlev von Liliencron* (1844–1909). Der politische Rebell, auf dessen reale Existenz es keine Hinweise gibt, soll angeblich den Amtmann von Tondern in einem **Grünkohltopf** erstickt haben. Jeder Vers der Ballade schließt mit den Worten „Leewer duad üs Slaaw" – und so setzten sie sich schnell in den Köpfen fest.

[<] Nordfriesisches Wappen für stolze Friesen, die „lieber tot als Sklave" sein wollen

Eine kleine Anmerkung zum Schluss: **Öömrang** war eine überwiegend gesprochene Sprache, es gibt erst seit den 1970er-Jahren eine festgelegte Schreibweise, sodass mancherorts der Sklave auch als „Slaav" daherkommt. Die Formulierung könnte aber auch von *Knud Jungbohn Clement* aus Norddorf stammen, der mit den niederländischen Friesen in engem Kontakt stand, wo diese auch sehr populär ist.

Das inoffizielle Wappentier Amrums ist übrigens die **Eiderente,** denn die nordischen Meeresenten haben hier die südlichsten Brutplätze.

Die Inselbewohner

Traditionen, Trachten, Tanz und das gemeinsame Singen haben im Leben der Insel einen festen Platz – besonders im Winter, wenn kaum Gäste da sind und die Insulaner Zeit für sich und das Vereinsleben haben. Dann trifft man sich, probt und feiert gemeinsam. Der **Chor „Klaar Kimang"** sowie die **Trachtentanzgruppe** und zwei friesische **Theatergruppen** tragen durch zahlreiche Aufführungen und Auftritte viel zum Unterhaltungsprogramm auf der Insel bei. Besonders während der Hauptsaison kann man Chor- und Volkstanzdarbietungen regelmäßig an verschiedenen Veranstaltungsorten hören und sehen.

Die Amrumer nennen sich selbst **„Öömrangen".** Wer auf einer so kleinen Insel wohnt, kennt es nicht anders oder hat sich bewusst für das Leben in abgeschiedener Lage entschieden. Auf begrenztem Raum und mitten in der Nordsee. Fragt man die Einheimischen, wird das schnell deutlich: Man muss mit

Inselkinder adé?

Werdenden Eltern auf Amrum wird geraten, zwei Wochen vor dem errechneten Geburtstermin **ans Festland** zu fahren und dort in der Nähe einer Klinik – das ist meist Husum – in einem **Hotel** zu warten, bis es so weit ist. Die gesetzlichen Krankenkassen übernehmen in der Regel die Kosten dafür. **Hausgeburten** sind natürlich möglich, aber sehr selten.

Bis September 2015 konnten werdende Eltern von Amrum zur Geburt ihrer Kinder noch nach **Föhr** fahren – der Nachwuchs war dann immer noch ein Inselkind. Aber im September 2015 **schloss das Krankenhaus** auf Föhr in einer Nacht- und Nebelaktion **die Entbindungsstation** im Handstreichverfahren – zur Empörung vieler Bürger. Seitdem herrscht **reger Wider-**

am2019_122 mna

stand gegen diesen Entschluss. Die Argumentation, Schwangerschaft und Geburt seien lebensbedrohliche Risiken, die nur in großen Kliniken abgefangen werden könnten, überzeugt bis heute nicht. Schließlich wird schon immer neues Leben geboren, und das täglich, überall auf der Welt. Im Gegenteil sind alle Insulaner stolz, wenn Kinder in der Heimat der Eltern geboren werden. Jetzt gibt es kleine Öömrangen nur noch bei Hausgeburten.

Damit dies nicht auf Dauer so bleibt, hat sich auf Föhr der Verein **„Inselgeburt e. V."** gegründet, der zum einen nach wie vor das Ziel verfolgt, dass der Kreißsaal in Wyk auf Föhr wieder eröffnet wird, zum anderen aber auch das **Geburtshaus „Babynest"** eröffnen will. Noch sind juristische Fragen zu klären (Stand: Februar 2019), aber ein Gebäude ist bereits angemietet und fertig eingerichtet. Vielleicht werden hier bald Inselkinder von Eltern aus Föhr und der Nachbarinsel Amrum auf die Welt kommen, sofern der Schwangerschaftsverlauf ohne Komplikationen war. Ansonsten heißt es nach wie vor: **Besser aufs Festland ins Krankenhaus.**

Wer das Projekt unterstützen möchte, kann dies gern tun: **Verein Inselgeburt e. V.**, www.inselgeburt.de, Spendenkonto Föhr-Amrumer Bank, IBAN DE38217919060000 623440.

☒ Kuschelbär für Inselkinder

sich selbst im Reinen sein und mit den anderen zurechtkommen. Gibt es Streit, kann man sich nicht einfach aus dem Weg gehen, dafür ist Amrum zu klein. Man begegnet sich regelmäßig. Deshalb müssen **Konflikte** und Missverständnisse ausgetragen und **geklärt** werden. Das ist nicht immer einfach, aber für die Gemeinschaft besser, denn **Klarheit tut gut.** Nur Menschen, die sich bewusst auf das Inselleben einlassen, sind auf Amrum wirklich zu Hause.

Die **abgeschiedene Lage** ist zwar von Vorteil für diejenigen, die Ruhe und Einsamkeit schätzen, aber die gibt es vor allem in der Hauptsaison in den Orten und an den Hauptbadestränden nur sehr selten. Um sie zu finden, ist es nicht zu vermeiden, etwas weitere Wege in die entlegeneren Gebiete der Insel zu machen oder sich abseits des touristischen Alltags in die eigenen vier Wände zurückzuziehen.

Die auf den ersten Blick eigenwillig erscheinenden Insulaner sind oftmals sehr **nett, freundlich** und **hilfsbereit.** Das liegt daran, dass sie seit eh und je auf sich gestellt waren und im Notfall zusammenhalten mussten. Nur in der **Gemeinschaft** lassen sich die teilweise harten Herausforderungen meistern, die Wind, Wetter und die isolierte Lage auf kleinem Terrain mit sich bringen. Hinzu kommt, dass viele Inselbewohner gerade in den Sommermonaten ohne freie Wochenenden für die Gäste und Urlauber arbeiten. Gegen Ende der Saison spätestens macht sich die ununterbrochene Arbeit dann immer stärker bemerkbar, das Personal ist einfach erschöpft. Die Menschen kommen schnell auf den Punkt und reden nicht lang herum, immer wird nach einer **pragmatischen Lö-**

Ballade von Detlev von Liliencron (1844–1909)

Frii es de Feskfang.
frii es de Jaght,
frii es de Strönthgang,
frii es de Naght,
frii es de See, de wilde See
en de Hornemmer Rhee.

Frei ist der Fischfang,
frei ist die Jagd,
frei ist der Strandgang,
frei ist die Nacht,
frei ist die See, die wilde See
und die Hörnumer Reede.

sung für Probleme gesucht. Die Amrumer freunden sich nicht mit jedem Fremden sofort an. Leute von außerhalb dürfen sich in insulare Belange auch nicht einmischen. Begegnet man aber als Gast den Menschen freundlich auf Augenhöhe und behandelt sie mit dem gebotenen **Respekt,** wird man in der Regel auf offene Ohren und große Hilfsbereitschaft stoßen.

Begrüßung

Amrumer geben sich grundsätzlich nicht die Hand. Wenn der Gast es auch nicht tut, fällt das also nicht weiter auf. Und falls doch, wird es von den Einheimischen vermutlich eher wohlwollend wahrgenommen. Die Dorfgemeinschaft war klein, man kannte alles voneinander und sah sich mehrmals täglich. Deshalb war ständiges Grüßen unüblich. Ein erfreulicher Nebeneffekt ist, dass sich dadurch Ansteckungskrankheiten nicht so schnell verbreiten.

Die Amrumer Tracht

Die **Inseltracht** ist aktueller denn je: Auch heute noch ist es Ehrensache und üblich, zu besonderen Anlässen wie Hochzeiten, hohen Festtagen, Heimat- und Familienfesten Tracht zu tragen. Die jungen Frauen zeigen sich mit viel Stolz damit zum ersten Mal zu ihrer Konfirmation. Die prächtige Tracht wird in **jahrhundertealter Tradition** innerhalb der Familie von Generation zu Generation weitergegeben. Es ist häufig der Fall, dass schon Urgroßmutter und Großmutter in dieser Tracht konfirmiert wurden.

Die Tracht kam **im 16. Jahrhundert** über die Nachbarinsel Föhr nach Amrum und löste die bis dahin getragene ab. Diese orientierte sich ursprünglich an der spanischen Hoftracht. Bis ins 18. Jahrhundert war sie noch recht farbenfroh, veränderte sich aber im Laufe der Zeit mehrfach durch Weglassen veralteter Trachtenteile und Anpassung an die Mode. Die heutige Form der Tracht entstand bis zur Mitte des 19. Jahrhunderts im Zusammenhang mit der **nationalen friesischen Bewegung,** die aufgrund der eigenen Sprache das regionale Selbstbewusstsein stärkte. Anfangs war die Tracht noch bunter, wurde aber gegen Ende des Jahrhunderts zunehmend dunkler. **Schwarz** galt als die Farbe der Freiheit, die sich von den Uniformen des Lützowschen Freikorps und der Schillschen Husaren ableitete, diese hatten sich im Krieg gegen Napoleon besonders

[>] Prachtvoll gekleidete Friesinnen in der klassischen Festtagstracht, erkennbar an den weißen Schürzen tapfer geschlagen. Die Uniformen waren schwarz eingefärbt und hatten rote Aufschläge und goldene Knöpfe. Diese Farbgebung gilt als **Ursprung des Schwarz, Rot und Gold** in der Flagge der Bundesrepublik Deutschland.

Die friesischen Frauen auf Amrum waren in der Vergangenheit die meiste Zeit auf sich selbst gestellt. Eine große Zahl von Männern fuhr zur See und war über Monate, manchmal auch Jahre, unterwegs. Sie brachten Wolltuch aus England und Schottland, Seide aus China und Schmuck aus fernen Ländern mit. Die neuen Trachten aus dem 19. Jahrhundert in den Farben Schwarz, Weiß und Silber strahlten jetzt mehr **Würde** und **Selbstbewusstsein** aus. Sie leben auch heutzutage vom starken Kontrast der hellen Schürzen und des filigranen Silberschmucks auf dem dunklen Stoff des Kleides.

Die Tracht auf Amrum, Föhr und den Halligen ist nach wie vor ein **identitätsstiftendes Symbol,** das auch die starke Verbundenheit mit ihrer Heimat zeigt. Bemerkenswert ist allerdings, dass es nur eine Tracht für Frauen und Mädchen gibt. Jahrhunderte lang waren die meisten Männer auf See und trugen dann zu Hause die jeweilige Mode der Hafenstädte. So konnte sich auf den Inseln keine eigene Tracht für Männer entwickeln. Auf alten Fotos sind die Männer oft im schwarzen Anzug und mit Hut zu sehen, während sich die Frauen in ihren prächtigen Trachten zeigen. Heute wird von den Amrumer Frauen fast ausschließlich **Festtags- und Sonntagstracht** getragen. Die Alltagstracht hat in der modernen Welt ihre Funktion verloren und ist, wie auch die Witwentracht, unüblich geworden. Wesentliche Bestandteile der Tracht sind die Ärmel

am2019_107 mna

am2019_108 mna

(sliawen), Rock mit Mieder *(pai)* und eine bei der Festtagstracht traditionell weiße Schürze *(witj skortluk)*, ein Halstuch *(halsnöösduk)* und ein besticktes Kopftuch *(braanjnöösduk)*. Verheiratete Frauen tragen ein mit schwarzen Perlen besticktes **rotes Häubchen** *(hüüw)*, sie sind buchstäblich „unter die Haube gekommen". Der prächtige fein ziselierte **Silberschmuck** komplettiert die Tracht.

Der glänzende Brustschmuck besteht auf Amrum aus einer mehrgliedrigen **Hakenkette** *(haag an lenk)*, die aus einer drei bis vierreihigen Gliederkette und einem Amulett gebildet wird. Dieses zeigte häufig an, welchem Beruf die Familie der Trägerin nachging. Nach der Bibel – Korinther 13, Vers 13 – weisen die Symbole Kreuz, Herz und Anker auf Glaube, Liebe und Hoffnung hin, das sind die **christlichen Tugenden.** Die Gliederkette wird von meist acht ziselierten Filigranknöpfen in Kugelform umrahmt und mit feinen Silberketten ergänzt. Föhr war reicher als Amrum, die Marsch machte intensive Landwirtschaft möglich und ermöglichte höhere Einnahmen. So zieren auf Föhr oft zehn bis zwölf Knöpfe den Brustschmuck. Die Tracht wird vervollständigt durch eine silberne Schließe für die Schürze, eine Halskette, ein Armband, einen Silberring und zwei bis vier Knöpfe für die Ärmelbündchen. Hinzu kommen einige Nadeln mit Filigranknöpfen *(knooper)* in Kugelform zum Feststecken des Kopftuchs und der Haare.

Der fein ziselierte Silberschmuck stammt heute aus Portugal, die **Filigrantechnik** kam aus Arabien und Nordafri-

⌃ Brustschmuck der Amrumer Tracht – Glaube, Liebe und Hoffnung, symbolisiert durch Kreuz, Herz und Anker, sind immer dabei

› Kunstvoll gebundenes Tuch mit roter Haube (dem Zeichen der verheirateten Frauen)

ka auf die Iberische Halbinsel. Von dort aus brachten die Seefahrer von ihren Reisen den Silberschmuck auf die Nordfriesischen Inseln mit. Bald beherrschten auch die Föhrer Gold- und Silberschmiede diese Art der Schmuckherstellung. Heute gibt es auf Föhr nur noch eine Goldschmiedin, die den Silberschmuck der Trachten reparieren und säubern kann. Wird neuer Schmuck benötigt, so stammt dieser in der Regel aus Portugal oder Brasilien.

Die Amrumer und Föhrer Trachten lassen sich **nicht im Laden** kaufen. Entweder werden alte Trachten genutzt oder neue aufwendig **von Hand genäht.** Der dunkle Wollstoff konnte schon früher vor Ort gekauft werden, rund fünf Meter braucht es für einen Rock. Er wird an ein Leibchen aus Samt genäht, weil er sonst viel zu schwer zu tragen wäre. Hinten wird der Stoff in 60 Falten gelegt und festgenäht, das macht eine gute Figur. Der innere Saum ist stets mit einem knapp zehn Zentimeter breiten Streifen Schottenkaro verziert, der auf die Kontakte nach Großbritannien und Schottland hinweist. Das Leibchen lässt sich wie früher per Schnürung an unterschiedliche Trägerinnen anpassen, wie bei einem Mieder. So konnte auch eine schwangere oder dickere Frau die Tracht tragen.

Das **Anlegen der Tracht** ist eine komplizierte Prozedur und dauert ein bis zwei Stunden. Ohne Hilfe ist es nicht möglich, sie anzuziehen. Es beginnt mit den Ärmeln aus Taft oder Samt, die an ein Futterleibchen angenäht sind, damit sie gewechselt werden können. Danach wird der Rock mit einem ganzen Leibchen darüber gezogen. So liegt das Gewicht des schweren Wollstoffs für den Rock angenehm auf den Schultern und nicht auf der Taille. Danach folgt das Brust- oder Schultertuch aus Seide oder Damast in verschiedenen Farben mit fein geknoteten Fransen, das mit 70 bis 100 Nadeln festgesteckt wird. Bei der **Sonntagstracht** ist die Schürze aus weißem Batist meist mit Lochstickerei versehen. Wer es modernder mag, trägt eine Schürze in der Farbe des Schultertuchs. Die Schürze besteht bei der Sonntagstracht aus einem dunklen Stoff, es wird auf den Brustschmuck verzichtet, das Schultertuch nur gekreuzt getragen und mit vier der Nadeln mit Filigrankugeln versehen.

Vor allem das **kunstvolle Binden** des quadratischen Kopftuchs aus Kaschmir mit etwa 140 Zentimeter Kantenlänge erfordert viel Geschicklichkeit, meist hilft eine erfahrene Insulanerin dabei. Es ist nur an bestimmten Stellen durch die bestickte Bordüre *(raam)* und Fransen verziert und muss deshalb oberhalb der

am2019_109 mna

Stirn über einen hochstehenden Schirm so gefaltet werden, dass sich auf der Stirn die kunstvolle Stickerei und an den Seiten die langen Fransen befinden. Das funktioniert nur, wenn man genau weiß, wie das Binden funktioniert – das ist eine **Kunst,** die vieler Übung bedarf. Der hohe Schirm verleiht der Trägerin wie bei einer Krone zusätzliche **Größe und Würde.** Die angelegte Tracht führt dazu, dass ihre Trägerin von sich aus eine gerade und aufrechte Position einnimmt. So wird im wahrsten Sinne des Wortes „Haltung gezeigt". Für die Herstellung der feinen Stickereien auf den Bordüren, Tüchern und der Haube braucht es viel Geduld, sie entstehen in monatelanger Handarbeit. Auch die fünffädigen feinen Fransen müssen von Hand geknüpft werden.

Die **Tracht** ist während der Saison bei verschiedenen von der AmrumTouristik organisierten **Veranstaltungen** zu sehen. Auf Spurensuche kann man sich aber auch im **Öömrang Hüs** machen, dem Amrumer Heimatmuseum in Nebel. Dort sind eine Sonntagstracht und der prachtvolle Brustschmuck ausgestellt. Mehr Informationen liefert ebenfalls das **Dr. Carl Häberlin Friesenmuseum** in Wyk auf Föhr, wo nicht nur verschiedene Trachten zu sehen sind, sondern auch eine Föhrer Schmiedewerkstatt für den Silberschmuck, die zur ständigen Ausstellung gehört.

▷ Die brennenden Frühlingsfeuer beim Biaken sind wie hier in Norddorf von Weitem zu sehen

Bräuche und Traditionen

Dass sich in abgelegenen Regionen eigene Sitten und Gebräuche entwickeln können, ist kein Geheimnis. Fast jede Region weist regionale Besonderheiten auf. Die wichtigsten, denen man auf seiner Reise nach Amrum begegnen kann, werden hier kurz erklärt.

Weihnachten wird auf Amrum wie überall in Deutschland gefeiert, es gibt keine Unterschiede. Viele gehen am Heiligen Abend nachmittags in die Kirche, anschließend werden die Geschenke ausgepackt und es wird im Familienkreis gemeinsam gegessen. Erst Mitte des 19. Jahrhunderts begann man, zu Weihnachten **flache Holzgestelle zu schmücken.** Weihnachtsbäume wie heute wurden erst Anfang des 20. Jahrhunderts populär. Als Weihnachtsbaum diente der **„Julbuum",** eine Art Gestell wie ein Schiffsmast mit Rahen. Die Amrumer sagen auch „Kenkenbuum", *Kenken* bedeutet „Kindchen" oder „Christkind". Der Friesenbaum wurde mit Heide oder Krähenbeere umwickelt, heute nimmt man dafür auch Buchsbaum oder Efeu. Geschmückt wurde er mit **Gestaltengebäck** – dem „Kenkentjüch". Dieses Gebäck soll ursprünglich Opferbrot für die Götter gewesen sein. Es wird angenommen, dass die Tiergestalten des Gebäcks die früheren Tieropfer ersetzen sollte. Ganz unten am Rundbogen steht der **Lebensbaum** mit Adam, Eva, dem Apfel und der Schlange. Schiff und Mühle symbolisieren Wasser und Wind, das Schwein, und die Kuh stehen für die Landwirtschaft und der Fisch für den Fischfang. Ganz oben wacht der Hahn zum Schutz gegen Feuer. Die Gestelle wurden zusätzlich mit Ketten aus Rosinen und Backpflaumen, Äpfeln und kleinen Geschenken behängt. Die Äpfel sind Symbol für die Keimfähigkeit des Lebens. Heute kommen die **Weihnachtsbäume** mit dem Schiff vom Festland, und der traditionelle Juulbuum ist in den Wohnzimmern Nordfrieslands nicht mehr ganz so oft zu sehen wie früher.

Am **Silvesternachmittag** beginnt das **Hulken.** Gruppen von Kindern und am Abend auch von Erwachsenen ziehen fantasievoll verkleidet ihre Runden von Haus zu Haus, lassen ihre Identität erraten oder tragen eine musikalische Darbietung vor. Die Kleinen bekommen als Belohnung dafür **Süßes,** die Größeren einen **Schnaps.** Eine Viertelstunde vor Mitternacht treffen sich die Menschen, um ohne Feuerwerk gemeinsam ins neue Jahr zu gehen, denn wegen der Reetdachhäuser besteht Brandgefahr, sodass auch **Böllern verboten** ist. Nach dem Silvestergottesdienst treffen sich vor der Kirche in Nebel Hunderte Menschen. Nach dem Glockenschlag erschallen vom Glockenturm Weihnachtslieder, die der Posaunenchor der St.-Clemens-Kirche intoniert. Ist die musikalische Einlage vorbei, zieht es wieder viele in die Kirche, wo sie sich bis etwa ein Uhr alles Gute fürs neue Jahr wünschen. Etwa seit der Jahrtausendwende trifft man sich in Norddorf zur **Sektparty auf der Hüttmannwiese.**

Am **21. Februar** findet traditionell seit mindestens 100 Jahren das **Biaken** statt, das heißt übersetzt „Feuerzeichen" – steckt auch im deutschen Wort *Bake.* Man verbrannte alles, was brennbar war. Mit dem Fest soll der **Winter vertrieben** und der **Frühling eingeläutet** werden. Nach dem 15. Januar, wenn die Weihnachtsgäste abgereist sind, lassen sich aus dem allgemeinen Sound der Insel die

am2019_110 mna

Freiwillige Brandschützer

Mit dem Slogan, „Wenn Du nicht kommst, wer kommt dann?", startete die Amrumer Feuer mit einer Kampagne gegen den Mitgliederschwund bei den Freiwilligen Feuerwehren. Denn dieser Solidarpakt funktioniert nur, wenn es genügend Frauen und Männer gibt, die bereit sind, **sich in ihrer Freizeit für die Allgemeinheit einzusetzen.** Ein Brand, Sturmschaden oder Wassereinbruch kann jeden treffen. Dann ist es beruhigend zu wissen, dass die **Feuerwehr** schnell zu Hilfe eilt. Aber wie fast überall fehlt es vielerorts an engagierten Menschen und dem Nachwuchs. Im Rahmen dieser Aktion werden auf der Website (siehe unten) und in anderen Medien einzelne Brandschützer vorgestellt, die ihre Motivation für ihr Engagement vorstellen. Die netten kleinen Portraits sollen zeigen, dass jeder seinen Beitrag leisten kann. Je mehr mitmachen, desto besser.

Dass die Feuerwehr gerade auf Amrum mit seinen **vielen reetgedeckten Häusern** wichtig ist, zeigt schon die Geschichte. So gab es beispielsweise **1925 in Norddorf** einen **verheerenden Großbrand,** der viele Gebäude zerstörte und den Menschen das Dach über dem Kopf raubte. Brennt es, kann, insbesondere wenn Wind herrscht, Glut von der Brandstelle weggetragen

am2019_111 mna

werden und das Feuer so **auf andere Gebäude** übergreifen. Das war glücklicherweise bei einem Brand in Nebel am 7. August 2017 nicht der Fall. Um zwei Uhr nachts alarmierten aufmerksame Anwohner die Feuerwehr. Gleich alle Wehren rückten an, um ein Ausbreiten der Flammen zu verhindern. 60 Feuerwehrleute waren an dem Einsatz beteiligt. Um an die Brandnester unter dem Reetdach zu kommen, musste ein Bagger das brennende Dach Stück für Stück abtragen, so dass das Feuer keine Nahrung mehr fand. Zudem war die Windsituation relativ günstig, sodass bereits drei Stunden später vollständige Entwarnung gegeben werden konnte. 2018 wurde ein Neubau an derselben Stelle gegenüber der Kirche fertig.

Auf Amrum gibt es **vier Freiwillige Feuerwehren,** jeweils eine in Norddorf, Nebel, Süddorf und Wittdün. Die Feuerwehr in Wittdün wurde bereits 1912 gegründet. Sie hat knapp 40 aktive Mitglieder, insgesamt gibt es rund 125 aktive Feuerwehrleute auf Amrum. Die Feuerwehren engagieren sich besonders in der **Brandprävention** und stellen Unterrichtsmaterial für Schulen zur Verfügung, erklären den Umgang mit dem Feuerlöscher, machen Brandschutzerziehung in Kindergärten und sind wichtiger Bestandteil von Veranstaltungen wie dem Biaken und der Sonnwendfeier. Weitere Informationen: www.feuerwehr-amrum.de.

[<] Zuschauer vor dem Biakehaufen – das Traditionsfest ist auch für Festland-„Insulaner" ein wichtiger Grund, die Heimatinsel zu besuchen

Motorsägen nicht mehr wegdenken. Wurde früher alles Mögliche verbrannt, darf heute nur noch unbehandeltes Holz den Flammen überlassen werden. Die meisten Insulaner nutzen die Gelegenheit, ihre Hecken zu schneiden oder Baumäste abzusägen. Überall sind Anhänger mit Schnittgut unterwegs zum Festplatz. Jedes Dorf hat einen festen Ort für das Feuer. Biaken ist seit 2014 auch **immaterielles UNESCO-Weltkulturerbe.**

Der Tag heißt auf Amrum auch *Piadersinj* – Petriabend, also der Abend vor dem Petritag. Auf dem Festplatz wird aus den Holzspenden ein riesiger Haufen aufgeschichtet, auf dem oben der **Piader** als Symbol für das Böse steht, der an einem Holzpfahl befestigt wird. Es handelt sich um eine einer Vogelscheuche ähnliche Figur aus ausgestopfter Kleidung. Sie soll möglichst lange auf dem Haufen stehen bleiben, nachdem er entzündet worden ist. Das Biaken gehört zu den sogenannten **„Frühlingsfeuern"**, die dem nordischen Kriegsgott *Wotan* gewidmet waren. Der Mittwoch ist übrigens der „Wotanstag", friesisch „Wäärnsdai". Am Tag nach dem Frühlingsfeuer fand früher der „Frühlingsthing" statt, die wichtigste Gerichtsbarkeit. Damals hatten die Kinder am Tag vor dem Biaken schulfrei, sammelten Ginster und Heide und stapelten dicke Haufen auf. Der älteste Konfirmand durfte das Feuer entzünden. Die „Scheiterhaufen" werden jedes Jahr größer, Wotan dürfte sich über die „Opferbereitschaft" der Amrumer freuen.

Um das **Anzünden** kümmert sich heutzutage allerdings die **Feuerwehr,** die natürlich auch die **Brandwache** danach schiebt (siehe Exkurs „Freiwillige Brandschützer"). Für den Fall der Fälle stehen

Reetdächer – festgenäht und ausgefeilt

Typisch für Friesenhäuser sind die **reetgedeckten Dächer.** Reet oder Schilfrohr wächst seit Jahrhunderten auf Amrum, und so lag es nahe, dieses Naturmaterial zum Dachdecken zu verwenden. Heute kommt es zu dicken Bündeln gebunden aber meist aus dem Ausland. Rumänien, Ungarn und die Ukraine liefern die größten Mengen. Es wurde früher an den Dachbalken **„festgenäht".** Zur Herstellung der Hanftaue schnitt man im Sommer Strandhafer und trocknete ihn. Im Winter wurde er in Wasser eingeweicht, platt geklopft und dann zu 80 bis 100 Meter langen Seilen verdreht. Die „Riaperdreher", so nannte man diese Handwerker, gab es nur auf Amrum und Sylt.

Die Technik der Reetdächer war sehr ausgefeilt und diente dem **Schutz der Bewohner vor Feuer.** Unter den Dächern lebten viele Spinnen, und die Spinnennetze brannten am besten. Deshalb brach das Feuer meist auf dem Dach aus. Durch den spitzen Giebel über der Eingangstür rutschte das brennende Schilfrohr rechts und links herunter, der Eingang blieb frei, die Menschen konnten sich meist noch nach draußen retten und der Brand in der Regel schnell gelöscht werden. Meist blieben deshalb die Brandschäden relativ gering. 1965 wurde es verboten, den Strandhafer zu schneiden. Seitdem werden die Dächer nicht mehr genäht, sondern die Reetbündel sind mit **Metallklam-**

am2019_112 nf

mern befestigt, sodass das Dach bei einem Brand nicht mehr so einfach nach unten rutschen kann.

Das Handwerk des Reetdachdeckers erfordert **großes Geschick und Können,** deshalb wurde es 2014 in das Verzeichnis des immateriellen Kulturerbes aufgenommen. In den oft über mehrere Generationen bestehenden Handwerksbetrieben wird noch immer berufsspezifisches Wissen vom Vater an den Sohn weitergegeben. Der Dachdecker beginnt mit seiner Arbeit unten an der Traufe und arbeitet sich langsam bis zum Dachgiebel nach oben. Bündelweise wird das Reet mit den Spitzen nach unten befestigt und später in Form geschnitten. Der Abschluss eines Reetdachs kann verschieden ausgefertigt sein. Entweder kommen **Kleisoden** darauf, die in der Inselmarsch gestochen wurden, oder der Dachfirst wird – optisch ansprechender – mit **Heidekraut** bedeckt. Mit Kosten von rund **100 Euro pro Quadratmeter** muss man rechnen. Reetdächer sind für das raue Nordseeklima ideal, denn **sie dämmen sehr gut.** Werden sie gepflegt und regelmäßig vom Moos befreit, können sie viele Jahrzehnte halten. Man sagt dem Reetdach nach, es sei doppelt so teuer wie ein Hartdach, drei mal so teuer in der Versicherung und fünf mal so hell, wenn es brennt. Es ist archäologisch nachgewiesen, dass bereits vor über 6000 Jahren am Bodensee einfache reetgedeckte Häuser gestanden haben. Auf Amrum sind in der Gemeinde Nebel die meisten Reetdächer zu bewundern.

[<] Jeder Handgriff muss sitzen – Reetdachdecker bei der Arbeit

Löschwagen bereit. Will der Haufen aufgrund der Wetterbedingungen nicht brennen, kommen gern auch **Flammenwerfer** zum Einsatz. Umrahmt wird das Geschehen von Grillständen und Getränkebuden, die ihre Einnahmen zum großen Teil zu Gunsten der Feuerwehr und örtlicher Vereine verwenden. Oft zeigen noch am nächsten Tag die Rauchsäulen über der Insel an, wo die Festplätze lagen. **Besonders feierlich** ist seit einigen Jahren das Biaken **in Norddorf:** Dort gehen die Einheimischen und die Inselgäste in einem langen, stimmungsvollen Fackelzug gemeinsam zum Ort des großen Feuers. Dieser befindet sich aus Sicherheitsgründen ein Stück außerhalb der Ortschaft. Den Weg dahin säumen Schwedenfeuer – es ist ein erhebender Moment für alle.

Für viele Amrumer und für einige Amrumer, die auf dem Festland leben, ist das Biaken ein Grund, für ein paar Tage auf die Insel zurückzukehren. Am nächstgelegenen Wochenende vor oder nach dem Biaken (abhängig vom Wochentag, auf den der 21. Februar fällt), findet in der St.-Clemens-Kirche in Nebel ein **zweisprachiger Gottesdienst** auf Friesisch und Hochdeutsch statt. Einige Frauen kommen aus diesem Anlass in Tracht, und die Chöre singen gemeinsam ihre Lieder auf Öömrang. Die der Sprache nicht mächtigen Besucher sind dennoch eingeladen, das Mitsingen zu versuchen. Die Melodien sind aus den Gottesdiensten vom Festland bekannt. Jeder erhält ein zweisprachiges Textheft und darf sich entscheiden, ob er es auf Öömrang versuchen will oder auf Hochdeutsch. In jedem Fall ist es ein feierlicher Moment, wenn die Lieder von der Orgel begleitet in der Kirche erklingen.

Auch heute noch gibt es die *Hualewjonken,* übersetzt heißt das „Dämmerung". In der Winterzeit hatten die Frauen früher viel im Haushalt zu tun. Ihre zur See fahrenden Männer waren weniger beschäftigt und kamen in der Zeit von 17 bis 19 Uhr beim Nachbarn zusammen, um sich zu unterhalten oder gemeinsam zu lernen. Heute werden diese Treffen von einem Privatclub organisiert und finden regelmäßig an einem festen Tag statt. Teilnehmen dürfen nur Männer, die zur See gefahren sind. Eine Ausnahme gibt es nur für den Pastor.

Am **21. Juni** feiert die Trachtengruppe unter Beteiligung der Amrumer Blaskapelle jährlich auf dem Kniepsand vor Nebel mit einer **Sonnenwendfeier** den Sommeranfang.

Regionale Sportarten

Die **Pferde** spielten in der Landwirtschaft, besonders auf Föhr, eine große Rolle. So entwickelte sich die Tradition des **Ringreitens.** Zwischen zwei in die Erde gesteckten hohen Stäben befindet sich an einem Seil eine Befestigung für einen lose aufgehängten Ring. Ähnlich wie bei den Ritterspielen reiten die Mitglieder der Ringreitvereine mit langen Stangen auf dem Rücken der Pferde im Galopp auf den Ring zu. Ziel ist es, den kleinen Ring mit etwa drei Zentimeter Durchmesser mit der Stange aufzuspießen und ins Ziel zu bringen. Wer die meisten Ringe ergattert hat, erhält als Turniersieger die **Königswürde.** Früher durften nur Männer Ringreiten, inzwischen ist es auch unter Frauen weit verbreitet. Auf Amrum gibt es auch **Ringreiten mit Islandpferden.** Der Sport ist aus dem gesellschaftlichen Vereinsleben nicht mehr wegzudenken.

Snaakest dü öömrang?

Das bedeutet: „Können Sie Amrumer Inselfriesisch sprechen?" Diese Sprache heißt *Öömrang* und dem Gast vom Festland werden ungewöhnliche Klänge zu Ohren kommen, wenn er auf Insulaner trifft, die sich unterhalten. Verstehen wird er vermutlich kaum ein Wort. Die Sprache stammt aus dem **Westgermanischen** und hat sich im Laufe der Zeit in drei Zweige aufgeteilt. In der Provinz Friesland in den Niederlanden wird **Westfriesisch** gesprochen, immerhin gibt es hier rund 350.000 Menschen, die dieser Sprache mächtig sind. In der niedersächsischen Gemeinde Saterland, die zum Landkreis Cloppenburg gehört, unterhält man sich auf **Saterfriesisch** in „Seeltersk", dem einzigen Dialekt des Ostfriesischen, der noch erhalten geblieben ist und den noch rund 2000 Menschen aktiv nutzen. **Nordfriesisch** hört man nur noch im äußersten Nordwesten Schleswig-Holsteins bei rund 5000 Personen. Es existieren dort **zwei Dialektgruppen,** das Festlandsfriesische „Frisk" mit mehreren Unterdialekten, zum Beispiel „Frasch" oder „Mooring", und

[>] Wilhelm Busch dichtete die sieben Streiche von Max und Moritz. Der Amrumer Verleger *Jens Quedens* übersetzte das Werk ins Öömrang und veröffentlichte eine zweisprachige Ausgabe auf Friesisch und Deutsch. Das Buch gibt es in den Amrumer Buchhandlungen sowie in einigen Geschäften auf Föhr.

Maks an Moorits*

En wurd fööruf
Och, wat feit'am faan fülk biaren
föl tu lesen an tu hiaren,
so, üs nü tu't bispal uk
Maks an Moorits uun das buk,
wat, uun steed ham nü mä liaren
noch tu't guudedn tu bekiaren,
flooksis noch diarauer huanet
an diarauer hiamelk spuanet.
Ja, mä sok füök iaragdun,
diarmä as'am gau tu hun!
Minsken plaage an uk tiiren,
aapler, plumen steel an peeren.
diarbi hää'am't uu so net.
Det's uk ei so föl fertret,
üs uun sark of uk uun skul
stal tu saten üüb a stuul.
Naan, uu naan! Wat skal wel skä,
wan ik üüb at aanj nü sä!!
Naan, det wiar en iarag ding,
üs det Maks an Moorits ging.
Diaram as, wat so so drewen,
hir aptiakent an apskrewen.

Vorwort
Ach, was muss man oft von bösen
Kindern hören oder lesen!
Wie zum Beispiel hier von diesen,
Welche Max und Moritz hießen;
Die, anstatt durch weise Lehren
Sich zum Guten zu bekehren,
Oftmals noch darüber lachten
Und sich heimlich lustig machten.
Ja, zur Übeltätigkeit,
Ja, dazu ist man bereit!
Menschen necken, Tiere quälen,
Äpfel, Birnen, Zwetschgen stehlen,
Das ist freilich angenehmer
Und dazu auch viel bequemer,
Als in der Kirche oder Schule
Festzusitzen auf dem Stuhle.
Aber wehe, wehe, wehe!
Wenn ich auf das Ende sehe!
Ach, das war ein schlimmes Ding,
Wie es Max und Moritz ging.
Drum ist hier, was sie getrieben,
Abgemalt und aufgeschrieben.

Iarst fülkhaid
Meut dää ham dach manag ään
mä sin haben an a höön.
Iarst san's üüb a aier skarep,
wat vögler aielk warep;
naisten oober, auer'm koon
hööner braase uun a poon;
an'am namt uk hal tu't traaden
hörens feedern uun a baaden,
uun a hegner, wat faan ol;
nämen leit hal uun a kol.
Bolte wal det uk so hual,
jü woort nü biletjen ual.

Erster Streich
Mancher gibt sich viele Müh
Mit dem lieben Federvieh;
Einesteils der Eier wegen,
Welche diese Vögel legen,
Zweitens: weil man dann und wann
Einen Braten essen kann;
Drittens aber nimmt man auch
Ihre Federn zum Gebrauch
In die Kissen und die Pfühle,
Denn man liegt nicht gerne kühle.
Sehr, da ist die Witwe Bolte,
Die das auch nicht gerne wollte.

*** veröffentlicht mit freundlicher Genehmigung von *Jens Quedens***

das Inselfriesische. Insgesamt gibt es zehn nordfriesische Dialekte, darunter hat jede Insel ihren eigenen. Die Friesen wanderten im 7. und 8. Jahrhundert zunächst auf den Inseln ein. Das Festland besiedelten sie erst 400 Jahre später, deshalb ist das Festlandfriesisch auch „moderner“.

Auf jeder Insel hat sich – begünstigt durch die abgeschiedene Lage – ein **eigenes Inselfriesisch** entwickelt, „Sölring“ auf Sylt, „Öömrang“ auf Amrum, „Fering“ auf Föhr und „Halunder“ auf Helgoland. Auf den Halligen wird nur noch von wenigen Einheimischen „Halifreesk“ gesprochen. **Friesisch** ist keine Mundart, sondern eine eigenständige Sprache, die stark mit dem Englischen und den skandinavischen Sprachen verwandt ist. Es unterscheidet sich sehr deutlich vom Niederdeutschen (Plattdeutsch), das auf der Insel aber auch verstanden und teilweise gesprochen wird.

Beim Einkauf in Amrumer Geschäften oder auf der Straße, wenn sich die Einheimischen miteinander unterhalten, wird man vielleicht überrascht sein, dass dort neben dem Hochdeutschen auch Öömrang geläufig ist. Es ist neben Hochdeutsch **die zweite Muttersprache** der Amrumer. War Öömrang bis in die 1950er-Jahre noch allgemeine Umgangssprache auf der Insel, spricht heute etwa ein knappes Viertel der Einheimischen diese Sprache. Nur noch rund 400 bis 500 Menschen können Öömrang fließend sprechen, verstehen können es immerhin noch rund 700 bis 800 Menschen. Am meisten geschadet hat der Sprache die Tatsache, dass viele junge Menschen die Insel aus wirtschaftlichen Gründen verlassen mussten und auch heute noch müssen. In Familien, in denen nicht alle Öömrang sprechen, wird die Sprache deshalb immer seltener aktiv genutzt. Jeder weiß, dass regelmäßige

am2019_113 mna

Übung jedoch die wichtigste Voraussetzung ist, um eine Sprache zu lernen. Hinzu kommt, dass viele im Tourismus arbeitende Menschen inzwischen aus aller Herren Länder kommen. So entsteht ein echtes **Sprachengewirr,** in dem meist das Hochdeutsche die Sprache der Wahl ist. Unterrichtet wird Öömrang im Kindergarten und in der Schule.

Friesisch stammt wie „Ingelsk" (Englisch) aus dem **Nordsee-Germanischen,** deshalb sind im Öömrang ganz viele Worte zu finden, die dem **Englischen** ähnlich oder sogar mit ihm identisch sind. Manchmal werden sie gleich ausgesprochen, manchmal ganz anders. So heißt „Weg" sowohl auf Friesisch *wai* als auch auf Englisch *way,* „grün" wird in beiden Sprachen zu *green.* „Sark" sagen die Amrumer zur Kirche und die Engländer *church,* die „Gans" wird zur *gus* oder auf Englisch zur *goose.* Und „Käse" wird auf Amrum als *sees* genossen, im Englischen als *cheese.* Aber schon ganz anders sieht es bei „Tisch" aus, denn in Amrum sitzt man am *boosel,* in England am *table* und in Helgoland an der *Taffel.* Das Inselfriesisch auf Helgoland hat auch einen eigenen Namen, es heißt **Halunder.** Durch die Nähe zu Skandinavien kamen aber auch zahlreiche Wörter aus dem skandinavischen Sprachraum in den nordfriesischen Wortschatz. Das „Ferkel" wird im Friesischen und Dänischen zum *gris,* das „Messer" zum *knif* bzw. zum dänischen *kniv,* der „Löffel" zum *skai* (auf Föhr *skaas*) und im Dänischen zum *ske.*

Interessant ist, dass sich die **friesische Orthografie** stark von der Deutschen und Niederdeutschen unterscheidet und sehr konsequent ist. Die Grundregel lautet: Groß- und Kleinschreibung wie im Englischen, alle Worte mit Ausnahme von Namen und dem Satzanfang werden klein geschrieben. Lange Vokale werden doppelt geschrieben und kurze einfach. Dadurch entfällt die Konsonantenverdoppelung wie zum Beispiel *a hole* (der Stier), ausgesprochen wie „Wolle". Daneben gibt es einige Laute, die im Hochdeutschen gar nicht vorkommen, wie in *a winj* (der Wind) oder *iidj* (essen). Das „j" am Wortende klingt aber nicht wie j, sondern drückt einen speziellen, dem „n" beziehungsweise „d" ähnlichen „moullierten" Laut aus.

Nordfriesisch war eine überwiegend gesprochene Sprache, aber es gab Menschen, die das ändern und die Sprache schriftlich festhalten wollten. Auf Amrum lebte im 19. Jahrhundert ein Pastor, der sich sehr für die **Verschriftlichung des Öömrang** einsetzte, was jedoch damals nicht jedem Insulaner behagte, aus heutiger Sicht für den Erhalt der Sprache aber ein Segen ist. *Lorenz Friedrich Marstrand Mechlenburg* (1799–1875) war waschechter Amrumer mit dänischer Staatsangehörigkeit, da Amrum zu dieser Zeit zu Dänemark gehörte. Schon seine Vorfahren waren Pastoren auf Amrum gewesen. Seit seiner Kindheit sprach *Lorenz Mechlenburg* Deutsch,

[<] Grab heißt „grääf", aber Grabsteine sind „Likstianer" (wörtlich: ‚Leichensteine'). Likstianer fertel staken ütj at leewent – Grabsteine erzählen Geschichten aus dem Leben: aber auf Hochdeutsch

Die Amrumer Hymne

Das Amrum-Lied, auch scherzhaft die **„Nationalhymne von Amrum"** genannt, wird hier zweisprachig wiedergegeben, sodass man das Amrumer Inselfriesisch gut mit dem Hochdeutschen vergleichen und die sprachliche Verwandtschaft mit Englisch und Plattdeutsch erkennen kann. Der friesische Text stammt von Lorenz Conrad Peters, die Melodie komponierte A. Zöllner. Der Beginn des ursprünglichen Lieds beginnt mit „In der Heimat ist es schön". Jeder Amrumer wird das mit Überzeugung bestätigen, und Inselfans werden das bekräftigen.

Min Öömrang Lun
Dü min tüs, min öömrang lun,
huar so huuch a düner stun,
huar bi Knip a braanang bromet,
huar a waastwinj ei ferstomet,
iiwag spelet mä det sun,
leew haa'k di, min öömrang lun.

Dü min tüs, min öömrang lun,
rikdom as diar ei tu fun,
skraal san ääkerlun an fäänen,
man diar wene dön bekäänden,
diar min hart am naisten stun,
leew haa'k di, min öömrang lun.

Dü min tüs, min öömrang lun,
iarelk san diar hart an hun,
trauhaid luket ütj ark'wönang,
riker feelst di üs en könang,
arken koon di diar ferstun,
leew haa'k di, min öömrang lun.

Dü min tüs, min öömrang lun,
leewen meid in aard bestun,
wat a feedern üs ferareft,
lääts dach sä, dat det ei stareft,
jääw wi't ap, det wiar en skun,
leew haa'k di, min öömrang lun.

Mein zu Haus,
mein Amrum, schön,
wie so hoch die Dünen steh'n,
wo bei Kniep die Brandung brummt,
wo der Westwind nie verstummt,
ewig spielt dort mit dem Sand,
ich lieb' dich, mein Amrum-Land.

Mein zu Haus, mein Amrum-Land,
Reichtum dort noch niemand fand,
arm sind Äcker dort und Fennen,
schön, alle dort zu kennen,
die dem Herzen nahe steh'n,
ich lieb' dich, mein Amrum, schön.

Mein zu Haus, mein Amrum-Land,
ehrlich sind dort Herz und Hand,
aus den Fenstern guckt Vertrauen,
darauf kannst Du sicher bauen,
jeder kann dich dort versteh'n,
ich lieb' dich, mein Amrum, schön.

Mein zu Haus, mein Amrum, schön,
immer sollst Du fortbesteh'n,
was die Väter uns vererbt,
lasst uns seh'n, dass es nicht stirbt,
aufzugeben wär' 'ne Schand',
ich lieb' dich, mein Amrum-Land.

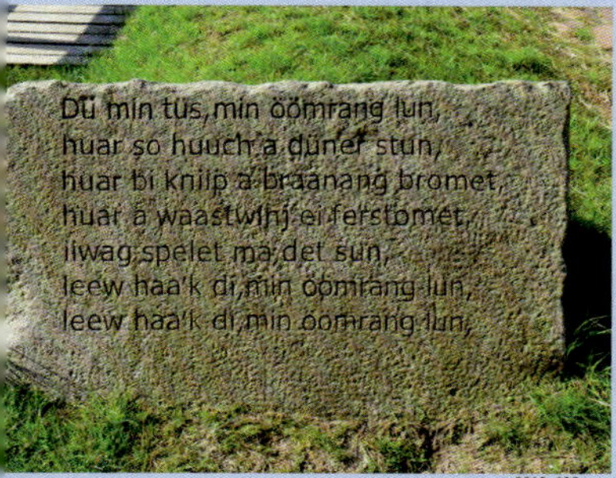

am2019_125 mna

Auf eine Privatinitiative des „Öömrang Ferian" (Amrumer Verein) und der „Ferring Stiftung" auf Föhr wurden vor etlichen Jahren die vier Strophen der Amrumer „Nationalhymne" auf Öömrang **in vier Granitblöcke gemeißelt** und an vier verschiedenen Stellen auf der Insel aufgestellt, die zum Inhalt der jeweiligen Strophe passen. Der Handwerker Oliver Rathje aus Bremen, der sich damals zufällig auf Amrum aufhielt, führte die Steinmetzarbeiten aus. Die Idee entstand aus dem Gedanken heraus, ein deutlich sichtbares **Sprachdokument des Öömrang** für die nachfolgenden Generationen zu schaffen. Die Standorte sind:

1. Strophe: Bohlenweg zur Wittdüner Aussichtsdüne

2. Strophe: am Hoofstich, dem Wirtschafts- und Fahrradweg zwischen Norddorf und Nebel

3. Strophe: Steenodde, Ecke Stianoodswai/Ual Hööw

4. Strophe: Nebel, auf dem Gelände des Öömrang Hüs

Dänisch und Öömrang. Später studierte er in Kopenhagen Theologie. Nach seinem Examen kehrte der Dichter und Sprachforscher nach Amrum zurück, trat später die Nachfolge seines Vaters an und leitete die evangelisch-lutherische Gemeinde. Er verfasste viele Texte, darunter Niederschriften von Amrumer Märchen, sowie eine Grammatik. Von seinem Freund, dem Norddorfer *Christian Johansen,* stammen die Lautlehre, Lieder und Sprichworte. Den Wortschatz des Öömrang hielt er 1854 in einem Wörtbuch fest, das alphabetisch die Wörter des Amrumer Dialekts aufführte. Viele seiner Arbeiten liegen im Archiv des Öömrang Hüs. Heute nehmen sich die Heimatvereine von Amrum „Öömrang Ferian" und Föhr „Fering Ferian" sowie die „Ferring Stiftung" in Alkersum auf Föhr der Pflege des Inselfriesischen an.

Öömrang und **Fering** sind ähnlich, aber es gibt auch deutliche Unterschiede, vor allem bei der Verwendung der Buchstaben „T" und „S". Früher verkehrten zwischen Amrum und Föhr noch Pferdekarren und kleine Boote, bis der Priel zwischen beiden Inseln zu tief geworden war. Eine Anekdote besagt, dass der Wattenfischer während der Fahrt nach Amrum etwas zu einer Föhrerin sagte, das wie „fet sau" klang. Eine Frau, die Friesisch nicht verstand, war empört darüber, dass die Föhrerin auf ihre Leibesfülle angesprochen worden war, und meinte, sie solle sich das doch nicht gefallen lassen. Die Föhrerin lachte, denn der Wattenfischer wollte nur einen Scherz machen. Weil er nicht bis ans Ufer fahren konnte, musste man das letzte Stück zu Fuß durchs Wasser laufen. Er wollte mit seinem Scherz aber lediglich ausdrücken, dass sie zwar nasse Füße bekommen würde, sie sich diese dabei aber gleichzeitig waschen könne – „fet sau“ heißt auf Öömrang *Füße waschen.* Auf Fering heißt es übrigens „fet tau“. Kennt man beide Inseln, sieht man besonders bei den Straßennamen, dass auf Föhr häufig ein „T” verwendet wird und auf Amrum stattdessen ein „S”, beispielsweise wird der Amrumer „Saarepswai“ (Dorfstraße) auf Föhr zum „Taarepswoi“.

In den Touristeninformationen von Norddorf und Nebel gibt es für Interessierte jeweils eine **Übersetzung der friesischen Straßennamen.** Sie klingen nicht mehr ganz so rätselhaft, wenn man weiß, dass der „Maalenstegalk“ der „Mühlenfußweg“ ist oder das „Uasteraanj“ das „östliche Ende“ bezeichnet. Die Einheimischen werden sicher erstaunt schauen, wenn sie der Urlauber mit „gud maaren“ (Guten Morgen) und „gud dai“ (Guten Tag) begrüßt oder mit „Daalang as en neten dai“ feststellt, dass heute ein schöner Tag sei, bevor man sich abends „gud naacht“ (Gute Nacht) wünscht.

Auf Amrum ist wegen der isolierten Lage der Insel noch einiges an altfriesischem Sprachgut erhalten geblieben. Es gibt zwei Gruppen von Inselbewohnern, die sich regelmäßig treffen und das Öömrang pflegen. Echte Amrumer sind daran gewöhnt, mitten im Satz die Sprache zu wechseln, wenn Sie sich einer anderen Person zuwenden, die des Öömrang nicht mächtig ist. Wer als Nicht-Amrumer auf der Insel heimisch werden möchte, sollte sich **zumindest grundlegende passive Sprachkenntnisse** zulegen, um nicht vom Dorfleben ausgeschlossen zu werden. Schließlich schafft die Sprache **Vertrauen** und öffnet so manche Tür. Die Amrumer selbst schöpfen aus dem Öömrang **ihre Identität.** Wer die Sprache lernen möchte, kann an den Universitäten Flensburg und Kiel **Frisistik** studieren oder sich Kenntnisse im Selbststudium durch **Sprachkurse** aneignen. Diese werden auch auf der Insel angeboten.

Alle drei Jahre lädt der **„Ynterfryske Rie“** (Interfriesischer Rat), der die gesamtfriesischen Interessen nach außen vertritt, zum **„Friesendroapen“** (Friesentreffen) an verschiedenen Veranstaltungsorten ein, wo den rund 300 Teilnehmern ein abwechslungsreiches Programm mit Kultur, Sport und Musik angeboten wird.

Das „Rahmenübereinkommen zum Schutz nationaler Minderheiten“ **schützt die Volksgruppe der Friesen** als eine von vier nationalen Minderheiten, die in Deutschland schützenswert sind. Die friesische Sprache steht auch unter dem Schutz der Europäischen Charta der Regional- und Minderheitensprachen. In der **Verfassung** des Landes Schleswig-Holstein genießt die friesische Volksgruppe **besonderen Schutz und Förderung.** Das Friesisch-Gesetz regelt den Gebrauch der friesischen Sprache und die Nutzung von friesischen Symbolen in der Öffentlichkeit. Auf Amrum sind alle Ortsschilder **zweisprachig**, bis auf die in Wyk.

> Das Restaurant „De Struunluker in Norddorf“, sinngemäß „Der Strandgucker“ macht seinem Namen alle Ehre. Im Gebäude befinden sich auch das Naturzentrum und öffentliche Toiletten

Essen und Trinken auf Amrum

Speisen und Getränke

Kulinarisch geht es in der Küche der Inselbewohner auch heute noch recht **bodenständig** und **deftig** zu. Es werden die Lebensmittel der Region und der jeweiligen Saison bevorzugt. Reichlich waren die Speisen traditionell schon immer, schließlich sollten sie die Menschen nach schwerer körperlicher Arbeit satt machen. Seeluft macht hungrig, sättigende Eintöpfe mit einem Stück Speck als Einlage und Kohlgerichte waren üblich. Milch und Kartoffeln standen das ganze Jahr zur Verfügung, ansonsten variierten die Speisen und hingen insbesondere früher davon ab, was Garten, die Inselnatur und das Meer so hergaben. Der Amrumer Boden ist zwar karg, aber im Frühjahr gab es früher ausreichend **Möweneier,** Mehl und Milch gehörten in jedes Haus. Wer konnte, hielt sich eine Kuh oder eine Ziege, die auch „Kuh des kleinen Mannes" genannt wird. **Schweine** und **Hühner** sorgten für Fleisch und Eier. Für die langen Wintermonate legte man Vorräte an, die auf verschiedenste Art und Weise haltbar gemacht worden waren.

Es gab **Eingekochtes** und **Getrocknetes,** Kohl und Wurzelgemüse hielten sich ohnehin bei richtiger Lagerung recht lang, vor allem natürlich, wenn sie fermentiert worden waren. Das tägliche **Schwarzbrot** wurde meist in größeren Mengen gebacken, damit sich das Anheizen des Ofens auch lohnte. Es hielt sich in eigens dafür hergestellten Holz-

am2019_115 mna

boxen in der Speisekammer recht lange frisch. **Fisch** und **Krabben,** in Nordfriesland *Porren* genannt, kamen häufiger auf den Tisch, Fleisch gab es wenig, dafür Eintöpfe und Aufläufe – *Oonsaatang* genannt, also „in den Ofen Gesetztes" aus Ei, Mehl und Schinkenspeck. Fleischlieferanten waren **Hasen** und **Kaninchen,** die sich in den Dünen reichlich tummelten. Die Jagd war zwar verboten, aber das kümmerte die wenigsten. Erst als kurz nach dem Zweiten Weltkrieg die Waffen an die Siegermächte ausgeliefert werden mussten, hatte das ein Ende. Besonders wurde den **Zugvögeln** wie Enten und Gänsen nachgestellt, wenn diese auf den Inseln während des Frühjahrs und Herbsts eine Pause beim Flug in ihre Brut- und Überwinterungsgebiete einlegten. Die Seefahrer hatten in Holland **Entenfanganlagen** kennengelernt, die sie zuerst ab 1730 als „Vogelkojen" auf Föhr einrichteten und die von dort aus auch nach Amrum kamen. Die Jagd auf Zugvögel war im 18. und 19. Jahrhundert von großer Bedeutung für die Ernährung der Bevölkerung.

Ein inseltypisches **Gebäck** sind die „Pförtchen", kleine den niederländischen *Poffertje* ähnelnden Pfannkuchen, die in einer speziellen Pfanne mit kleinen runden Mulden aus einem Teig mit Milch, Eiern und Mehl gebacken werden. Auch die traditionellen **Friesenwaffeln** bestehen aus diesen Zutaten. Gewürze gab es auf Amrum schon immer, vor allem **Vanille** und **Ingwer,** die die Seefahrer von ihren Reisen in ferne Länder mitbrachten. Auch **Anis, Kardamom** und **Zimt** waren bekannt, jeder Haushalt hatte seine eigene Gewürzmischung, mit der Waffelteig seine besondere Note erhielt. Und was wären Tee oder Kaffee ohne Kuchen? Gerade **Torten** und leckere **Obstkuchen** sind in der Küstenküche heute ein Muss. Apfel-, Pflaumenkuchen, Mohntorte und Käsekuchen haben in den meisten Cafés einen festen Platz in der Auslage. Die Insulaner sind wahre Meisterbäcker.

Durch das ganzjährige Angebot im Supermarkt ist die Küstenküche heute natürlich vielfältiger geworden. In vielen Restaurants stehen die traditionellen Rezepte jedoch nach wie vor auf der Speisekarte, auch wenn sie teilweise modern interpretiert werden. Das hat seinen Grund: Sie sind einfach richtig lecker.

An der Küste wurde schon immer **Fisch in allen Formen** gegessen. Im Frühjahr und Herbst Schollen, im Sommer Lachs, Butt, Rochen, im Herbst Krabben und Aal, im Winter gab es Miesmuscheln, Austern und getrockneten Fisch, auch Klippfisch genannt. Austern durften zwar nicht geerntet werden, aber da die Bevölkerung arm und der Hunger groß war, setzte man sich über die Verbote hinweg, obwohl sie stark geahndet wurden. Zur **Haltbarmachung** wurden Schollen, Schellfisch und Kabeljau ausgenommen, gesäubert und – wie in Norwegen – im Freien auf Holzgestellen getrocknet. So war der Fisch lange haltbar. Zur Zubereitung musste er über Nacht einweichen, das Wasser wurde am nächsten Tag abgegossen, anschließend ließ man den Fisch in wenig Wasser gar ziehen. Aber wie gesagt erfolgte der Fischfang nur für den Eigenbedarf. Heute ist Fisch nach wie vor fester Bestandteil des Speiseplans, auch wenn er teuer geworden ist. Die **Fangquoten sind begrenzt,** weil die Fischbestände um die Inseln und der offenen Nordsee stark abgenommen haben. Wer seinen Fisch gu-

Öömrang-Gin

Weil ihm der übliche Gin meist zu wacholderlastig war, entwickelte der auf Föhr geborene und auf Amrum lebende Stephan Klindtberg nach dem Besuch eines Gin-Seminars die Idee, seinen eigenen Brand herzustellen. Nach vielen Versuchen mit unterschiedlichen Rezepturen stand sein **persönliches Rezept** fest. Diesen Gin lässt er nun seit dem Sommer 2017 mit **originalem Amrumer Wasser** bei einer kleinen Destillerie in Dollerup an der Flensburger Förde brennen. Tonkabohne, Kardamom, Rosen- und Hibiskusblüten, Zitronenschalen, Pflaume und natürlich Wacholder geben ihm die fruchtig-zitronigen Noten, handgeschöpftes Amrumer Meersalz vom Inselfischer *Andreas Thaden* runden den feinen Geschmack ab. Zu kaufen gibt es den Gin in ausgewählten Geschäften in Wittdün, Nebel und Norddorf. Das Etikett des „Öömrang Gin" zeigt die Insel Amrum, erkennbar ist er an einer **orangefarbenen** mit einem Achterknoten verschlossenen **Reepschnur,** die mehrfach um dem Flaschenhals gewickelt ist. Weil auch *Klindtbergs* Vater von der Nachbarinsel Föhr stammt, entwickelte er parallel dazu auch noch ein Rezept für seinen „Ferring Gin".

„Öömrang-Gin" im Supermarkt – ein begehrtes Mitbringsel aus dem Urlaub und mit 100 Prozent echtem Inselwasser produziert

am2019_116 mna

Typische Inselrezepte – so kommt der Urlaub mit nach Hause

Kringelgebäck – Kringelbaagsel

Zutaten

200 g Weichweizengrieß
200 g Mehl
1 TL Salz
2 TL schwarzer Pfeffer
2 TL Kümmel
1 EL Fenchelsamen
1 Packung Trockenhefe
70 ml Weißwein mit lauwarmem Wasser
100 ml gutes Olivenöl

Den Grieß und das Mehl in eine Schüssel geben und mit den Gewürzen vermengen. In der Mitte eine Mulde bilden, die in Wein und Wasser aufgelöste Hefe und das Olivenöl hineingeben. Alles etwa fünf Minuten gut durchkneten. Den Teig zugedeckt etwa zwei Stunden gehen lassen, dann nochmals fünf Minuten kneten. Den Teil aufteilen und kleine Brezeln von etwa zehn Zentimetern formen. Den Ofen auf etwa 180 °C vorheizen. In einem großen Topf gesalzenes Wasser aufkochen (etwa 6 TL Salz ins Wasser geben) und die Kringel nach und nach so lange köcheln lassen, bis sie aufsteigen. Dann die Kringel vorsichtig aus dem Topf heben und auf ein mit Backpapier ausgelegtes Backblech legen. So lange im Ofen backen, bis sie goldgelb sind. Das dauert in der Regel 30 bis 40 Minuten. Kringel herausnehmen und abkühlen lassen. Die Kringel enthalten noch viel Feuchtigkeit, deshalb sollten sie noch mindestens eine Woche offen zum Trocknen liegen. Erst dann sind sie schön knusprig.

Das **Café Schult** in Norddorf verkauft die Kringel nach einem eigenen Familienrezept. Sie sind wirklich lecker, aber steinhart und man braucht wirklich gute Zähne.

Traditionelle Mehlspeise – Oonsaatang

Zutaten

2 Tassen Milch
2 Tassen Mehl
4 Eier
6 bis 8 Speckstreifen
Salz

Mehl und Milch zusammenrühren, dann alles mit den Eiern und dem Salz vermischen. Eine Kuchenform mit Fett einstreichen und Mehl darauf stäuben. Auf dem Boden und den Seiten die Speckstreifen fest andrücken und den Teig einfüllen. Bei 175 °C etwa eine Stunde backen. Nach dem Herausnehmen aus dem Ofen die Seiten mit einem Messer lösen und die Mehlspeise stürzen. Falls alles in der Form klebt, ein nasses, kaltes Tuch um die Form wickeln, kurz stehen lassen und nochmals versuchen, die Mehlspeise zu stürzen. Früher haben die Frauen den Oonsaatang zum Bäcker gebracht, weil sie keine Ofen hatten. Das passierte immer samstags, denn während der Oonsaatang buk, wurde das Haus geputzt und man sparte die Zeit zum Kochen. Das war in allen Dörfern auf Amrum so.

(Aus dem Kochbuch **„Amrumer Rezepte – Ualang Öömrang Köögin"** von *Marianne Martinen*, siehe Literaturtipps)

Pförtchen

Zutaten

500 g Mehl
20 g Hefe
lauwarme Milch
3 Eigelb
3 Eiweiß, zu Schnee schlagen
Kardamom nach Geschmack
½ TL Salz
geriebene Zitronenschale, nach Geschmack
50 geschmolzene Butter

Mehl mit Hefe und der notwendigen lauwarmen Milch zu dickflüssigem Teig verrühren und gehen lassen. Nach einer Stunde die Eigelb und die übrigen Zutaten dazugeben, zum Schluss den Eischnee unterheben. Nochmals den Teig gehen lassen. In der Augenpfanne* backen. Zum Backen empfiehlt sich eine Mischung aus Margarine, Öl und Butter nach Geschmack.

Die Pförtchen lassen sich nach Bedarf füllen, beispielsweise mit Pflaumenmus oder Marmelade. Für Pflaumenmus getrocknete Pflaumen einweichen, mit wenig Wasser aufkochen und durchrühren. Das Pflaumenmus ist ziemlich fest, mit Zimt würzen. Zum Füllen den Teig flachklopfen, eine kleine Menge der Füllung in die Mitte geben, die Außenränder einklappen und das Ganze auf diese Weise schließen.

* Die Augenpfanne ist eine Spezialpfanne mit kreisrunden Mulden, in die der Teig gefüllt wird. Sie ist im Spezialhandel und in einigen Amrumer Geschäften erhältlich.

Gestofte Bohnen – „stuuwet buanen"

Zutaten

750 g frische grüne Bohnen
500 ml Milch
Mehl nach Bedarf
1 EL Butter
Salz und Pfeffer
frische gehackte Petersilie

Die Bohnen putzen, schneiden und in Salzwasser ankochen. Das Wasser abgießen. Milch in einem Topf erwärmen. Butter in einem Topf schmelzen, Mehl nach Bedarf klumpenfrei hineinrühren, dann unter ständigem Rühren die warme Milch dazu gießen. Die Bohnen hinzufügen und aufkochen, bis sie weich sind. Zum Schluss mit Salz, Pfeffer und gehackter frischer Petersilie abschmecken. Dazu schmecken Kartoffeln und Frikadellen. Die Zubereitung schmeckt auch mit anderen Gemüsesorten wie Möhren, Sellerie und Lauch oder Kohl.

ten Gewissens genießen möchte, sollte auf Sorten zurückgreifen, die nicht gefährdet sind. Der **WWF** veröffentlicht regelmäßig einen **Fischratgeber,** der sich auch als App aufs Handy laden lässt. Er gibt Empfehlungen, welchen Fisch man bedenkenlos essen kann.

Besonders im Frühsommer ist Saison für **Matjes.** Ende Mai bis Anfang Juni werden die noch nicht geschlechtsreifen Heringe gefangen, ausgenommen und in Salzlake durch Fermentierung gereift. So entsteht ihre besonders zarte Konsistenz. Die Spezialität Matjes wird im Norden in verschiedenen Variationen auf den Speisekarten angeboten. Sei es als kalter Heringsstipp **„nach Hausfrauenart“** mit einer klassischen Sahnesoße mit Äpfeln, Zwiebeln und Gewürzgurken zu heißen Pellkartoffeln oder mit Bohnen, Bratkartoffeln und Zwiebelringen. Im traditionellen Gericht **Labskaus** wird Matjes zusammen mit einem Kartoffelstampf, Roter Bete, Fleisch und Petersilie mit Spiegelei und Gewürzgurke serviert. Auch als **Salat** gibt es zahlreiche abwechslungsreiche Fischzubereitungen mit Roter Bete und Mayonnaise oder mit Tomaten, Gurken und Zwiebeln, fast jede Familie hat ihr eigenes Rezept.

Eine besondere Köstlichkeit sind Gerichte vom **Salzwiesenlamm.** Die Salzwiesen, auf denen die Schafe weiden, werden gelegentlich vom salzigen Meerwasser überspült. Die Pflanzen entwickeln dadurch ein besonderes Aroma, und das überträgt sich auf das Fleisch der Lämmer. Die **Milch der Schafe** wird von einigen wenigen Schäfereien zu Käse verarbeitet und lokal vermarktet. Auf Amrum ist in den letzten Jahren eine frühere Käsespezialität glücklicherweise wieder im Angebot. Den **Ööksensees,** von dem aber nur kleine Mengen herge-

am2019_117 mna

stellt werden, lässt man unter dem Reetdach reifen.

Das klassische Wintergemüse **Grünkohl** wird im gesamten Norden angeboten, meist mit einer Beilage aus Schweinefleisch, geräucherter Mettwurst mit Senf und Salzkartoffeln. Grünkohl wird normalerweise erst nach dem ersten Frost den ganzen Winter über geerntet. Der Volksmund bezeichnet ihn gern scherzhaft als „friesische Palme". Wer das Gericht noch nicht kennt und in den Wintermonaten an der Küste weilt, sollte die Leibspeise vieler „Nordlichter" unbedingt einmal selbst probieren. Gemüse wird in der Küstenküche oft zu einem kräftigen Eintopf verarbeitet oder aber gekocht mit (Milch-)Soße und als Beilage zu Fleischgerichten serviert. Dazu gibt es Kartoffeln, Nudeln und Reis werden natürlich auch auf den Inseln gern gegessen. **Kartoffeln** gibt es in vielen Variationen als Suppe oder Brei, gekocht oder gebraten. Kartoffelpuffer werden häufig auch mit Krabben oder einem Tatar aus Hering serviert.

In Nordfriesland werden, wie auch im sonstigen Norden Deutschlands, an alkoholhaltigen Getränken hauptsächlich **Bier** und **Schnaps** verkonsumiert. Für Amrum typisch ist der **Teepunsch,** der aus Schwarztee mit Köm, einem Kümmelschnaps, und Kandiszucker zubereitet wird. Vielerorts werden in Restaurationen auch Getränke wie **Tote Tante, Eiergrog, Pharisäer** oder **Seehund** – letzteres besteht aus heißem Weißwein mit Arrak und Nelken – angeboten. Sie sind für Amrum typisch. Wer jetzt vielleicht denken mag, dass die Insulaner stattdessen wie in Ostfriesland viel Tee trinken, hat sich getäuscht. Wie sonst überall in Deutschland greifen die meisten Einheimischen im Zweifelsfall lieber zur Kaffeetasse.

am2019_118 mna

[>] Krick-Enten, die in den Vogelkojen gefangen wurden, kamen in die Dose, und als Delikatesse waren sie vor allem in New York sehr begehrt

[<] In der „Fisch-Buttze" in Wittdün stehen hungrige Gäste im Sommer in langen Schlangen bis auf den Gehweg

Die **lokalen Restaurants** haben sich auf den Geschmack und die Erwartungshaltung der Touristen eingestellt. So stehen ganzjährig viele Fischgerichte auf den Speisekarten, obwohl der Fisch überwiegend von den Fischmärkten aus Bremerhaven und Hamburg stammt.

HAUS DES GASTES
KURVERWALTUNG

am2019_143 mna

7 Anhang

< Eingang zum Haus des Gastes in Nebel

am2019_133 mna

Langfristige Sommerferienregelung

Bundesland	2019	2020	2021
Baden-Württemberg	29. 07.–10.09.	30.07.–12.09.	29.07.–11.09.
Bayern	29.07.–09.09.	29.07.–07.09.	30.07.–13.09.
Berlin	20.06.–02.08.	25.06.–07.08.	24.06.–06.08.
Brandenburg	20.06.–03.08.	25.06.–08.08.	24.06.–07.08.
Bremen	04.07.–14.08.	16.07.–26.08.	22.07.–01.09.
Hamburg	27.06.–07.08.	25.06.–05.08.	24.06.–04.08.
Hessen	01.07.–09.08.	06.07.–14.08.	19.07.–27.08.
Meckl.-Vorpommern	01.07.–10.09.	22.06.–01.08.	21.06.–31.07.
Niedersachsen	04.07.–14.08.	16.07.–26.08.	22.07.–01.09.
Nordrh.-Westfalen	15.07.–27.08.	29.06.–11.08.	05.07.–17.08.
Rheinland-Pfalz	01.07.–09.08.	06.07.–14.08.	19.07.–27.08.
Saarland	01.07.–09.08.	06.07.–14.08.	19.07.–27.08.
Sachsen	08.07.–16.08.	20.07.–28.08.	26.07.–03.09.
Sachsen-Anhalt	04.07.–14.08.	16.07.–26.08.	22.07.–01.09.
Schleswig-Holstein	01.07.–10.08.	29.06.–08.08.	21.06.–31.07.
Thüringen	08.07.–17.08.	20.07.–29.08.	26.07.–04.09.

Bücher, Karten und Apps

Unser Tipp

Im Naturschutzzentrum und in den Buchhandlungen sind handliche, wasserdicht laminierte **Klapptafeln** erhältlich zu verschiedenen Themen wie Pflanzen, Vogelwelt, Zugvögel, Brutvögel, Funde im Watt und am Strand und Vogelfedern am Meer. Sie lassen sich gut transportieren, und man lernt auf seinen Streifzügen durch die Landschaft viel über die Natur.

- *Adam-von Haken, Susanne:* **Bärenstarke Ferien auf Amrum – Beerenstark Feerien üüb Oomram,** Isensee Verlag, Oldenburg/Verlag Jens Quedens, Amrum, 2013. Deutsch-Inselfriesisches Bilderbuch mit den Erlebnissen zweier Bärenkinder auf Amrum.
- *Ahlborn, Silke:* **Natur-Erlebnisbuch Nordsee** (STRAND-Detektive), Wachholtz-Verlag, Kiel, 2016. Kinder ab sieben Jahren gehen mit diesem Buch auf Entdeckertour, mit dem sie im Watt, Wasser und Spülsaum, aber auch in den Dünen und Salzwiesen schnuppern, ausprobieren und experimentieren können.
- **Beachfinder:** App, mit der man seine Strandfunde melden oder selbst nach Unbekanntem suchen kann.
- *Busch, Wilhelm:* **Maks an Moorits,** 14-6, Verlag Jens Quedens, Amrum, 2015. Die berühmte Lausbubengeschichte von Max und Moritz auf Öömrang in der Übersetzung von *Jens Quedens.*
- *Dittmar, Georg/Lückel, Peter:* **Mein großes Amrum Malbuch,** Paddel Grafik, Amum, 2007. Inselmotive für Kinder zum Ausmalen.
- *Drewes, Rolf:* **Amrum – Touristische Karte,** Kartenwerk-Verlag, Dortmund, 8. Auflage 2014. Detailgenaue Inseldarstellung auf Luftbildbasis mit Ortsplänen und Inselbeschreibung sowie landeskundliche und touristische Informationen sind ideal, um sich auf Amrum auf Entdeckungsreise zu begeben.
- *Faltings, Volkert/Jannen, Reinhard:* **Twäärs üüs en haligschep – Swäärs üüs en halagsjep,** Husum Druck- und Verlagsgesellschaft, Husum, 2016. Kleines Fachlexikon mit Redewendungen von Föhr und Amrum für Interessierte, die sich näher mit Öömrang und Fering beschäftigen möchten.
- *Faltings, Volkert/Faltings, Jan/Werner, Dennis:* **Lieder und Tänze von Föhr und Amrum – Ein Beitrag zur inselnordfriesischen Musikgeschichte** (Schriftenreihe des Dr.-Carl-Häberlin-Museums), Verlag Jens Quedens, Amrum, 2015. Kurzer Abriss über die eigenständige Musiktradition auf den Nordfriesischen Inseln und Halligen mit 66 Notenbeispielen und vielen Informationen über den musik- und kulturgeschichtlichen Kontext.
- *Gröhn, Carsten:* **Bernstein suchen und finden,** Wachholtz-Verlag, Kiel, 2015. Deutliche Abbildungen und übersichtliche Erklärungen informieren kurz und knapp über Herkunft, Eigenschaften und Einschlüsse von Bernstein, mit denen sich unterwegs mit etwas Glück die schönsten Bernsteine finden lassen.
- *Haag, Holger:* **Was lebt an Strand und Küste?** Franckh Kosmos Verlag, Stuttgart, 3. Auflage 2018. Ein unterhaltsamer Naturführer mit 85 Bildtafeln und Erklärungen über heimische Tiere und Pflanzen für Kinder.
- *Haag, Holger:* **Welcher Vogel ist das? Strand und Küste,** Franckh Kosmos Verlag, Stuttgart, 2013. 78 der bekanntesten Vögel von Strand und Küste werden in diesem praktischen Naturführer im Portrait vorgestellt, die typischen Merkmale und die hervorragenden Fotos machen das Bestimmen sehr einfach.
- *Hooker, John F.:* **Robin Hood – üüb Öömrang,** Verlag Jens Quedens, Amrum, 1998. Die Bildergeschichte von Robin Rood für Kinder auf Inselfriesisch in der Übersetzung von *Jens Jessen.*

- *Janke, Klaus/Kremer, Bruno P.:* **Düne, Strand und Wattenmeer – Tiere und Pflanzen unserer Küsten,** Franckh Kosmos Verlag, Stuttgart, 2018. Der Naturführer beantwortet die häufigsten Fragen zu 400 Arten, die an der Küste heimisch sind.
- *Koch, Krischan:* **Rote Grütze mit Schuss, Mordsee-Krabben, Rollmops Kommando, Dreimal Tote Tante, Flucht übers Watt, Backfisch-Alarm, Pannfisch für den Paten,** dtv-Verlag, München, 2013/2014/2015/2016/2017/2017/2018. Lustige, leicht geschriebene Krimikost um das Ermittlerduo *Thies Detlefsen* und *Nicole Stappenbeck.*
- *Martinen, Marianne:* **Amrumer Rezepte – Ualang Öömrang Köögin,** Verlag Jens Quedens, Amrum 2018. Eine waschechte Amrumerin, in deren Familie schon immer gut, viel und gern gegessen wurde, hat 90 gehaltvolle Familienrezepte wie beispielsweise Pannfisch, gestovte Bohnen, Friesentorte oder Kringel mit Fenchelsamen jetzt in Buchform veröffentlicht.
- *Meier, Dirk/Kühn, Hans-Joachim/Borger, Guus:* **Der Küstenatlas – das schleswig-holsteinische Wattenmeer in Vergangenheit und Gegenwart,** Boyens-Verlag, Heide, 2013. Dieses bildreich gestaltete Buch erlaubt einen Blick in die faszinierende Geschichte des Weltnaturerbes Wattenmeer.
- *Mensing, Katja:* **Mein kleines Insel-Wimmelbuch Amrum,** Willegoos Verlag, Potsdam, 2018. Kinder ab zwei Jahren können die abenteuerlustige Guntje Graugans bei der Erkundung der Inselwelt vom Hafen in Wittdün bis zum Strand in Norddorf begleiten.
- *Müller, Christa:* **Insel Amrum,** Verlag Decard, Weinfelden/Schweiz, 4. Aufl. 2008. Zweisprachige Broschüre (Deutsch/Englisch) über Amrum inklusive des Friesenlieds.
- *Neumann, Peter:* **Respekt – 150 Jahre Deutsche Gesellschaft zur Rettung Schiffbrüchiger,** Koehlers V. G., Hamburg, 2015. Viel Wissenswertes in einer Hommage über die Seenotretter der DGzRS, die Flotte und ihre Geschichte.
- *Ohle, Bent:* **Inselblut, Inselgrab, Inselschatten,** Emons Verlag, Köln, 2013/2014/2016. Die Krimis mit dem Amrumer Inselpolizisten *Nils Petersen* sind unterhaltsam geschrieben, und wer die Insel kennt, wird manch beschriebenen Ort sofort wiedererkennen.
- *Quedens, Georg:* **Spuren im Sand ... Spuren des Lebens,** Verlag Jens Quedens, Amrum, 2. Aufl. 2007. Besinnliches kleines Geschenkbuch mit Fotos von Tierspuren im Sand.
- *Quedens, Georg:* **Das Seebad Amrum,** Verlag Jens Quedens, Amrum, 2. Aufl. 2011. Die interessante Seebädergeschichte Amrums wird auf 96 Seiten wiedergegeben.
- *Quedens, Jens:* **Amrum – Portrait einer Insel,** Schöning-Verlag Lübeck, 1. Auflage 2013. Inselfriesisch-deutsche Broschüre über Amrum mit vielen Bildern.
- *Quedens, Georg:* **Im Hafen der Ewigkeit – Die alten Grabsteine auf dem Amrumer Friedhof,** Verlag Jens Quedens, Amrum, 3. Aufl. 2009. Das Buch präsentiert sehr fundiert die Geschichte der „Erzählenden Grabsteine" auf Amrum.
- *Quedens, Georg:* **Was man über Friesenhäuser wissen sollte,** Ellert & Richter Verlag, Hamburg, 2011. Ein Buch über die Architektur der Friesenhäuser mit vielen Fotos und Zeichnungen sowie einer Vorstellung von öffentlich zugänglichen Häusern.
- *Quedens, Kai:* **Ich schenk Dir eine Insel,** Verlag Foto Quedens, Amrum, 2011. Eine in Wort und Bild gefasste Liebeserklärung des Malers *Kai Quedens* an seine Heimat Amrum.
- *Rudolph, Frank:* **Strandsteine – Sammeln und Bestimmen,** Wachholtz-Verlag, Kiel, 16. Auflage 2016. Ideal für Steinesammler, denn mit diesem Buch lässt sich auch ohne Vorkenntnisse leicht nachvollziehen, welches Alter, Herkunft, Entstehung und Zusammensetzung die gemachten Strandfunde haben.
- *Schmidt, Kim:* **Das kleine Handbuch für Nordfriesland,** Ellert & Richter Verlag, Hamburg, 1. Aufl. 2013. Kleiner Sprachführer für den Besuch Nordfrieslands, der den kulturellen und historischen Hintergrund beleuchtet und bei dem das Friesischlernen nebenbei gelingt. Ein Buch zum Rätseln, Schmökern und Schmunzeln.

■ *Schulte-Wülwer, Ulrich (Hrsg.):* **Föhr, Amrum und die Halligen in der Kunst,** Boyens-Verlag, 2. Aufl. 2012. Ein Buch über Künstler, die von den Inseln immer wieder magisch angezogen wurden, und sich von ihnen inspirieren ließen wie Emil Nolde, Franz Ludwig Jessen oder Michael Arp.

■ *Sönksen-Martens, Heie:* **Die Vogelkojen an der Nordfriesischen Küste (1730–2015),** Ferring-Stiftung, Alkersum auf Föhr 2015. Umfangreiche Dokumentation auf 556 Seiten für Interessierte über die 19 Vogelkojen in Nordfriesland mit Skizzen der Anlagen und der unterschiedlichen Fangmethoden, erhältlich über die Website der Ferring-Stiftung www.friiskshop.de.

■ *Streiter, Volker:* **Mörderische Nachsaison, Grab ohne Meerblick,** Prolibris-Verlag, Kassel, 1. Aufl. 2012/1. Aufl. 2013. Ein Amrum-Krimi von einem echten Insider, der durch Inselurlaube zu diesen spannenden Fällen inspiriert wurde – der Autor arbeitet als Polizist in Köln.

■ *Sturm, Sven:* **Ab nach draußen/Let's go outside,** Quedens-Verlag, Amrum, 1. Aufl. 2017. Wunderschöner deutsch-englischer Bildband mit Fotos der Landschaft und Tierwelt Amrums sowie Portraits von Inselmenschen, die sich gern in der Natur aufhalten. Mit dem Kauf des Buchs wird der Heimatverein Öömrang-Ferian unterstützt.

■ *Thiede, Walter:* **Wasservögel und Strandvögel – Arten der Küsten und Feuchtgebiete,** blv Verlag, München, 7. Aufl. 2012. Handlicher Führer als idealer Begleiter für naturkundliche Touren zur Bestimmung der Arten.

■ **Tierstimmen am Strand** aus der Reihe Kosmos-Naturführer, Kosmos-Verlag, Stuttgart, 1. Aufl. 2017. Kleiner Naturführer mit CD und Bestimmungshilfe für 40 Tiere, die Stimmen lassen sich aufs Handy übertragen und unterwegs anhören.

■ *Waidhas-Stubbe, Wencke:* **Piratenhase Adrian – Arjan Siaruuwer,** Verlag Jens Quedens, Amrum, 1. Aufl. 2013. Deutsch-inselfriesisches Bilderbuch über die Abenteuer des Hasen Adrian auf Amrum in der Übersetzung von *Jens Quedens.*

■ *Wilhelmsen, Ute:* **Was lebt an Strand und Küste?** Franckh Kosmos Verlag, Stuttgart, 2. Aufl. 2016. Schöner kleiner und handlicher Naturführer für Erwachsene, mit dem sich 142 der bekanntesten Tier- und Pflanzenarten leicht bestimmen lassen.

Fotonachweis

Nicole Funck (nf), S. 24, 97, 106, 122, 200, 240
Andreas Buzalla (ab), S. 83, 84, 95
Archiv Amrumer Mühle (aam), S. 58
Dieter Wörrlein (dw), S. 115
Adobe Stock ©Richard Carey, S. 126
Archiv Öömrang Hüs (aöh), S. 128, 142, 145, 147, 149, 150
Wikimedia Commons (Vanellus), S. 131
Dr.-Carl-Häberlin-Friesenmuseum, Wyk/Föhr (chf), S. 135, 140
Roland Hanewald (rh), S. 240
Carl Ludwig Jessen (clj), S. 137
Sammlung Michael Narten (smn), S. 138
Archiv Hotel Hüttmann (ahh), S. 154, 186
Archiv Foto Quedens (afq), S. 156
Sigrid Streicher (sst), S. 158
Volker Kuinke (vk), S. 240
alle weiteren Fotos: Michael Narten (mna)

2019 | Dagebüll | Föhr | Amrum

Sommer

Niedrigwasser/Sturm: Aktuelle Infos zu Fahrplanänderungen auf www.faehre.de

Montag – Freitag | 10.6.-20.9.2019

Dagebüll nach Föhr	Föhr nach Dagebüll	Dagebüll nach Amrum	Amrum nach Dagebüll	Föhr nach Amrum	Amrum nach Föhr
Fahrzeit ca. 50 Min.		ca. 90 Min. (über Föhr 120 Min.)		Fahrzeit ca. 60 Min.	
5:00	5:00 a	5:00	6:00	5:55	6:00
6:10	6:00	7:15	7:10	8:15	7:10
7:15	7:15	9:40	**9:30** c	10:40	9:30 b
8:25	8:25	**13:00**	9:30 b	16:00	15:15
9:40	9:35	**14:05** c	**12:05**	19:00	17:25
10:40	10:50	15:05	15:15	20:55 c	
11:35 c	11:50	18:00	**15:55** c		
12:35	12:50 c	20:00 c	17:25		
14:05	13:50				
15:05	15:15				
16:30	16:30				
18:00	17:40				
19:00	18:40				
20:00 c					

a Mo
b Mo-Do
c Fr
blau Amrum Direktverbindungen (nicht über Föhr)

Samstag + Sonntag | 10.6.-20.9.2019

Dagebüll nach Föhr	Föhr nach Dagebüll	Dagebüll nach Amrum	Amrum nach Dagebüll	Föhr nach Amrum	Amrum nach Föhr
Fahrzeit ca. 50 Min.		ca. 90 Min. (über Föhr 120 Min.)		Fahrzeit ca. 60 Min.	
7:15	6:00	**7:15**	**5:30**	10:40	7:10
8:25	7:15	9:40	7:10	15:35	16:45
9:40	8:25	**13:00**	**9:00**	19:00	20:00 e
10:40	9:35	14:35	**12:05**	20:55	
12:00	10:50	**16:30**	**14:45**		
13:00	11:50	18:00	16:45		
14:05	13:20	20:00	**18:15**		
14:35	14:15				
15:20	15:15				
16:30	16:30				
18:00	17:40				
19:00	18:00				
20:00	20:00				
21:00 d					

d Sa
e So
blau Amrum Direktverbindungen (nicht über Föhr)

Wir danken für die freundliche Abdruckgenehmigung.

Frühjahr 5.4.-9.6.2019 | Spätsommer 21.9.-27.10.2019

Niedrigwasser/Sturm: Aktuelle Infos zu Fahrplanänderungen auf www.faehre.de

Dagebüll nach Föhr	Föhr nach Dagebüll	Dagebüll nach Amrum	Amrum nach Dagebüll	Föhr nach Amrum	Amrum nach Föhr
Fahrzeit ca. 50 Min.		ca. 90 Min. (über Föhr 120 Min.)		Fahrzeit ca. 60 Min.	
5:00 a	5:00 a	7:15	6:00	8:15	6:00
6:10 a	6:00	9:40	7:10 c	10:40	7:10 c
7:15	7:15	**13:00**	9:30	16:00	9:30
8:25	8:25	15:05	**12:05**	19:00	15:15
9:40	9:35	18:00	15:15	20:55 b	17:25
10:40	10:50	20:00 b	17:25		
12:35	11:50				
14:05	13:50				
15:05	15:15				
16:30	16:30				
18:00	17:40				
19:00	18:40				
20:00 b					

a) werktags außer Sa
b) Fr-So; auch GrünDo, Tag vor Himmelfahrt
c) Sa+So
blau Amrum Direktverbindungen (nicht über Föhr)

Winter 9.12.2018–4.4.2019 | Herbst 28.10.–14.12.2019

Niedrigwasser/Sturm: Aktuelle Infos zu Fahrplanänderungen auf www.faehre.de

Dagebüll nach Föhr	Föhr nach Dagebüll	Dagebüll nach Amrum	Amrum nach Dagebüll	Föhr nach Amrum	Amrum nach Föhr
Fahrzeit ca. 50 Min.		ca. 90 Min. (über Föhr 120 Min.)		Fahrzeit ca. 60 Min.	
6:10 a	5:00 b	7:15 d	6:00 k	8:15 d	6:00 k
7:15 d	6:00 d	9:40	7:10 i	10:40	7:10 i
8:25 a	7:15 k	15:05	9:30	16:00	9:30
9:40	8:25 c	18:45 c	12:05 e	19:40 c	12:05 e
11:00 a	9:35 a	20:00 g	**12:05** f	20:55 g	17:25 c
12:00	10:50		17:25 c		
14:05 a	12:10 a				
15:05	13:20				
16:30	15:15				
18:45 c	17:40 c				
20:00 h	18:40 c				

a) werktags außer Sa; auch 31.10.; nicht 24.+31.12.18
b) Mo; nicht 24.+31.12.18
c) täglich; nicht 24.+31.12.18
d) täglich; nicht 25.12.18+1.1.19
e) täglich außer Fr; nicht 2.-4.1.19
f) Fr; auch 2.-4.1.19
g) Fr; auch 26.+27.12.18
h) Fr-So; auch 26.+27.12.18
i) Sa+So; auch 26.12.18
k) Mo-Fr; nicht 25.+26.12.18+1.1.19
blau Amrum Direktverbindungen (nicht über Föhr)

Zusatzverbindungen

26.-28.12.2018: Dagebüll>Amrum 16:30 · **2.-4.1.2019:** Amrum>Dagebüll 13:30 · Föhr>Dagebüll 14:20/16:30
18.3.-4.4.2019 (Mo-Do): Dagebüll>Amrum 12:00 · Föhr>Amrum 12:55 · Amrum>Föhr 14:05 · Amrum>Dagebüll 14:05

am2019_130 mna

ISBN 978-3-89416-904-6

Register

A

B

C

D

E

F

G

P

Q

R

S

T

U

V

W

Die Autoren

b_180 vk

Nicole Funck, geboren 1963 in Köln, studierte an der Ludwig-Maximilians-Universität in München und ist Expertin für Kommunikation und Marketing mit langjähriger Führungserfahrung in Unternehmen, vorwiegend aus dem technischen Umfeld. Sie lebt und arbeitet heute im Großraum Hannover im Touristik-Marketing. Mit dem Schreiben vertraut, veröffentlichte sie viele Beiträge und war an zahlreichen Buchveröffentlichungen beteiligt. Ihr Reiseführer über die Mongolei, erschienen 2015 im Reise-Know-How Verlag, wurde mit ITB-BookAward ausgezeichnet. Im gleichen Verlag erschienen 2017 die gemeinsam mit Michael Narten verfassten Reiseführer über die Nordseeinseln Borkum und Helgoland sowie 2019 über die Nordseeküste Niedersachsens.

am2019_140-nf

Michael Narten, geboren 1964 in Hannover, arbeitete viele Jahre als Art Director in Hannover und Hamburg. Heute ist er als Grafiker, Fotograf und Buchautor in Hannover tätig. In den vergangenen zehn Jahren war er an der Veröffentlichung von zahlreichen Büchern beteiligt. Als Autor verfasste er mehrere Titel über die Stadtgeschichte Hannovers, ein weiterer Schwerpunkt seiner Arbeit ist die Aufarbeitung von Firmengeschichten in Buchform. Zwei Bildbände über die Ostfriesischen Inseln und Ostfriesland sind im Hinstorff-Verlag erschienen, drei Reiseführer über die Nordseeinseln Borkum und Helgoland sowie die Nordseeküste Niedersachsen im Reise-Know-How Verlag.

080b rh

Roland Hanewald, geboren 1942 in Cuxhaven, wuchs an der Weser auf. Gut zwanzig Jahre fuhr er weltweit zur See. Lange Zeit verbrachte er auf den Philippinen. Er spricht fließend platt, die Ratschläge für die Sicherheit am Strand entstammen solider Praxis. Er war bereits 1955 Deutschlands jüngster Rettungsschwimmer. Der vorliegende Band ist einer von Roland Hanewalds vielen Büchern. Mit über 1400 Fotoreportagen ist er überdies einer der produktivsten Journalisten seines Genres, vertreten in bislang 48 Ländern.

Danke

Ohne die Unterstützung vieler Helfer kann kein guter Reiseführer entstehen. Deshalb möchten wir an dieser Stelle **allen ganz herzlich danken,** denn so konnten wir gemeinsam ein Buch machen, das hoffentlich vielen Lesern gefällt. Falls wir jemanden vergessen haben, so ist dies keine Absicht, sondern ein echtes Versehen, für das wir um Entschuldigung bitten.

Helga und *Jan Rümpler* vom Öömrang Hüs von Herzen für ihren unermüdlichen Einsatz; *Jens Jessen* für Nachhilfe in Öömrang und pragmatische, schnelle Hilfe; *Jens Quedens* für Bildmaterial und fundiertes Inselwissen; *Kai* und *Georg Quedens* für interessante Vorträge; *Sigrid Streicher* für Bildmaterial und Infos zum Künstler *Otfried Schwarz;* der AmrumTouristik mit *Frank Timpe, Jana Karlisch,* Frau *Lenz-Lemke, Lars Rickerts, Michael Hoff, Eike Paulsen* und allen anderen Mitarbeitern, die immer so freundlich das Telefon abnehmen und alle Fragen beantworten; der *Trachtengruppe* für unglaublichen Fotospaß mit vielen Schürzen im Inselsand; *Andreas Buzalla* für schöne Fotos; *Dark Blome* für lehrreiche Wattwanderungen nach Föhr; *Rainhard Boyens* für eine sehr lustige Führung durch Norddorf; *Andrea Hölscher* für Insiderwissen und zusammen mit *Richard Hölck* für einen friesischen Gottesdienst; *Karin Dethlefsen* für Informationen zur Amrumer Tracht; *Barbara* und *Peter Kossmann* vom Hotel Hüttmann für Bildmaterial und sonstige Artefakte aus der Seebädergeschichte; dem *Öömrang Ferian* für alte Postkarten und zwei Wochen Dienst im Museum; *Volker Langfeld* und dem *Amrumer Mühlenverein* für hilfreiche Informationen zur Mühle; *Marianne Martinen* für ihre Inselrezepte; *Andreas Schmale* vom Amrum-Badeland; *Wolfgang Stöck* für eine höchst informative Führung durch den Seezeichenhafen; dem *Verein Jordsand* für eine vogelkundliche Führung; *Petra Schweigel* von der W.D.R. und *Willem von der Weppen* von der Blauen Maus; *Henning Vollmers* und *Lotte von Komorski* vom Naturzentrum Amrum für ausführliche Informationen zur Natur der Insel; *Anke* und *Dieter Wörrlein* für ihre hervorragenden Naturfotografien; *Armin Jeß* von der Nationalparkverwaltung in Tönning für viele Informationen zu den Naturschutzgebieten; *Kris Wolf* für leckere Burger; *Andrea Wilhelm* für ihre stets spontane Unterstützung, äußerst hilfreiche Literaturtipps, einen besonderen Grillabend mit Organistin *Anne Sophie Bunk* sowie interessanten Informationen rund um das Musikleben der Insel.

Ohne eure tatkräftige Unterstützung und hilfreichen Tipps hätten unseren Leserinnen und Lesern wichtige Informationen über Amrum gefehlt.